Der digitale Nachlass

Europäische Hochschulschriften Recht

European University Studies in Law

Publications Universitaires Européennes de Droit

Band/Volume **6766**

Lara Reich

Der digitale Nachlass –

Die Weiternutzung von Social Media Accounts nach dem Erbfall

PETER LANG

Berlin - Lausanne - Bruxelles - Chennai - New York - Oxford

Bibliografische Information der Deutschen Nationalbibliothek
Die Deutsche Nationalbibliothek verzeichnet diese Publikation in der Deutschen Nationalbibliografie; detaillierte bibliografische Daten sind im Internet über http://dnb.d-nb.de abrufbar.

Zugl.: Bremen, Univ., Diss., 2023

D 46
ISSN 0531-7312
ISBN 978-3-631-90936-2
EBOOK 978-3-631-90945-4
E-PUB 978-3-631-90946-1

DOI 10.3726/b21246

Verlegt durch:
Peter Lang GmbH, Berlin, Deutschland

info@peterlang.com http://www.peterlang.com/

Diese Publikation wurde begutachtet.

Danksagung

Zunächst danke ich sowohl meinem Doktorvater Prof. Dr. Benedikt Buchner für die Betreuung während der Promotionszeit als auch meiner Zweitgutachterin Prof. Dr. Angie Schneider.

Zudem bin ich meinen Kollegen aus dem Promotions-Kolloquium der Uni Bremen, insbesondere Janine Schleper für die Gründung unserer Gruppe, sehr dankbar. Das Kolloquium hat dafür gesorgt, dass ich mir in der einsamen Zeit der Dissertation etwas weniger einsam vorkam und ich meine Fragen ausdiskutieren konnte.

Ferner danke ich meinen Freunden Pascal Saße und Ellen Dunker für das Mitdenken und Mitdiskutieren und dafür, dass ich durch euch manchmal einen neuen Blick auf manche Aspekte bekommen habe.

Außerdem danke ich Kyra Bekaan und Sophie Hornbostel für das ausführliche Korrekturlesen und die Geduld, die ihr dabei aufgebracht habt, obwohl die Feinheiten des Erbrechts sicherlich nicht immer so interessant für euch waren.

Zudem danke ich meinen Eltern und meinen Großeltern für jegliche, auch finanzielle, Unterstützung im Studium und während der anschließenden Promotion. Zuletzt danke ich meinem Freund Marcel Schumacher für die emotionale Unterstützung, vor allem während der Tiefpunkte in der Promotionszeit.

Ohne euch alle hätte ich das nie geschafft!

Inhaltsverzeichnis

Einleitung

A. Anlass der Untersuchung

Auf der Social Media Plattform Instagram finden sich nicht nur zahlreiche Profile von lebenden Nutzern,[*] sondern zum Teil auch Nutzerkonten von toten Prominenten.

Marylin Monroe etwa starb im Jahr 1962.[1] Zu diesem Zeitpunkt existierte das World Wide Web noch nicht[2] und folglich auch keine sozialen Netzwerke. Dennoch ist beim sozialen Netzwerk Instagram eine „official Instagram Page" von Marylin Monroe zu finden.[3] Ein blauer Haken neben dem Namen des Profils signalisiert, dass das Konto verifiziert ist.[4] Auf dem Profil werden nicht nur regelmäßig Fotos von Marilyn Monroe hochgeladen, sondern es wird zum Teil auch Bezug auf aktuelle gesellschaftliche Entwicklungen genommen.[5]

Weil es ausgeschlossen ist, dass Marylin Monroe diesen Account selbst pflegt, stellt sich die Frage, wer diesen Account verwaltet und welchen Nutzen der Profilbetreiber davon haben könnte.

Die Rechte an Marilyn Monroes Nachlass gehören einer Firma ohne persönliche Verbindung zu ihr.[6] Demnach erscheint ein rein ideelles Interesse an der Gestaltung und Nutzung eines solchen Accounts unwahrscheinlich. Dies und die Tatsache, dass es noch weitere längst verstorbene Prominente mit aktiven Instagram-Accounts gibt[7], deutet darauf hin, dass hinter dem Betrieb des

---

* Aus Gründen der besseren Lesbarkeit wird im Text verallgemeinernd das generische Maskulinum verwendet. Diese Formulierungen umfassen gleichermaßen weibliche und männliche Personen; alle sind damit selbstverständlich gleichberechtigt angesprochen.

1 *Summers*, Goddess, S. 1.

2 *T. Braun*, Informatik Spektrum 33 (2010), 201, 205.

3 Marilyn Monroe, https://www.instagram.com/marilynmonroe/?hl=de.

4 Ebd.

5 Zum #blackoutTuesday: Marilyn, https://www.instagram.com/p/CA77kVmgF6t/.

6 *Gilden*, William & Mary Law Review 2021, 4; *Forbes*, Entrepreneur, https://www.forbes.com/video/5855494792001/the-entrepreneur-keeping-marilyn-monroe-alive/?sh=2f80c5f64242.

7 Zum Beispiel: Elizabeth Taylor, https://www.instagram.com/elizabethtaylor/?hl=de; Elvis, https://www.instagram.com/elvis/?hl=de; John Lennon, https://www.instagram.com/johnlennon/?hl=de.

Accounts wirtschaftliche Interessen stehen und die postume Werbung lukrativ sein könnte.[8]

Bei Marilyn Monroe handelt es sich um eine Amerikanerin und auch das Unternehmen, dem ihre Rechte gehören, ist keine deutsche Firma.[9] Dennoch lässt sich dieses Problem auch auf Deutschland übertragen, denn auch hierzulande hat Instagram viele Nutzer,[10] von denen einige auch Geld mit ihrem Account verdienen.[11]

Die Influencerin[12] Pamela Reif beispielsweise mit über acht Millionen Abonnenten, sogenannten „Followern", bei Instagram[13] machte 2020 mit ihrem YouTube-Account nach den Schätzungen von Vermögenmagazin.de monatlich circa 65.000 € Umsatz. Bei Instagram verdient sie demnach pro Beitrag, sogenanntes „Posting", zwischen 5.000 und 10.000 €.[14]

Der wirtschaftliche Erfolg von Influencern wie Pamela Reif erklärt sich dadurch, dass sie durch ihre vielen Abonnenten, sogenannte „Follower", mit einem einzigen Posting zahlreiche Leute erreicht und dadurch attraktiv als Werbepartnerin für Unternehmen ist.[15] Diese Wirkung wird durch die Instagram-Algorithmen noch verstärkt: Wird ein Posting innerhalb einer bestimmten Zeit häufig geteilt, kommentiert oder geliked, ist die Wahrscheinlichkeit höher, dass der Beitrag innerhalb des Netzwerks verbreitet wird und so noch mehr Leute erreicht.[16]

Die Followeranzahl kann als Indikator für die Größe und Relevanz eines Accounts gesehen werden; potentielle Werbepartner können durch die Zahl Rückschlüsse auf die mögliche Werbewirkung ziehen.[17] Daher erklärt sich auch

---

8 *Gilden*, William & Mary Law Review 2021, 9.

9 Es handelt sich um eine LLC, vgl. *Gilden*, William & Mary Law Review 2021, 4.

10 Faktenkontor, Social Media Atlas 2022, zitiert nach: *Statista*, Instagram, https://de.statista.com/statistik/daten/studie/691584/umfrage/anteil-der-nutzer-von-instagram-nach-alter-in-deutschland/.

11 *Milz*, Instagram Top 10: Das sind Deutschlands beliebteste Instagrammer, https://onlinemarketing.de/social-media-marketing/instagram-top-10-deutschland-instagrammer.

12 Zur detallierten Erläuterung siehe: *Keller*, in: Harte-Bavendamm/Henning-Bodewig, UWG, § 2 Rn. 32a.

13 Pamela Reif, https://www.instagram.com/pamela_rf/.

14 *VermögenMagazin*, Pamela Reif, https://www.vermoegenmagazin.de/pamela-reif-vermoegen/.

15 *Glöckner*, NJW 2021, 3427.

16 *Schwarz* (Hrsg.), Leitfaden Growth Marketing, S. 287.

17 *Lichtnecker*, MMR 2018, 512, 516.

das Interesse der Nutzer an einer großen Followeranzahl; dieses zeigt sich unter anderem daran, dass es verschiedene Websites gibt, bei denen Follower käuflich erworben werden können.[18] Diese „Fake-Follower“ interagieren allerdings nicht und bilden aus Sicht potentieller Werbepartner auch keine taugliche Zielgruppe. Die falschen Follower täuschen eine Wertigkeit des Profils vor, die so tatsächlich nicht besteht.[19]

Eine Alternative zum Erwerb von Followern könnte die Erbschaft sein. Denn auch erfolgreiche Influencer mit vielen Abonnenten werden eines Tages versterben, ihr Account im sozialen Netzwerk mit seinen Followern wird aber bleiben. Fraglich ist, was nach dem Ableben mit dem Account des Inhabers geschehen kann.

Dass sogar Interesse an den Accounts von toten Prominenten bestehen kann, zeigt das Beispiel der Marilyn Monroe.[20] Der Unterschied zwischen heutigen Influencern und Marilyn Monroe und ihrem Account liegt allerdings darin, dass sie zu Lebzeiten keinen Account hatte und die Inhaber ihres Nachlasses einen solchen einfach selbst eröffnen und zu Werbezwecken nutzen konnten.

Für aktuelle Influencer mit Accounts könnte hingegen gelten, dass neben den erblichen Rechten am Persönlichkeitsrecht der Person, und damit dem Recht zur Vermarktung, schließlich auch der Account (-Vertrag) mit seinen Followern übergehen könnte.

Diese Fragestellung ist heute, zu einem Zeitpunkt, zu dem die meisten Influencer relativ jung sind,[21] noch nicht dringlich. Dennoch gibt es bereits vereinzelt Fälle, in denen erfolgreiche Influencer verstorben sind.[22] Die Relevanz der Problematik wird allerdings in den nächsten Jahren wahrscheinlich zunehmen. Voraussetzung dafür wäre allerdings, dass die Fortführung von den Erblassern und Erben überhaupt gewünscht wäre.

---

18 Wie z. B. *Echte Follower,* Instagram, https://www.echtefollower.de/; Followerfabrik, https://followerfabrik.de/; *FollowerPilot,* Social, https://www.followerpilot.de/; Follower24, https://www.follower24.de/.

19 *Lettmann*, GRUR 2018, 1206, 1209.

20 Der Account von Marilyn Monroe hat aktuell (Stand: 09/2022) 1,8 Millionen Follower, Marilyn Monroe, https://www.instagram.com/marilynmonroe/?hl=de.

21 Laut einer Analyse sind männliche Influencer im Durchschnitt 25–34 Jahre, während weibliche Influencer der Altersgruppe der 18–24jährigen angehören, *Uecke*, effektor – Agentur für strategisches Online-Marketing vom 05.06.2020.

22 Z. B. Philipp Mickenberger von den Real Life Guys, https://www.youtube.com/c/TheRealLifeGuys/about.

Erwünscht sein kann eine Fortführung des Accounts aufgrund unterschiedlicher Motive. Ideelle Motive können sich insbesondere aus einer persönlichen Verbundenheit zum Erblasser ergeben.[23] So könnten die Erben über die Möglichkeiten der Gedenkfunktionen bei Facebook oder Instagram hinaus mit der Fortführung des Accounts eine Art Andenken schaffen wollen und das Profil mit Inhalten füllen wollen, die den Erblasser besonders würdigen. Schließlich kann es ein persönliches Interesse sein, nach dem Versterben einer nahestehenden Person auch im Internet möglichst individuell zu gedenken und nicht nach nur einem vorgeschriebenen Muster, wie manche Plattformen es vorsehen.[24]

Daneben könnten wirtschaftliche Motive aber eine noch größere Rolle spielen, das dürfte insbesondere bei den Accounts von Influencern mit vielen Followern gelten. Damit kann auch die Nutzungsmöglichkeit eines Accounts wirtschaftlich interessant sein. Denn dass am, auch künstlich herbeigeführten, Erwerb von Followern Bedarf besteht, zeigt sich bereits am großen Angebot von „Fake-Followern", die im Internet zum Verkauf angeboten werden.

Anders als bei den „Fake-Followern", die käuflich erworben werden, würde es sich bei den geerbten Followern stattdessen um „echte" Abonnenten handeln, folglich um reale Personen, die ihren Account aktiv nutzen und somit auch empfänglich für Werbung wären. Solche hätten bei Reaktionen auf Postings einen größeren Wert, da dies mehr Reichweite generieren würde. Somit kann festgehalten werden, dass die geerbten Follower wohl sogar wertvoller sein dürften als die käuflich erworbenen.

Wie die Beispiele toter Prominenter mit Instagram Accounts zeigen, haben zahlreiche Abonnenten auch Interesse an Inhalten mit Persönlichkeitsmerkmalen Verstorbener, sodass zumindest nicht pauschal angenommen werden kann, dass die Abonnenten im Erbfall reihenweise abwandern würden.

Auch die Werbepartner könnten ein finanzielles Interesse daran haben, dass erfolgreiche Accounts mit großer Reichweite weiter betrieben werden. Sicherlich werden solche Entscheidungen im konkreten Einzelfall auch anders ausfallen können, ein grundsätzliches Interesse der Werbepartner an einer Zusammenarbeit auch mit den Erben ist nicht auszuschließen. Selbst der Diensteanbieter hat sicherlich kein Interesse an „toten Accounts", weil sich diese auch negativ

---

23 *Fußeder,* Soziale Netzwerke im Nachlass, S. 119.

24 Wie z. B. der Gedenkzustand bei Facebook, siehe *Facebook,* Antrag auf Herstellung des Gedenkzustands, https://de-de.facebook.com/help/contact/651319028315841.

auf die Attraktivität des Netzwerkes auswirken könnten,[25] [26] da kaum ein Nutzer Interesse am Abonnement ungenutzter Accounts ohne neue Inhalte haben dürfte, insbesondere, wenn diese gehäuft vorkämen.

Es lässt sich festhalten, dass ein grundsätzliches Interesse der Erben und Erblasser bestehen kann, einen Account zu vererben und dass selbst die Abonnenten ein Interesse an Accounts toter Prominenter haben können.

Der BGH hat in einem Urteil über die Vererblichkeit eines privaten Facebook-Accounts entschieden, dass der Account selbst vererbbar ist, die aktive Weiternutzung aber im konkreten Fall nicht zu den Befugnissen der Erben zählt.[27] Im damaligen Verfahren war allerdings die aktive Weiternutzung weder von den Erben gewünscht noch auf irgendeine Art streitgegenständlich, weshalb der BGH sich mit dieser Problematik auch nicht ausführlich auseinandergesetzt hat.[28]

Insofern scheint es zumindest zweifelhaft, ob diese Entscheidung allgemeingültig für jedes Profil jedes sozialen Netzwerkes gelten kann. Denkbar sind insbesondere Fälle, in denen ein Profil durch seine Follower eine große Reichweite und damit einen Vermögenswert hat. Problematisch könnte diesbezüglich das postmortale Persönlichkeitsrecht des Verstorbenen sein und die Geltendmachung dieser ideellen Bestandteile durch die Angehörigen.[29]

Nach § 1922 Abs. 1 BGB, wonach das Vermögen als Ganzes auf den Erben übergeht, erscheint eine Vererblichkeit des Accounts grundsätzlich plausibel.

Diese Arbeit widmet sich der Begründung dieser Vererblichkeit. Dabei beschränkt sie sich bewusst auf die Accounts von Social Media Plattformen, da vor allem bei diesen ein Interesse an der aktiven Weiternutzung bestehen kann. Dafür wird zunächst untersucht, was rechtlich hinter Accounts steht, um dann in einem nächsten Schritt die Vererblichkeit anhand relevanter Kriterien zu überprüfen. Anschließend wird die Vererblichkeit unter dem Gesichtspunkt des allgemeinen Persönlichkeitsrechts geprüft. Danach wird untersucht, ob das Wettbewerbsrecht- und/oder das Datenschutzrecht eine Vererblichkeit des Accounts hindern oder beschränken können. Nachfolgend wird sich den Konsequenzen der Ergebnisse aus dem ersten Teil gewidmet, in dem die AGB der großen Plattformen untersucht werden sowie die Vorsorgemöglichkeiten

---

25 Vgl. *Kubis et al.*, Der digitale Nachlass, S. 45.

26 Andere Ansicht, wonach auch tote Accounts für die Plattformen ertragreich sein können: *Mackenrodt*, ZUM-RD 2017, 540, 542.

27 *BGHZ* 219, 243, Digitaler Nachlass; Beschluss v. 27.08.2020 – III ZB 30/20.

28 *BGHZ* 219, 243, Rn. 36, Digitaler Nachlass.

29 Vgl. *Seidler*, Digitaler Nachlass, S. 136.

des Erblassers behandelt werden. Anschließend wird der Sonderfall behandelt, dass ein Account von mehr als einer Person betrieben wird, während in einem letzten Kapitel der Bedarf nach einer gesetzlichen Regelung untersucht wird.

B. Digitaler Nachlass

Relevant für das Verständnis der folgenden Arbeit ist der Begriff des „digitalen Nachlasses". Bislang fehlt es an einer genauen Definition des Begriffs.[30] Beschrieben werden kann der digitale Nachlass aber nach *Deusch* als „Gesamtheit der Rechtsverhältnisse des Erblassers, betreffend informationstechnische Systeme[31], einschließlich des gesamten elektronischen Datenbestand des Erblassers."[32] Das betrifft sowohl die Vertragsverhältnisse zu Access-, Host- oder E-Mail-Account Providern, Anbietern sozialer Netzwerke oder anderer Angebote im Internet, als auch Urheberrechte, Rechte an Domains, das Eigentum und die Nutzungsrechte an Hard- und Software sowie die Rechte an Blogs, Clouds, Videos bei YouTube, Forenbeiträgen oder E-Mails.[33] Letztlich stellt der Begriff des „digitalen Nachlasses" eine Umschreibung erbrechtlich übergangsfähiger Rechte und Rechtsverhältnissen dar, die zu Lebzeiten des Erblassers in digitalen Zusammenhängen entstanden sind, zum Todeszeitpunkt noch bestehen und somit durch Universalsukzession übergangsfähig sind.[34]

Ebenfalls problematisch am Versuch der Definition ist bereits die Tatsache, dass das Erbrecht im bürgerlichen Recht den Begriff des „digitalen Nachlasses" nicht kennt. Dieser suggeriert, dass es eine klare Unterscheidung zwischen dem digitalen und dem sonstigen Nachlass gibt. Im deutschen Erbrecht gibt es aber nur einen einzigen Nachlass, der aus unterschiedlichen Aktiva und Passiva besteht. Daraus folgt, dass der Begriff des „digitalen Nachlasses" lediglich beschreibender Natur ist, klare rechtliche Zuweisungen folgen aus ihm zum aktuellen Zeitpunkt gerade nicht.[35]

Beim digitalen Nachlass handelt es sich also um einen größeren Komplex, die vorliegende Arbeit widmet sich lediglich dem Unterpunkt der Social Media Accounts.

---

30 *Leipold*, in: MüKo-BGB, § 1922 Rn. 31.
31 *BVerfGE* 120, 274, Online-Durchsuchung.
32 *Deusch*, ZEV 2014, 2–3.
33 *Herzog*, NJW 2013, 3745, 3754.
34 *Sorge*, MMR 2018, 372, 373.
35 Lange/Holtwiesche, in: *Bär/Grädler/Mayr*, Digitalisierung, S. 104.

C. Gerichtliche Entscheidungen

Da es sich bei der Problematik des digitalen Nachlasses um ein vergleichsweise neues Phänomen handelt,[36] gibt es bislang kaum höchstrichterliche Rechtsprechung dazu. Allerdings entschied der BGH am 12.07.2018 in einem Grundsatzurteil[37] über die Vererblichkeit eines Facebook Accounts, am 27.06.2020 folgte ein Beschluss in der gleichen Streitigkeit.

I. Das Urteil vom 12.07.2018 – III ZR 183/17

In diesem Urteil entschied der BGH über die Vererblichkeit eines Facebook Accounts. Geklagt hatten die Eltern als Erbengemeinschaft ihrer minderjährigen Tochter auf Zugang zu dem Facebook-Konto der Tochter.[38] Diese war im Jahr 2012 unter ungeklärten Umständen tödlich verunglückt, die Eltern versprachen sich von dem Zugang zu ihrem Konto Informationen über mögliche Suizidabsichten der Tochter.[39]

Der BGH urteilte, dass Facebook der Erbengemeinschaft den Zugang zum Account gewähren müsse. Dieser Zugangsanspruch ergebe sich aus dem auf die Erben nach § 1922 Abs. 1 BGB mit seinen Rechten und Pflichten übergegangenen Vertrag.[40] Weder das postmortale Persönlichkeitsrecht der Verstorbenen noch das Fernmeldegeheimnis oder das allgemeine Persönlichkeitsrecht der Kommunikationspartner oder datenschutzrechtliche Regelungen stünden dem entgegen.[41]

Die Vererblichkeit des Vertrages sei weder vertraglich ausgeschlossen worden,[42] noch ergebe sich eine Unvererblichkeit aus dem Wesen des Vertrages, da die Leistungen der Parteien nicht derart höchstpersönlich seien, dass der Rechtsgedanke des § 399 BGB greifen könnte.[43]

Demnach geht der Nutzungsvertrag also nach § 1922 BGB grundsätzlich auf die Erben über.

---

36 Erste Beschäftigung mit der Thematik in der juristischen Literatur: *Hoeren*, NJW 2005, 2113.

37 *Biallaß*, NJW 2021, 160, 164; *Hoeren*, MMR 2018, 740, 750; *Preuß*, NJW 2018, 3146.

38 *BGHZ* 219, 243, Rn. 1, Digitaler Nachlass.

39 *BGHZ* 219, 243, Rn. 3–5, Digitaler Nachlass.

40 *BGHZ* 219, 243, Rn. 18, Digitaler Nachlass.

41 *BGHZ* 219, 243, Rn. 17, Digitaler Nachlass.

42 *BGHZ* 219, 243, Rn. 26–27, Digitaler Nachlass.

43 *BGHZ* 219, 243, Rn. 33–34, Digitaler Nachlass.

Die Frage einer damit einhergehenden aktiven Weiternutzung durch den Erben war nicht streitgegenständlich, der BGH äußerte sich nur am Rande zur Problematik. Dazu führte der BGH aus, dass das Kontoverhältnis insoweit personenbezogen sei, als dass nur der Nutzer Inhalte posten und Nachrichten schreiben dürfe. Dies würde allerdings nicht zu dessen Unvererblichkeit führen, sondern „könnte allenfalls dazu führen, dass – wie beim Girovertrag – die aktive Weiternutzung des Kontos des Erblassers durch den Erben, die in der Praxis ohnehin regelmäßig nicht beabsichtigt sein wird, nicht von seinem Erbrecht umfasst ist."[44] Aufgrund der mangelnden Streitgegenständlichkeit könne diese Frage aber auf sich beruhen.[45]

Mithin war nach diesem Urteil zwar vieles im Bereich des digitalen Nachlasses gerichtlich geklärt, die Frage der aktiven Weiternutzung durch den Erben blieb aber offen.

II. Der Beschluss vom 27.08.2020 – III ZB 30/20

In der gleichen Streitigkeit folgte am 27.08.2020 ein Beschluss zur Auslegung des Vollstreckungstitels des BGH über die Art der Zugangserteilung durch den Plattformbetreiber. Facebook hatte den Klägern nach dem ersten BGH-Urteil lediglich einen USB-Stick zur Verfügung gestellt, in dem in einer PDF-Datei auf 14.000 Seiten die ausgelesenen Konto-Daten der Verstorbenen enthalten waren.[46]

Der BGH teilte nun mit, dass der Zugang zum Konto derart erfolgen müsse, dass sich die Erben im Konto so „bewegen" können wie der ursprüngliche Nutzer.[47] Dieser Anspruch folge aus dem auf die Erben übergegangenen Vertragsverhältnis mit Facebook.[48] Der Zugangsverpflichtung via USB-Stick hätte Facebook allenfalls dann nachkommen können, wenn durch die auf dem Stick gespeicherten Dateien das Benutzerkonto funktional nachgebildet worden wäre.[49]

Bei all diesen Erläuterungen über die Gestaltung des Zugangs nimmt der BGH auch im Beschluss die aktive Weiternutzung aus. So wird ausgeführt, dass sich der Erbe, mit Ausnahme der aktiven Weiternutzung, im Konto „bewegen"

---

44 *BGHZ* 219, 243, Rn. 36, Digitaler Nachlass.

45 *BGHZ* 219, 243, Rn. 36, Digitaler Nachlass.

46 *BGH 3. Zivilsenat*, Beschluss v. 27.08.2020 – III ZB 30/20, Rn. 3.

47 *BGH 3. Zivilsenat*, Beschluss v. 27.08.2020 – III ZB 30/20, Rn. 25.

48 *BGH 3. Zivilsenat*, Beschluss v. 27.08.2020 – III ZB 30/20, Rn. 27.

49 *BGH 3. Zivilsenat*, Beschluss v. 27.08.2020 – III ZB 30/20, Rn. 39.

können müsse wie der Erblasser.[50] An anderer Stelle wird die aktive Nutzung als einziger Unterschied zwischen den Rechten von Erben und Erblasser genannt.[51] Bezugnehmend auf das Urteil vom 12.07.2018, wonach Gegenstand des Rechtsstreit lediglich die Bereitstellung der vorhandenen Inhalte des Kontos zum Abruf durch den Erben sei, wird erläutert, dass der Senat lediglich die aktive Weiternutzung vom Streitgegenstand dieses Rechtsstreits abgegrenzt habe, der eine aktive Weiternutzung nicht umfasse.[52] Im Sinne dieser Abgrenzung steht auch eine weitere Textstelle, nach der die Erben aufgrund des Vollstreckungstitels nicht zu einer aktiven Weiternutzung berechtigt seien; wenn die Schuldnerin der Auffassung wäre, dass die Erben zu dieser Nutzung auch materiell-rechtlich nicht berechtigt sei, könne sie Unterlassung verlangen.[53]

Dies wirkt zunächst so, als wäre die aktive Weiternutzung durch den Erben nach der Rechtsprechung des BGH grundsätzlich ausgeschlossen. Allerdings ist der entscheidende Punkt, dass die aktive Weiternutzung nicht verlangt wurde und sich der BGH daher überhaupt nur am Rande mit der Thematik befasst hat. Die Erben hatten schließlich weder ideelle noch wirtschaftliche Interessen an einer Fortführung des Accounts, sodass die vermeintliche Ablehnung sich ohnehin nur auf den konkreten Fall bezieht.

Schon im Beschluss wird deutlich, dass es nicht genügt, wenn nur die Daten des Accounts zur Verfügung gestellt werden, vielmehr geht es auch um die weiteren Funktionen des Kontos. Die aktive Weiternutzung wäre demnach ohnehin nur die konsequente Weiterführung des Gedankens, dass der Account mit allen Rechten und Pflichten auf den Erben übergeht.

---

50 *BGH 3. Zivilsenat*, Beschluss v. 27.08.2020 – III ZB 30/20, Rn. 25.

51 *BGH 3. Zivilsenat*, Beschluss v. 27.08.2020 – III ZB 30/20, Rn. 27.

52 *BGH 3. Zivilsenat*, Beschluss v. 27.08.2020 – III ZB 30/20, Rn. 32.

53 *BGH 3. Zivilsenat*, Beschluss v. 27.08.2020 – III ZB 30/20, Rn. 46.

Kapitel 1: Social Media Accounts

Der Begriff des digitalen Nachlasses ist sehr umfassend. Social Media Accounts dagegen sind nur eine Unterkategorie dieses Oberbegriffs, die aber ebenfalls inhaltlich abgesteckt werden muss.

In rechtlicher Hinsicht ist für die Vererblichkeit zudem entscheidend, welches Rechtsgut Accounts überhaupt darstellen, denn die rechtliche Behandlung von Accounts ist gesetzlich nicht verankert. Für die Feststellung von Vererblichkeit muss allerdings zwingend vorab eine rechtliche Einordnung des zu Vererbenden erfolgen. So ist strenggenommen auch eine Sache wie zum Beispiel ein Tisch nicht erblich, sondern lediglich das Eigentum daran, also die dinglichen Rechte an der Sache.[54] Mithin muss auch bei einem Account zunächst die rechtliche Position des Inhabers geklärt werden, um die Vererblichkeit bestimmen zu können.

A. Accounts und Social Media

I. Begriffserklärung „Account“

Es gibt verschiedene Arten von Accounts, so gibt es Benutzerkonten etwa für den Mail-Verkehr oder auch bei Social Media oder bei Computerspielen, vorliegend soll sich aber auf die Begründung der Vererblichkeit von Social Media Accounts beschränkt werden.

Das Wort „Account“ ist die englische Bezeichnung für „Konto“. Im Duden wird der Begriff als „Zugangsberechtigung“ zum Internet, einer Datenbank oder einem Netzwerk beschrieben.[55] Er bezeichnet normalerweise ein „Benutzerkonto für einen Computer oder ein elektrisches Kommunikationssystem, das einem bestimmten Benutzer im Regelfall mittels Zugangskennung zugewiesen und von einem Systemadministrator verwaltet wird.“[56] Im Rahmen der Accounts, die Thema dieser Ausarbeitung sind, wird dem Nutzer ein Server zur Verfügung gestellt, auf den dieser mittels seiner Zugangsdaten zugreifen kann.[57] Solche Nutzerkonten stellen für den jeweiligen Nutzer meist eine visuelle Oberfläche dar, durch die sie die einzelnen Funktionen des Dienstes nutzen

54 *Kunz*, in: Staudinger, § 1922 Rn. 383.

55 *Duden*, Account, https://www.duden.de/rechtschreibung/Account.

56 *Bräutigam*, *Deutscher Anwaltsverein*, Stellungnahme zum digitalen Nachlass, S. 93.

57 Vgl. *Wemmer/Bodensiek*, K&R 2004, 432, 434.

können.[58] Jeder der Accounts umfasst eine große Menge an Informationen wie etwa die Zugangsdaten, Nutzername und Passwort, die den Zugang zur Nutzung des Netzwerks sicherstellen aber auch weitere netzwerkbezogene Inhalte wie etwa privaten Nachrichten.[59] Aufgrund dessen stellt ein Nutzerkonto den Kernpunkt für den Datenzugriff dar.[60]

II. Social Media und Soziale Netzwerke

1. Der Begriff

„Social Media" ist der Oberbegriff für digitale Medien und Methoden, die den Nutzern die ermöglichen, sich im Internet zu vernetzen, zu kommunizieren und mediale Inhalte zu erstellen und weiterzugeben. Gattungen von Social Media sind z. B. Blogs, berufliche Netzwerke, Foren, soziale Spiele, virtuelle Welten und auch soziale Netzwerke.[61]

Bei sozialen Netzwerken als eine Gattung von Social Media handelt es sich um gemeinschaftliche Netzwerke im Internet, bei denen Personen in einer Internet-Community bzw. einem computergestützten Netzwerk zur Kommunikation verbunden sind.[62] Diese Gemeinschaft tauscht dann Inhalte in Gestalt von Informationen, Erfahrungen und Meinungen gemäß den Optionen der jeweiligen Plattform aus.[63] Zu den am meisten genutzten Plattformen gehören Facebook, YouTube und Instagram.[64]

Durch Registrierung wird der Zugang zu den sozialen Netzwerken erreicht, dabei ist die Angabe des (Klar-) Namens sowie Passwort und E-Mail-Adresse erforderlich, manche Plattformen fordern auch andere personenbezogene Daten.[65] Nach dieser Registrierung haben die Nutzer in der Regel die Möglichkeit, Profile anzulegen und mit anderen Nutzern Kontaktdaten und Inhalte auszutauschen. In vielen Fällen besteht auch die Option, auf den Profilen zusätzliche Informationen, wie zum Beispiel persönliche Interessen anzugeben, ferner können die Nutzer ihr Profil mit Fotos oder Videos personalisieren.[66]

58 *Thiesen,* Daten, S. 19.
59 Vgl. *Gräber,* Rechte an Accounts und virtuellen Gütern, S. 39 f.
60 *Thiesen,* Daten, S. 19.
61 *Kubis et al.,* Der digitale Nachlass, S. 24.
62 *Gabriel/Röhrs,* Social, S. 12.
63 *Kubis et al.,* Der digitale Nachlass, S. 24.
64 *We-are-social,* digital-2020-global, S. 95.
65 *Vetter,* AfP 2017, 127, 128.
66 *Lichtnecker,* GRUR 2013, 135, 135.

Über die konkrete Tiefe der Darstellung auf ihrem Profil entscheiden die Nutzer selbst.[67] Auch können die Nutzer die Öffentlichkeit ihres Profils meistens durch Festlegung der Privatsphäre-Optionen anpassen.[68] Dadurch lässt sich, wenn es vom Nutzer gewünscht ist, ein fast vollständiges Abschotten des Profils vor Nicht-Freunden erreichen, sodass diese auf die Daten im Profil keinerlei Zugriff haben.[69]

Die Netzwerke stellen den Nutzern eine Plattform zur Kommunikation zur Verfügung.[70] Hinsichtlich dieser Kommunikation stehen den Nutzern verschiedene Funktionen zur Verfügung, so können sie in der Regel sowohl mittels privater Nachrichten mit anderen Nutzern kommunizieren, als auch ihre Gefühle, Meinungen oder Aktivitäten mit anderen durch öffentlichere Beiträge, sog. Postings, teilen.[71] Andere Nutzer können durch den „Gefällt-Mir"- Button oder ähnliche Funktionen, die Gefallen zum Ausdruck bringen, auf die Beiträge anderer reagieren und so zum Ausdruck bringen, dass ihnen der jeweilige Inhalt zusagt.[72]

Diese Kommunikation zwischen den Nutzern innerhalb der Plattformen erfolgt zumeist zeitlich asynchron, nämlich insofern, als die Nutzer zu einem Zeitpunkt Informationen hochladen oder versenden und andere Nutzer erst zu einem späteren Zeitpunkt darauf reagieren.[73] Allerdings kann angenommen werden, dass diese Asynchronität aufgrund der zunehmenden Verbreitung von Smartphones und der Möglichkeit der „Push-Benachrichtigungen" abnimmt, da der Nutzer dadurch sofort auf neue Informationen hingewiesen wird.[74] Ein Indiz dafür kann sein, dass viele Nutzer aufgrund dieser zunehmenden Verbreitung von Smartphones die jeweiligen Plattformen fast täglich besuchen.[75] Dennoch kann der Nutzer in der Regel selbst wählen, ob er nicht doch zeitlich asynchron reagieren möchte.

In der Regel erfolgt die Nutzung der Plattformen ohne monetäre Gegenleistung, die Betreiber der Plattformen finanzieren sich durch die Verwendung der Nutzerdaten, insbesondere für Werbezwecke.[76]

---

67 *Redeker*, IT-Recht, Rn. 1276.
68 *Vetter*, AfP 2017, 127, 128.
69 *Forst*, NZA 2010, 427, 428.
70 *Beck*, ZRP 2019, 112, 113.
71 *Seidler*, Digitaler Nachlass, S. 126 f.
72 *Notzon*, öAT 2013, 180, 181.
73 *Redeker*, IT-Recht, Rn. 1276.
74 *Seidler*, Digitaler Nachlass, S. 127.
75 *Lichtnecker*, GRUR 2013, 135, 135.
76 *Redeker*, IT-Recht, Rn. 1277.

2. *Die Nutzer*

Social Media Plattformen haben zahlreiche Nutzer. Im Jahr 2020 nutzten 3,81 Milliarden Menschen weltweit aktiv Social Media.[77] Im Jahr 2019 betrug der Anteil der Bevölkerung in Deutschland, der soziale Netzwerke nutzte, 55 %, von den 16 bis 24-Jährigen nutzten im gleichen Jahr 89 % ein solches Netzwerk.[78]

Für die meisten dieser Nutzer bildet ihr Social Media Netzwerk nur das tatsächliche Umfeld aus dem „echten Leben" ab, es handelt sich also um das persönliche soziale Netzwerk, welches ein Spiegelbild der Freundschaften und Bekanntschaften aus der analogen Welt darstellt.[79]

Einige Nutzer aber, die ebenfalls zunächst als Privatpersonen aufzutreten scheinen, sind kommerziell tätig. Dazu zählen vor allem die sogenannten Influencer.[80] Das sind Nutzer, die in der Regel eine beträchtliche Anzahl an Followern haben und diese scheinbar lückenlos an ihrem Leben teilhaben lassen. Das schließt auch ihre Meinung und Erfahrungen zu bestimmten Produkten mit ein. Dies stellt für die Follower eine Art private Empfehlung dar, die Einfluss auf das Konsumverhalten haben kann.[81]

Potenzielle Influencer sind dabei oft zunächst nur einfache Tweeter, YouTuber oder Vlogger, die in dieser Funktion aufgrund ihrer Followeranzahl von den Unternehmen kontaktiert werden.[82] Dabei gibt es einige Influencer mit mehreren Millionen Followern,[83] daneben gibt es aber auch sogenannte „Micro-Influencer" oder „Nano-Influencer", die nur einige hundert bis wenige tausend Follower haben. Welcher Influencer für Werbung attraktiv ist, richtet sich nach der Art des Produkts. Entscheidend dabei ist, dass der Influencer das Image und Erscheinungsbild des Produkts glaubwürdig verkörpern kann.[84] Der Vorteil des Influencer-Marketings liegt in der vermeintlichen Authentizität des Influencers, der sich seinen Followern gegenüber eher als „Freund"

---

77 *We-are-social,* digital-2020-global, S. 8.

78 *Statistisches Bundesamt,* Private Haushalte in der Informationsgesellschaft – Nutzung von Informations- und Kommunikationstechnologien, S. 15.

79 *Schmidt,* Social, S. 29.

80 *Willems,* MMR 2018, 707, 707.

81 *Henning-Bodewig,* WRP 2017, 1415, 1415.

82 *Peifer,* GRUR 2018, 1218, 1220.

83 Wie z. B. Lisa und Lena mit 18,2 Millionen Followern, Lisa und Lena, https://www.instagram.com/lisaandlena/?hl=de oder auch Caroline Daur mit 3,8 Millionen Followern,; Caroline Daur, https://www.instagram.com/carodaur/?hl=de.

84 *Wesche,* jM 2020, 2.

und nicht als „Model“ präsentiert und durch vermeintliche Einblicke ins eigene Privatleben die Distanz zu den Followern aufhebt, sodass diese den Influencern ein gewisses Maß an Vertrauen entgegenbringen. Der Werbewert für das Unternehmen steigt mit dieser Authentizität.[85]

Bei diesem sogenannten Influencer-Marketing schließen die jeweiligen Unternehmen Kooperationsverträge mit den Influencern, durch die sich die Influencer verpflichten, die Produkte des Unternehmens auf ihrem Account zu bewerben. Zum Teil erhält der Influencer durch sogenannte Affiliate-Links für jeden durch diese Werbung zustande gekommenen Kaufvertrag eine Provision.[86]

B. Rechtliche Beurteilung von Accounts

I. Der Account als Sache

Würde es sich bei einem Account um eine Sache nach § 90 BGB handeln, könnte Eigentum daran begründet werden. Dieses würde eine gesicherte Rechtsposition darstellen, die auch nach § 1922 Abs. 1 BGB vererbt werden könnte.

Ein Account ist allerdings keine Sache und der Inhaber eines Accounts dementsprechend auch nicht dessen Eigentümer. Dies liegt darin begründet, dass nach der Legaldefinition in § 90 BGB Sachen körperliche Gegenstände sind. Die Körperlichkeit stellt dabei das entscheidende Kriterium dar.[87] Dagegen wird der Gegenstandsbegriff nicht einheitlich im BGB verwendet, umfassend fällt unter diesen Begriff aber alles, was vom Menschen beherrschbar ist und ihm von der Rechtsordnung so zugeordnet wird, dass der Wille des Menschen rechtlich maßgebend ist.[88]

Während Datenträger aufgrund ihrer Körperlichkeit unzweifelhaft unter den Sachbegriff fallen,[89] ist dies für die darauf enthaltene Software umstritten.[90] Vorliegend ist dieser Streit allerdings nicht entscheidungserheblich, da es sich bei Accounts nicht um Software selbst handelt, Accounts sind lediglich Bestandteile eines Computerprogramms, bzw. einer Software.[91] Ihnen fehlt

85 Ebd., 3.

86 *Benz/Kohler*, ZfPW 2020, 490, 492.

87 *J. Schmidt*, in: Ermann BGB Kommentar, § 90 Rn. 1.

88 *J. Schmidt*, in: Ermann BGB Kommentar, Vorbemerkung vor § 90 Rn. 2.

89 *Kutscher*, Der digitale Nachlass, S. 22.

90 Ausf. *Marly*, Praxishandbuch, Rn. 720 ff.

91 *Gräber*, Rechte an Accounts und virtuellen Gütern, S. 52.

somit die für den Sachenbegriff erforderliche Körperlichkeit, mithin sind sie nicht dem Sachenbegriff nach § 90 BGB zuzuordnen.

Auch eine analoge Anwendung des Sachenbegriffs auf Accounts ist mangels planwidriger Regelungslücke ausgeschlossen.[92] Schließlich stellt der Wortlaut des § 90 BGB eindeutig nur auf körperliche Gegenstände ab, schon aufgrund dessen ist eine Regelungslücke für nichtkörperliche Gegenstände kaum anzunehmen.[93] Ferner fehlt es auch an der für eine analoge Anwendung erforderlichen Planwidrigkeit, weil der Gesetzgeber im Rahmen der Schuldrechtsreform 2002 die Software bewusst nicht dem Anwendungsbereich des § 433 BGB zugeordnet hat und damit auch eine Sachqualität abgelehnt hat.[94]

Mithin ist eine Sachqualität von Accounts insgesamt ausgeschlossen.

II. Accounts als Immaterialgüter(rechte)

Accounts gehören zu den Immaterialgütern, nicht aber zu den Immaterialgüterrechten.

Bei Immaterialgütern handelt es sich um geistige Güter, die sich auf irgendeine Art ideell oder materiell nutzen lassen, das können zum Beispiel Ideen oder Erfindungen sein. Von diesen Immaterialgütern sind die Immaterialgüterrechte streng zu unterscheiden.[95] Immaterialgüterrechte sind Zuordnungsrechte, bei denen die Immaterialgüter durch die Rechtsordnung einer bestimmten Person zugeordnet werden.[96] Als subjektive Privatrechte gewähren sie absolute Verwertungsrechte, die es dem Inhaber für eine gesetzlich festgeschriebene Dauer erlauben, das geschützte Immaterialgut alleine zu verwerten und diese Verwertung unberechtigten Dritten zu verwehren.[97] Dabei ist zu beachten, dass diese Rechte an immateriellen Dingen Ausnahmen darstellen, so sind etwa bloße Ideen nicht schutzfähig, wohingegen Rechte an materiellen Dingen die Regel darstellen.[98] Daraus folgt, dass Immaterialgüter wie wissenschaftliche Forschungsergebnisse gemeinfrei sind, also für jedermann verwendbar.[99]

---

92 Ebd., S. 60.

93 *Wemmer/Bodensiek*, K&R 2004, 432, 435.

94 BT Drucksache 14/6040, 208, 242; *Gräber*, Rechte an Accounts und virtuellen Gütern, S. 60.

95 *Schack*, Urheber- und Urhebervertragsrecht, Rn. 20.

96 *Fritzsche*, in: BeckOK BGB, § 90 Rn. 20.

97 *Ilzhöfer/Engels*, Patent, S. 5 Rn. 9.

98 *S. Ahrens*, Geistiges Eigentum und Wettbewerb, S. 2.

99 *Schack*, Urheber- und Urhebervertragsrecht, Rn. 22.

Ein Account als nichtkörperliches Konto stellt ein Immaterialgut dar; nun ist fraglich, ob Accounts Immaterialgüterrechte darstellen können, also von der Rechtsordnung einer Person zugeordnet werden. Als Immaterialgüterrecht kommt in Bezug auf Accounts nur das Urheberrecht in Betracht, da andere Immaterialgüterrechte wie das Patent- oder das Markenrecht zumindest bezogen auf den Account selbst fernliegend sind.

Sinnvoll erscheint eine Differenzierung zwischen dem Account als solchem und den Inhalten des Accounts.[100]

1. Der Account selbst

Beim Account[101] selbst handelt es sich um das Benutzerkonto des einzelnen Users, auf das dieser durch einmalige Registrierung und später durch Angabe von Passwort und in der Regel der Mail-Adresse Zugriff erhält.

Ein urheberrechtlicher Schutz des Accounts selbst scheidet aus. Das Urheberrecht zielt auf den Schutz der materiellen und ideellen Interessen des Urhebers an seinem Werk.[102] Der Regelungsinhalt umfasst die Gesamtheit der Rechtsbeziehungen, in denen künstlerische oder wissenschaftliche Werke und Leistungen der Künstler und Produzenten geschaffen und verwertet oder genutzt werden.[103] Damit einem Immaterialgut ein urheberrechtlicher Schutz zukommt, muss es unter den Werkbegriff des § 2 UrhG fallen. Dabei ist zunächst der Katalog des § 2 Abs. 1 UrhG heranzuziehen, ferner werden nach § 4 UrhG Sammlungen von Werken und Datenbanken unabhängig von der Werkqualität einzelner Bestandteile geschützt. Gemeinsam ist allen Werkbegriffen das Erfordernis einer gewissen Schöpfungshöhe.[104] Der Begriff der Schöpfung meint einen Schaffensvorgang, der eine gewisse Gestaltungshöhe, mithin einen gewissen Qualitätsgehalt besitzt.[105] Dabei spricht man dann von „der kleinen Münze“, wenn ein Werk zumindest das Minimum der erforderlichen Gestaltungshöhe erreicht.[106]

100 *Kutscher,* Der digitale Nachlass, S. 30.

101 Kapitel 1: Social Media Accounts A I.

102 *Schack,* Urheber- und Urhebervertragsrecht, Rn. 3.

103 *Wandtke,* Urheberrecht, S. 22 Rn. 39.

104 *Gräber,* Rechte an Accounts und virtuellen Gütern, S. 64.

105 *Schulze,* in: Dreier/Schulze, Urheberrechtsgesetz, § 2 Rn. 16.

106 *Kuck/Rolf Schwartmann,* Praxishandbuch Medien-, IT- und Urheberrecht, Kapitel 26 Rn. 71.

Die kleine Münze wird auch im Bereich der Computerprogramme anerkannt,[107] allerdings handelt es sich bei einem Account gerade nicht um ein solches Programm,[108] sondern um eine bloße Ansammlung technischer Angaben ohne schriftlichen Sinngehalt. Die erforderliche Schöpfungshöhe wird praktisch nie durch das Passwort und den Benutzernamen erreicht, sie sind also urheberrechtlich irrelevant.[109]

Auch ansonsten fallen Accounts nicht unter die normierten Werkarten des Urheberrechtsgesetzes, sodass ihnen der urheberrechtliche Schutz versagt bleiben muss.[110]

2. *Die Inhalte des Accounts*

Anders sieht es bei den Inhalten in Accounts aus. In vielen Accounts existieren selbstgenerierte Inhalte, das können etwa Blogbeiträge und Nachrichten, aber auch Fotos sein. Erstere genießen nach § 2 Abs. 1 Nr. 1 UrhG als Sprachwerke Schutz, letztere entweder als Lichtbildwerke im Sinne des § 2 Abs. 1 Nr. 5 UrhG oder als Lichtbild nach § 72 UrhG. Anders sind persönliche Daten zu beurteilen, diese genießen keinen urheberrechtlichen Schutz.[111] An einem Großteil der Inhalte in Accounts bestehen also Immaterialgüterrechte in Form des Urheberrechtsschutzes.

Allerdings könnte der Nutzer diese Immaterialgüterrechte wirksam auf die Provider übertragen haben.[112] So sehen etwa die Nutzungsbedingungen von Facebook vor, dass der Nutzer, wenn er Inhalte hochlädt, die durch geistige Eigentumsrechte geschützt sind, Facebook eine „nicht-exklusive, übertragbare, unterlizenzierbare, gebührenfreie, weltweite Lizenz“ zur Nutzung, Verbreitung, zum Hosten, zur Veröffentlichung und zur Übersetzung gewährt.[113] Eine ähnliche Klausel findet sich bei YouTube.[114] Allerdings betreffen diese Klauseln regelmäßig nur Vervielfältigungs- und Bearbeitungsrechte, die der Urheber

---

107 *Loewenheim/Leistner*, in: Schricker/Loewenheim Urheberrecht, § 2 Rn. 61.

108 Aus diesem Grund scheidet auch ein Schutz als Computerprogramm i.S.d. § 69a Abs. 3 UrhG aus, siehe: *Kutscher*, Der digitale Nachlass, S. 43.

109 Ebd., S. 42.

110 *Gräber*, Rechte an Accounts und virtuellen Gütern, S. 87.

111 *Kutscher*, Der digitale Nachlass, S. 30.

112 Ebd., S. 31.

113 *Facebook*, Nutzungsbedingungen, https://de-de.facebook.com/terms, Deine Verpflichtungen gegenüber Facebook und unserer Gemeinschaft, Nr. 3.

114 *Youtube*, Nutzungsbedingungen, https://www.youtube.com/static?template=terms, Lizenz an Youtube.

den Plattformen einräumt. Diese ändern nichts an der absoluten Rechtsposition des Nutzers.[115]

Mithin bestehen also Urheberrechte an den Inhalten, falls der Nutzer eigene Bilder, Videos oder Blogbeiträge in seinem Account hochgeladen hat.

III. Rechtsbeziehung zwischen Nutzer und Anbieter

Mit der Anmeldung bei einem sozialen Netzwerk tritt der Nutzer in eine rechtliche Beziehung mit dem Anbieter. Die Qualität dieser Rechtsbeziehung kann für die Vererblichkeit eines Accounts entscheidend sein, da nicht alle rechtlichen Beziehungen zwischen verschiedenen Parteien erblich sind.

Die Rechtsnatur der Nutzungsvereinbarung zwischen dem Plattformbetreiber und dem jeweiligen Nutzer wird unterschiedlich beurteilt.[116]

1. Kein Gefälligkeitsverhältnis

Ein bloßes Gefälligkeitsverhältnis kommt nicht in Betracht, obwohl die Leistung des Providers ohne monetäre Gegenleistung erfolgt.[117]

Das Abgrenzungskriterium zwischen Rechtsgeschäft und Gefälligkeit ist der Rechtsbindungswille, nicht aber allein die Gegenleistung.[118] Die entscheidenden Indizien für den Rechtsbindungswillen sind Art und Umfang der Leistung, ihr Grund, ihr Zweck und ihre wirtschaftliche und rechtliche Bedeutung sowie die Interessenlage der Parteien.[119] Wer ein soziales Netzwerk in Anspruch nimmt, geht bei der Anmeldung davon aus, auch dauerhaft auf das Netzwerk zugreifen zu können. Ziel des Nutzers ist schließlich das Knüpfen und die Pflege von Kontakten. Insofern darf er durchaus darauf vertrauen, dass diese Kontakte auch erhalten bleiben, sodass nach dem objektiven Empfängerhorizont ein Rechtsbindungswille anzunehmen ist,[120] weswegen eine Gefälligkeit ausgeschlossen ist.

---

115 *Kutscher,* Der digitale Nachlass, S. 37.

116 *Bräutigam,* MMR 2012, 635, 636; *Fußeder,* Soziale Netzwerke im Nachlass, 45 f.; *Jandt/Roßnagel,* MMR 2011, 637, 639; *Kutscher,* Der digitale Nachlass, S. 45 f.; *Roos,* in: *Holznagel/Hoeren/Sieber* (Hrsg.), Handbuch Multimedia-Recht, Teil 12, Rn. 145; *Seidler,* Digitaler Nachlass, 129 f.

117 *Fußeder,* Soziale Netzwerke im Nachlass, S. 30.

118 *Bachmann,* in: MüKo-BGB, § 241 Rn. 235.

119 *BGHZ* 21, 102, Rn. 15, Zur Frage der rechtsgeschäftlichen Natur einer Gefälligkeitshandlung.

120 *Seidler,* Digitaler Nachlass, S. 129.

2. *Kein Auftrag bei Entgeltlichkeit*

Somit ist also von einem Vertrag auszugehen, problematisch bleibt allerdings der genaue Vertragstyp. Gesetzlich ausgeformt ist der dem sozialen Netzwerk zugrundeliegende Vertrag nicht.[121] Während einige Stimmen in der Literatur aufgrund der Unentgeltlichkeit in der Nutzungsvereinbarung einen Auftrag sehen,[122] bejahen andere einen Dienstvertrag,[123] wieder andere gehen von einem typengemischten Vertrag aus.[124] Die vertragstypologische Einordnung hängt von den Hauptleistungspflichten der Vertragsparteien ab.[125]

Für die Abgrenzung zwischen einem typengemischten Vertrag oder einem Dienstvertrag und dem Auftrag ist neben der Verpflichtung zu einer fremdnützigen Tätigkeit das Kriterium der Entgeltlichkeit entscheidend. Wie bei der Schenkung ist diese Unentgeltlichkeit streng zu verstehen.[126] Schon bei Vereinbarung eines nur geringen Entgelts liegt daher kein Auftrag vor.[127] Zu prüfen ist dann, ob ein Dienst-, Werk- oder entgeltlicher Geschäftsbesorgungsvertrag vorliegt. Die Überlegung eines typengemischten Vertrags mit Auftragselementen scheidet überdies aus, weil § 675 BGB abschließend darüber entscheidet, ob auf einen entgeltlichen Vertrag Auftragsrecht anzuwenden ist.[128] Folglich ist für die Einordnung des Vertrags entscheidend, ob Unentgeltlichkeit vorliegt.

Diese Frage war für soziale Netzwerke lange umstritten. Dies liegt darin begründet, dass der Nutzer zwar keinen Geldbetrag für die Nutzung des Netzwerks zahlt, dafür aber seine personenbezogenen Daten für Werbezwecke verwendet werden.[129] Als geldwerte Leistungen kommen neben der Verwendung der personenbezogenen Daten außerdem die Einwilligung zur Einblendung von Werbeanzeigen sowie zum Empfang anderer Werbemaßnahmen dazu.[130]

Am 01.01.2022 trat in Deutschland das neue Gewährleistungsrecht für digitale Produkte in Kraft. Bei diesen Verträgen über digitale Produkte handelt es sich nicht um einen neuen Vertragstypus, stattdessen gelten die Regelungen

121 *Seidler*, Digitaler Nachlass, S. 130.
122 Ebd., S. 133.
123 *Jandt/Roßnagel*, MMR 2011, 637, 639.
124 *Bräutigam*, MMR 2012, 635, 640; *Brinkert/Stolze/Heidrich*, ZD 2013, 153, 154.
125 *Mansel*, in: Jauernig BGB, § 241 Rn. 9.
126 *Fikentscher/Heinemann*, Schuldrecht, Rn. 1245.
127 *BGH 3. Zivilsenat*, Urt. v. 12.03.2009 – III ZR 142/08, Rn. 16; Schäfer in: MüKo-BGB, § 662 Rn. 48.
128 *Schäfer*, in: MüKo-BGB, § 662 Rn. 48.
129 *Facebook*, Nutzungsbedingungen, https://de-de.facebook.com/terms.
130 *Kutscher*, Der digitale Nachlass, S. 46.

vertragsübergreifend.[131] Nach § 327 Abs. 1 S. 1 BGB gelten die neuen Vorschriften für Verbraucherverträge, bei denen der Unternehmer dem Verbraucher ein digitales Produkt bereitstellt. Zu diesen digitalen Produkten zählen auch soziale Netzwerke.[132]

Dieses neue Gewährleistungsrecht umfasst nur Austauschverträge, nicht aber die kostenlose Bereitstellung. Besonderheit des Gesetzes ist aber, dass nicht nur eine monetäre Gegenleistung erfasst ist, sondern auch das Bezahlen mit Daten als gleichgestellte Gegenleistung vom Gesetz erfasst wird.[133] Nach § 327 Abs. 3 BGB gilt dies sowohl, wenn der Verbraucher die Daten bereitstellt, als auch, wenn er sich zur Bereitstellung der Daten verpflichtet.

Wenn also die Bereitstellung der personenbezogenen Daten eine Gegenleistung darstellt, kann die Unentgeltlichkeit im Sinne eines Auftrags nach § 662 BGB nicht gegeben sein. Und wenn es an diesem entscheidenden Kriterium fehlt, kann insgesamt kein Auftrag vorliegen.

Ferner wäre aber auch unter anderen Gesichtspunkten die Einordnung als Auftrag abzulehnen, da dieser nicht den Gegebenheiten bei der Nutzung eines sozialen Netzwerks entspricht: Der Nutzer will allein die Infrastruktur der jeweiligen Plattform nutzen, er beauftragt nicht den Betreiber mit der Erzielung von Werbeeinnahmen durch seine Daten. Das liegt gerade nicht im Interesse des Nutzers, ein Tätigwerden des Plattformbetreibers in fremdem Interesse ist somit abzulehnen.[134]

Damit ist das Nutzungsverhältnis kein Auftrag, stattdessen ist es als synallagmatisches Austauschverhältnis zu verstehen, bei dem die Gegenleistung für die Nutzung der IT-Systeme in den Daten und der Einwilligung in die Werbung liegt.[135]

3. Der Austauschvertrag

Weil der Nutzungsvertrag zwischen Plattformbetreiber und Nutzer nicht eindeutig einem der normierten Vertragstypen des BGB entspricht, muss bei der vertragstypologischen Einordnung auf die einzelnen Leistungen des Plattformbetreibers abgestellt werden. Die Bereitstellung der Plattform selbst ist

131 *Deutscher Bundestag*, Drucksache 19/27653, 2, 24; *Heydn*, CR 2021, 709, 710.
132 *Rosenkranz*, ZUM 2021, 195, 196.
133 *Schreiber*, MMR 2021, 601, 602.
134 *Bräutigam*, MMR 2012, 635, 636.
135 *Kutscher*, Der digitale Nachlass, S. 46.

dabei grundsätzlich nach den Regeln des Werkvertrages nach § 631 BGB zu behandeln.[136]

Bei einem Werkvertrag kommt es auf einen durch Arbeit oder Dienstleistung herbeizuführenden Erfolg an. Genau dieser Erfolg ist das Abgrenzungskriterium zu den Arbeits- oder Dienstleistungsverträgen, bei denen das bloße Tätigwerden geschuldet ist.[137]

Zwar käme grundsätzlich auch ein Dienstvertrag nach § 611 BGB in Betracht,[138] demnach wäre allerdings nicht das Zurverfügungstellen der Plattform an sich, sondern lediglich das Bemühen darum geschuldet. Dies erscheint aber zweifelhaft, Facebook etwa spricht auf der Startseite potenzielle Nutzer direkt mit „Auf Facebook bleibst du mit Menschen in Verbindung und teilst Fotos, Videos und vieles mehr mit ihnen“ an.[139] Dieses Kommunikations-Versprechen deutet auf die Verpflichtung zum Zurverfügungstellen hin, nicht nur auf das bloße Bemühen. Der Nutzer kann berechtigterweise erwarten, dass er Zugriff auf die Plattform hat und die Kommunikation möglich ist. Ferner spricht für den werkvertraglichen Charakter des Nutzungsvertrages, dass es sich bei der Kommunikation über ein soziales Netzwerk stets um netzinterne Nachrichten handelt. Dies hat zur Folge, dass der Provider nicht den Problemen fremder Netze ausgesetzt ist und somit kann auch davon ausgegangen werden, dass er für den Zustellungserfolg der Nachricht zu einem anderen Mitglied auch haftet.[140]

Weil es sich nicht um einen einmaligen Erfolg in Form des Bereitstellens der Plattform handelt, sondern um die dauerhafte Bereitstellung der Plattform geht, liegt ein Dauerschuldcharakter der Vertragsbeziehung vor.[141]

Die dauerhafte Überlassung von Speicherplatz auf den Servern der Plattformen für Daten in Form von nutzergenerierten Bildern, Videos und Texten, deutet zudem auf einen mietvertraglichen Charakter der Rechtsbeziehung hin.[142]

Mithin handelt es sich bei der rechtlichen Beziehung zwischen Nutzer und Plattformbetreiber um ein Dauerschuldverhältnis mit werk- und mietvertraglichen Elementen.

---

136 *Roos*, in: *Holznagel/Hoeren/Sieber* (Hrsg.), Handbuch Multimedia-Recht, Teil 12, Rn. 145.

137 *Busche*, in: MüKo-BGB, § 631 Rn. 1.

138 *Jandt/Roßnagel*, MMR 2011, 637, 639.

139 *Facebook,* Anmelden oder Registrieren, https://www.facebook.com/.

140 *Seidler,* Digitaler Nachlass, S. 130 f.

141 *Roos*, in: *Holznagel/Hoeren/Sieber* (Hrsg.), Handbuch Multimedia-Recht, Teil 12, Rn. 145.

142 Ebd.

4. Sonderfall: Der Vertrag bei Minderjährigen

Nicht nur Erwachsene verwenden Social Media, auch Minderjährige nutzen soziale Netzwerke. Bei Facebook regeln die Nutzungsbedingungen, dass das Mindestalter für den Dienst dreizehn Jahre beträgt.[143] Das gleiche gilt bei Instagram[144] und Twitter,[145] während sich das Mindestalter von YouTube[146] und LinkedIn[147] auf 16 Jahre beläuft. Mithin erlauben diese Dienste alle die Nutzung durch Minderjährige. Problematisch ist, dass diese Altersgrenzen durch mangelnde Altersverifikationssysteme für Kinder leicht zu umgehen sind.[148] Minderjährige, die Zugriff auf internetfähige Geräte wie Computer oder Smartphones haben, können sich sehr einfach und oft auch ohne Wissen der gesetzlichen Vertreter bei sozialen Netzwerken anmelden und diese nutzen.

Sollten Kinder unter sieben Jahren sich bei einem sozialen Netzwerk registrieren, so ist die entsprechende Willenserklärung des Kindes nach § 104 Abs. 1 BGB und § 105 Abs. 1 BGB aufgrund ihrer Geschäftsunfähigkeit nichtig.[149] Für Kinder zwischen sieben und siebzehn Jahren gilt hingegen, dass sie gemäß § 106 BGB beschränkt geschäftsfähig sind. Damit sind ihre Willenserklärungen grundsätzlich unwirksam, es sei denn, der gesetzliche Vertreter hat seine Zustimmung gegeben; oder sie sind schwebend unwirksam, bis eine nachträgliche Genehmigung des gesetzlichen Vertreters vorliegt.[150] Ausnahmen von diesem Grundsatz sind Rechtsgeschäfte, die für den Minderjährigen lediglich rechtlich vorteilhaft sind oder Rechtsgeschäfte, die der Minderjährige nach § 110 BGB mit seinen eigenen Mitteln bewirkt hat („Taschengeldregelung").[151]

Liegt keine Einwilligung des gesetzlichen Vertreters vor, ist also für die Wirksamkeit der Willenserklärung des Minderjährigen darauf abzustellen, ob

---

143 *Facebook,* Nutzungsbedingungen, https://de-de.facebook.com/terms, 3. Deine Verpflichtung gegenüber Facebook und unserer Gemeinschaft.

144 *Instagram,* Nutzungsbedingungen, https://de-de.facebook.com/help/instagram/581066165581870, Deine Verpflichtungen.

145 *Twitter,* Allgemeine Geschäftsbedingungen, https://twitter.com/de/tos, 1. Wer die Dienste nutzen kann.

146 *Youtube,* Nutzungsbedingungen, https://www.youtube.com/static?template=terms, Wer darf den Dienst verwenden?

147 *LinkedIn,* Nutzervereinbarung, https://de.linkedin.com/legal/user-agreement, 2.1 Zugang zu den Diensten.

148 *Knoop,* NZFam 2016, 966, 967.

149 Ebd., 967.

150 *Jandt/Roßnagel,* MMR 2011, 637, 639.

151 Ebd.

der Vertrag für den Minderjährigen lediglich rechtlich vorteilhaft ist. Durch die Mitgliedschaft in einem sozialen Netzwerk werden, obgleich der Minderjährige in der Regel keinen Geldbetrag entrichten muss, Pflichten durch die Nutzungsbedingungen begründet. Diese enthalten häufig Klauseln, die zu Lasten des Verbrauchers von den gesetzlichen Regelungen abweichen.[152] Selbst wenn aber die Nutzungsbedingungen keine Klauseln zu Lasten des Verbrauchers enthalten, ist die für die Registrierung erforderliche Einwilligung in die Datenverarbeitung zu berücksichtigen. So ist unter dem Gesichtspunkt der „Daten als Währung im Web" der durch die Verarbeitung entstehende Datenverlust als „Vermögensverlust im weiteren Sinne" zu sehen.[153]

Das kann aber nicht ausnahmslos gelten, insbesondere nicht im Anwendungsbereich der §§ 327 ff. BGB. Dies liegt zum einen daran, dass gemäß Art. 8 I UAbs. 1 Satz 1 DSGVO Jugendliche ab sechzehn unabhängig von der Zustimmung des gesetzlichen Vertreters frei und selbstständig die Einwilligung zur Verarbeitung ihrer personenbezogenen Daten erteilen kann. Hinsichtlich der personenbezogenen Daten fehlt es den gesetzlichen Vertretern, anders als bei anderen Rechtsgütern, an einem Mitentscheidungsrecht. Kann sich der Minderjährige nicht auch selbstständig verpflichten, um eigene Vorteile zu erlangen, würde die Möglichkeit der Einwilligung ausgehöhlt werden, weshalb konsequenterweise der gesetzliche Vertreter seine Zustimmung nicht erteilen muss.[154]

Während für Minderjährige unter sechzehn die Einwilligung in die Datenverarbeitung in jedem Fall nicht rechtlich vorteilhaft ist, sodass solche Willenserklärungen nichtig sind, gilt dies bei über Sechzehnjährigen nicht. Wenn mit einer Willenserklärung keine weiteren Verpflichtungen (etwa durch die Nutzungsbedingungen) einhergehen, ist die Zustimmung des gesetzlichen Vertreters nicht notwendig und der Vertrag somit wirksam. Dies wird bei sozialen Netzwerken allerdings selten der Fall sein, da die Nutzungsbedingungen regelmäßig weitere Verpflichtungen begründen.

Bei über 16-jährigen kann so ein Vertrag grundsätzlich also auch ohne Einwilligung der gesetzlichen Vertreter wirksam sein, bei unter 16-jährigen ist das ausgeschlossen, es sei denn die Ausnahme des § 110 BGB greift.

---

152 *Jandt/Roßnagel*, MMR 2011, 637, 639.

153 *Wintermeier*, ZD 2012, 210, 212; *Bräutigam*, MMR 2012, 635, 637; *Jandt/Roßnagel*, MMR 2011, 637, 639 f.; mit ähnlicher Begründung auch: *Knoop*, NZFam 2016, 966, 967.

154 *Schrader*, JA 2021, 177, 181.

Aber die Leistung des Minderjährigen ist nicht nach § 110 BGB als mit eigenen Mitteln bewirkt anzusehen, da die Daten dem Minderjährigen vom gesetzlichen Vertreter nicht überlassen wurden, sondern zum Minderjährigen selbst gehören. Eine analoge Anwendung des § 110 BGB scheidet aus,[155] da die Norm üblicherweise auf Geschäfte ohne weitreichende Folgen abzielt. Dies kann bei sozialen Netzwerken nicht gelten, da ein zu freigiebiger Umgang mit den eigenen privaten Daten auch Auswirkungen auf die spätere berufliche Laufbahn haben kann. Denn solche Daten verschwinden nicht einfach aus dem Internet und die Minderjährigen könnten noch Jahre später mit einem zu großzügigen Umgang mit ihrer Privatsphäre konfrontiert werden.[156] Daneben haben die Minderjährigen selbst keine Kontrolle mehr über eine etwaige Verarbeitung ihrer Daten. Bei § 110 BGB ist es typischerweise so, dass die Eltern durch das Bereitstellen gewisser Geldbeträge eine Art Kontrolle über die Art der Geschäfte des Minderjährigen haben und so das Risiko eines Fehlverhaltens kontrollieren können. Eine solche Kontrolle kann es bei den Daten im Internet nicht geben, weil diese nicht vorab von den gesetzlichen Vertretern zur Verfügung gestellt werden.[157] Zweck des § 110 BGB ist es, dem Minderjährigen eine gewisse wirtschaftliche Bewegungsfreiheit zu verschaffen, gleichzeitig soll aber auch eine Vermögensgefährdung verhindert werden.[158] Diese bewusste Eingrenzung eines Risikos ist bei der Datenabgabe nicht realisierbar.

Daneben spielt auch eine Rolle, dass es sich bei der Ausgabe von Geld von den Eltern an den Minderjährigen um einen praktischen Akt handelt, der dem Minderjährigen bewusst sein dürfte. Bei Daten im Internet kann zumindest bezweifelt werden, dass dem Minderjährigen die Ausgabe seiner personenbezogenen Daten und die daraus folgenden Konsequenzen überhaupt bewusst sind; schließlich erfolgt sowohl der Klick, durch den die Einwilligung bei der Registrierung erfolgt, als auch das Nutzen der Plattform und das Erzeugen von Daten eher „nebenbei“.

Dadurch ist der Vertrag also von der Einwilligung oder Genehmigung der gesetzlichen Vertreter abhängig. Solch eine Zustimmung kann zwar auch konkludent oder nur gegenüber dem Minderjährigen erklärt werden, ist aber noch nicht anzunehmen, nur weil der gesetzliche Vertreter von der allgemeinen Internet-Nutzung des Minderjährigen weiß.[159] Notwendig wären

155 Andere Ansicht: *Wintermeier*, ZD 2012, 210, 213.
156 *Bräutigam*, MMR 2012, 635, 638.
157 *Bräutigam*, MMR 2012, 635, 638.
158 *Spickhoff*, in: MüKo-BGB, § 110 Rn. 1.
159 *Jandt/Roßnagel*, MMR 2011, 637, 640.

weitere Anhaltspunkte, aus denen sich schließen lässt, dass die Eltern von der Nutzung des konkreten sozialen Netzwerks wissen und dagegen nicht einschreiten.[160] Gibt es keine erforderliche Einwilligung oder Genehmigung des gesetzlichen Vertreters, ist der Vertrag nach § 108 Abs. 1 BGB nichtig. Dann fehlt es nicht nur am Vertrag, sondern auch an einer vererbbaren Rechtsposition.

Das bedeutet, dass es von Minderjährigen genutzte Accounts bei sozialen Netzwerken geben kann, die aufgrund mangelnder Altersverifikationssysteme entstehen konnten und nicht auf wirksamen Verträgen basieren.

Anders kann die Rechtslage sein, wenn der Vertrag noch nicht nichtig, sondern lediglich schwebend unwirksam ist, dann gilt § 108 Abs. 3 BGB entsprechend und der geschäftsfähige Erbe kann den Vertrag genehmigen und somit ex tunc die Wirksamkeit des Vertrags herbeiführen, der dann gemäß § 1922 BGB auf ihn übergehen könnte.[161]

C. Übertragbarkeit von Accounts

Für die spätere Frage der Vererbbarkeit kann auch relevant sein, ob und inwiefern Account-Verträge (unter Lebenden) übertragbar sind, weil eine Unübertragbarkeit eines Rechtsverhältnisses zu Lebzeiten ein Indiz für die Unvererblichkeit im Todesfall sein kann.[162]

In den Nutzungsbedingungen von Instagram etwa ist geregelt, dass der Verkauf des eigenen Kontos oder von Teilen dieses Kontos untersagt ist. Ferner darf der Nutzer demnach auch nicht seine ihm im Rahmen des Vertrages mit Instagram eingeräumten Rechte und Pflichten ohne Einwilligung des Betreibers übertragen.[163] [164] Auch in den Nutzungsbedingungen von Facebook findet sich eine Klausel, wonach das Konto nicht ohne Facebooks Genehmigung an jemand anderen übertragen werden darf.[165]

---

160 *Bräutigam*, MMR 2012, 635, 638.

161 *Knoop*, NZFam 2016, 966, 968.

162 *Leipold*, in: MüKo-BGB, § 1922 Rn. 19.

163 *Instagram,* Nutzungsbedingungen, https://de-de.facebook.com/help/instagram/581066165581870, Deine Verpflichtungen.

164 Obgleich es technisch möglich wäre, Namen und E-Mail-Adresse des Accounts zu ändern, vgl. *Herberger*, FamRZ 2021, 1603, 1606.

165 *Facebook,* Nutzungsbedingungen, https://de-de.facebook.com/terms.

Bei Twitter hingegen findet sich eine solche Klausel, die vorab den Verkauf des Kontos untersagt, nicht.[166]

Eine Übertragung eines Twitter Accounts kann für den Inhaber also grundsätzlich möglich sein.[167] Zunächst stellt sich die Frage, was genau überhaupt Verkaufsgegenstand sein kann. In Betracht kommt die insbesondere die Account-Kennung (Subdomain twitter.com/ACCOUNTNAME), die gegenüber dem Plattformbetreiber besteht und sich auf den Vertrag gründet.[168] Problematisch beim Verkauf der Account-Kennung ist insbesondere, dass das Dreiecksverhältnis zwischen Verkäufer, Käufer und dem Plattformbetreiber zu berücksichtigen ist, denn zwischen dem Verkäufer und dem Plattformbetreiber besteht bereits ein Vertragsverhältnis.[169] Bei einer Veräußerung würde der Käufer im Wege der rechtsgeschäftlichen Vertragsübernahme nach §§ 241, 311 Abs. 1 BGB vollständig in diese bestehende Vertragsposition des Verkäufers eintreten.[170] Für diese Übertragung gelten damit die §§ 398 ff., 414 ff. BGB analog.[171] Erforderlich dafür wäre die Zustimmung des Dritten, also vorliegend des Plattformbetreibers Twitter.[172]

Weil diese Zustimmung des Dritten erforderlich ist, ist auch die grundsätzliche Verweigerung durch die Klauseln bei Facebook und Instagram nicht zu beanstanden. Die Rechtsstellung des Dritten soll schließlich nicht gegen seinen Willen verändert werden.[173] Verweigert der Plattformbetreiber diese Zustimmung bereits vorab, ist dies nicht als unangemessene Benachteiligung zu werten.[174] Zudem lassen Facebook und Instagram auch offen, ob sie nicht doch unter gewissen Voraussetzungen eine Genehmigung erteilen würden.

Ohne diese notwendige Zustimmung bliebe der Verkäufer im Verhältnis zum Plattformbetreiber der Vertragspartner und würde dann trotz Übertragung weiter für Rechtsverletzungen haften, die über dieses Konto begangen

166 *Ulbricht,* Praxishandbuch, S. 275 mit Verweis auf; *Twitter,* Allgemeine Geschäftsbedingungen, https://twitter.com/de/tos.

167 *Solmecke*, in: *Holznagel/Hoeren/Sieber* (Hrsg.), Handbuch Multimedia-Recht, Teil 21.1, Rn. 96.

168 *Ulbricht,* Praxishandbuch, 274 f.

169 *Breckheimer,* IPRB 2020, 230.

170 *Solmecke*, in: *Holznagel/Hoeren/Sieber* (Hrsg.), Handbuch Multimedia-Recht, Teil 21.1, Rn. 97; *Breckheimer,* IPRB 2020, 230.

171 Ebd.

172 *Ulbricht,* Praxishandbuch, S. 275.

173 *Lange*, ZIP 1999, 1373, 1374.

174 Ungültig wäre lediglich der umkehrte Fall, wonach bei Kauf-, Darlehens-, Dienst- und Werkverträgen der Wechsel des Vertragspartners grundsätzlich möglich sein soll, § 309 Nr. 10 BGB.

werden.[175] Ferner bestünde die Gefahr von Gewährleistungsansprüchen des Käufers, da die fehlende Genehmigung einen Rechtsmangel nach § 433 Abs. 1 S. 2 BGB begründet.[176] Hinzu kommt, dass die fehlende Zustimmung des Providers auch zur Sperrung oder Löschung des (übertragenen) Accounts führen kann.[177] Dementsprechend ist zu empfehlen, den Vertrag, aber insbesondere die Kaufpreiszahlung, von der durch den Verkäufer nachzuweisenden Zustimmung des Plattformbetreibers abhängig zu machen.[178]

Festzuhalten ist, dass die Zustimmung des Plattformbetreibers bei solch einer Übertragung des Accounts der entscheidende Faktor ist. Wird diese bereits in den Nutzungsbedingungen ausgeschlossen oder verweigert der Betreiber diese Zustimmung, so ist eine wirksame Vertragsübertragung nicht möglich. Grundsätzlich ist aber eine Übertragung des Accounts denkbar und rechtlich möglich. Dies kann zumindest als Indiz für die Vererblichkeit gewertet werden.

---

175 *Ulbricht*, Praxishandbuch, S. 276.

176 Ebd., S. 277.

177 *Breckheimer*, IPRB 2020, 230.

178 Ebd., 231.

Kapitel 2: Vererblichkeit des Accounts

Weil es rechtlich keine Trennung zwischen einem „analogen“ und einem „digitalen“ Nachlass gibt,[179] müssen auch bei der Frage der Vererblichkeit des Accounts die allgemeinen Aspekte des Erbrechts herangezogen werden. Für die Annahme der Vererblichkeit ist insbesondere die Bejahung eines Vermögenswertes sowie die Verneinung einer Höchstpersönlichkeit der Rechtsbeziehung entscheidend.

Außer dem Vertrag, den der Nutzer mit dem Plattformbetreiber geschlossen hat, existiert grundsätzlich keine Rechtsposition am Account selbst. Wenn folgend vom Account die Rede ist, ist das Nutzerkonto[180] mit seinen Daten und Abonnenten gemeint, das als Bezugsgegenstand des Vertrags für dessen Vererblichkeit ausschlaggebend ist. Der Account kann aber nur mittelbar über den Vertrag erblich sein, weshalb folgend vor allem Bezug auf den Account-Vertrag genommen wird.

A. Kriterien zur Vererblichkeit des Account-Vertrags

Ausgangspunkt und ein Grundprinzip[181] des Erbrechts im BGB ist § 1922 Abs. 1 BGB. Demnach geht mit dem Tod einer Person deren Vermögen als Ganzes auf eine oder mehrere Personen über.

Kernaussage dieser Norm ist, dass die Rechtspositionen in Gestalt des (noch näher zu definierenden) „Vermögens“ nicht mit dem Tode einer Person untergehen, sondern stattdessen auf eine andere Person übergehen.

Dem Grundsatz des deutschen Erbrechts nach würden also auch Account-Verträge, sofern sie dem Vermögen zuordbar sind, auf den Erben übergehen.

I. Übergang von Rechtspositionen im deutschen Erbrecht

Dieser Übergang von Rechtspositionen ist nicht zwingend alternativlos,[182] denkbar wäre auch die Möglichkeit, dass die Rechtsverhältnisse des Erblassers mit seinem Tod erlöschen.[183] Der rechtspolitische Hintergedanke zur Art der

---

179 Einleitung B.

180 Kapitel 1 A I.

181 *Lange,* Erbrecht, § 8 Rn. 21; *Muscheler,* Universalsukzession, S. 2; *Schmoeckel,* Erbrecht, S. 35.

182 *Muscheler,* Universalsukzession, S. 91 f.

183 *Windel,* Über die Modi der Nachfolge, S. 1.

Regelung im BGB liegt darin, dass es anlässlich des Todes einer Person nicht zur Herrenlosigkeit seiner Güter kommen soll. Ansonsten wären bei vermögenden Personen Aneignungsinteressenten zu befürchten, die den Erbfall vorzeitig herbeiführen wollen könnten.[184] Zudem sind auch Fälle denkbar, in denen eine Herrenlosigkeit die Allgemeinheit belasten würde, beispielsweise bei einem Grundstück, auf dem sich nur wertlose und unter großen Kostenaufwand zu entsorgende Gegenstände befinden. Im Todesfall des Erblassers müsste bei Herrenlosigkeit die Allgemeinheit für die Entsorgung dieser Gegenstände aufkommen.[185] Auch für den Wirtschaft- und Rechtsverkehr ist es undenkbar, dass zusammen mit dem Tod einer Person auch all ihre Pflichten verschwänden.[186]

Aus diesen Gründen sollten die Rechtsgüter des Erblassers nach seinem Tode nicht erlöschen, sondern auf einen Nachfolger übergehen.[187] Insofern besitzt § 1922 BGB für den Rechtsverkehr eine Kontinuitätsfunktion.[188]

Die Bedeutung des Erbrechts zeigt sich auch im Grundgesetz: Artikel 14 Abs. 1 GG gewährleistet nicht nur das Eigentum, sondern auch das Erbrecht. Schließlich ist die Wirkung des Eigentums von dessen Vererblichkeit abhängig.[189] Durch das Erbrecht setzt sich das Eigentum der Bürger auf Dauer in den Händen Privater fest. Beide Aspekte sind gleichermaßen elementarer Bestandteil einer auf Privatautonomie basierenden Gesellschafts- und Vermögensordnung.[190] Die Funktion des Erbrechts ist es, das Privateigentum, welches die Grundlage der autonomen Lebensführung darstellt, nicht mit dem Tode des Eigentümers untergehen zu lassen, sondern den Fortbestand der Rechtspositionen im Wege der Nachfolge zu gewährleisten.[191]

Zweck der Universalsukzession ist ferner, dass das Vermögen des Erblassers ipso iure auf den Rechtsnachfolger übertragen wird.[192] Durch den Anfall der

---

184 *Meincke*, in: *Schulze-Osterloh* (Hrsg.), Rechtsnachfolge im Steuerrecht, Auswirkungen, 19, S. 30.

185 *Kunz*, in: Staudinger, § 1922 Rn. 9.

186 *Papantoniou*, AcP 1973, 386, 391.

187 *Meincke*, in: *Schulze-Osterloh* (Hrsg.), Rechtsnachfolge im Steuerrecht, Auswirkungen, 19, S. 30.

188 *Kunz*, in: Staudinger, § 1922 Rn. 10.

189 *Lange/Kuchinke*, Erbrecht, S. 25.

190 *Papier/Shirvani*, in: Dürig/Herzog/Scholz, Grundgesetz-Kommentar, Art. 14 Rn. 404.

191 *BVerfGE* 93, 165, Rn. 23, Einheitsbewertung, Erbschaftsteuer.

192 *Meincke*, in: *Schulze-Osterloh* (Hrsg.), Rechtsnachfolge im Steuerrecht, Auswirkungen, 19, S. 30.

Erbschaft wird der automatische und einheitliche Übergang aller vererblichen Rechts- und Pflichtenstellungen sowie der daraus erwachsenden Ansprüche bewirkt.[193] So wird sichergestellt, dass im Erbgang das gesamte Erblasservermögen übergeht, einschließlich solcher Rechtspositionen, deren Existenz im Erbfall niemandem bewusst ist.[194]

In der Rechtspraxis wird die Universalsukzession inzwischen nicht mehr als zwingende Norm gehandhabt, in vielen Fällen wird der Grundsatz durchbrochen.[195] Nicht nur das Gesetz selbst erlaubt in einigen Fällen Ausnahmen, auch Rechtsprechung und Literatur gestatten bestimmte rechtsgeschäftliche Abweichungen, insbesondere bei der Vererbung von Mitgliedschaften einer Personengesellschaft.[196]

Grundsätzlich gilt also, dass durch die Rechtsordnung der Übergang von Rechtspositionen im Todesfall aus verschiedenen Gründen den Regelfall darstellt. Diese Wertung gilt es auch bei Accounts zu beachten, die zumindest nicht grundlos herrenlos werden dürften.

Als zu vererbende Rechtsposition bei einem Account kommen nur die Urheberrechte an den Inhalten im Account sowie das hinter dem Account stehende Dauerschuldverhältnis in Gestalt des Account-Vertrags in Betracht.

II. Vererblichkeit von Dauerschuldverhältnissen

Die Pflichten und Rechte aus vertraglichen Schuldverhältnissen sind in der Regel vererblich.[197] Dabei geht die gesamte vertragliche Rechtsstellung des Erblassers auf den Erben über, mit sämtlichen Hilfsansprüchen und Gestaltungsrechten wie etwa dem Anfechtungs- oder Widerrufsrecht.[198] Auch die Sicherungsrechte wie Hypotheken, Pfandrechte oder Bürgschaften gehen auf den Erben über.[199] Im Grundsatz erwirbt der Erbe also die vollständige Rechtsposition des Erblassers.

Übertragen auf Accounts würde das bedeuten, dass auch der Erbe des Account-Vertrags die umfassende Rechtsposition des Erblassers erwirbt,[200]

193 *Kunz*, in: Staudinger, § 1922 Rn. 13.

194 *Meincke*, in: *Schulze-Osterloh* (Hrsg.), Rechtsnachfolge im Steuerrecht, Auswirkungen, 19, S. 30.

195 *Kunz*, in: Staudinger, § 1922 Rn. 18.

196 Ebd., Rn. 19.

197 *Große-Boymann*, in: Burandt/Rojahn Erbrecht, § 1922 Rn. 113.

198 *Leipold*, in: MüKo-BGB, § 1922 Rn. 25.

199 *Große-Boymann*, in: Burandt/Rojahn Erbrecht, § 1922 Rn. 113.

200 Kapitel 1: Social Media Accounts B III 3.

mithin den Account aktiv und passiv nutzen dürfte. Dies entspräche auch insofern den Grundsätzen der Universalsukzession, als dass Herrenlosigkeit vermieden wird. Die Rechtsposition des Accounts bliebe bestehen, dies wäre auch im Interesse des Rechts- und Wirtschaftsverkehrs, da es somit weiterhin einen Verantwortlichen bezüglich des Accounts gäbe.

Allerdings zeigt bereits der Wortlaut des § 1922 Abs. 1 BGB, dass der Übergang von Rechtspositionen nicht ausnahmslos gilt, demnach geht nur über, was „Vermögen" ist.[201] Aus der Norm ist zu schließen, dass vermögensrechtliche Rechtspositionen grundsätzlich vererbbar sind, nichtvermögensrechtliche Rechtspositionen aber in aller Regel nicht.[202]

1. Das Vermögen im Erbrecht als Kriterium

Zu untersuchendes Kriterium ist mithin das „Vermögen" nach § 1922 Abs. 1 BGB im erbrechtlichen Sinne. Offensichtliches Problem in Bezug auf Accounts ist, dass der Account als Vertragsgegenstand nur virtuell existiert und daher die Benennung oder Bejahung eines Vermögenswertes weitaus komplizierter ist als beim klassischen Vermögen in Gestalt von Geld oder materiellen Werten.

Dennoch lassen sich im Ergebnis auch Accountverträge zu den vermögenswerten Rechtspositionen im Sinne des § 1922 Abs. 1 BGB zählen.

a) Vermögensbegriff

§ 1922 BGB enthält selbst keine Definition des „Vermögens". Der Begriff wird zwar auch an anderer Stelle im BGB verwendet, etwa in § 253 Abs. 1 BGB oder § 311b Abs. 2 und 3 BGB oder auch in § 1365 BGB, aber auch diese Normen definieren das „Vermögen" nicht. Grundsätzlich wird im bürgerlichen Recht darunter der Inbegriff aller geldwerten Güter einer Person verstanden.[203]

Im Erbrecht wird dieser Begriff tendenziell etwas weiter ausgelegt[204] und ist nicht schematisch an den Geldwert einer Position gebunden.[205] Die Zugehörigkeit einer Rechtsposition zum Vermögensbegriff orientiert sich stattdessen eher an der Kontinuitäts- und Zuordnungsfunktion des § 1922 Abs. 1 BGB und an einer umfassenden Interessenabwägung zwischen Erblasser, Erben und dem Rechtsverkehr.[206] Das hat zur Folge, dass eine rechtliche Position unabhängig

---

201 *Kunz*, in: Staudinger, § 1922 Rn. 63.
202 *Leipold*, in: MüKo-BGB, § 1922 Rn. 19.
203 *Lieder*, in: Ermann BGB Kommentar, § 1922 Rn. 7.
204 *Seidler*, Digitaler Nachlass, S. 29.
205 *Kunz*, in: Staudinger, § 1922 Rn. 63.
206 Ebd.

von ihrem wirtschaftlichen Wert auf den Erben übergeht. Auch in der analogen Welt erbt der Erbe etwa das Eigentum an Abfall.[207] Dies liegt in der Zuordnungsfunktion des § 1922 Abs. 1 BGB begründet, wonach Herrenlosigkeit vermieden werden soll.[208]

Festzuhalten ist, dass es für den Vermögensbegriff des Erbrechts zwar im Kern auf den Geldwert einer Rechtsposition ankommt, die Grenzen des Begriffs aber dehnbar sind, sodass auch wertlose Rechtspositionen erblich sein können, insbesondere wenn die Zuordnungsfunktion des § 1922 Abs. 1 BGB dies erfordert.[209]

Zum erbrechtlichen Vermögen gehören sowohl das Eigentum als auch die vollen Berechtigungen an Rechten und Forderungen, aber auch beschränkt dingliche Rechte, soweit ihre Vererblichkeit nicht durch ein Gesetz ausgeschlossen ist.[210] Beim Eigentum ist zu beachten, dass nicht die Sache selbst vererbt wird, sondern nur das sie betreffende Recht, also das Eigentum an der Sache.[211] Daraus folgt, dass es erst einmal unerheblich ist, ob die Sache höchstpersönliche Daten enthält oder lediglich Vermögensinteressen betrifft.[212] Der Erbe erbt sowohl das Eigentum an einem Buch des Erblassers, in dem höchstpersönliche Aufzeichnungen enthalten sind, als auch, übertragen auf digitale Problematiken, das Eigentum an einem Speichermedium, auf dem sich intime Aufnahmen befinden.[213]

b) Vermögenswert des Accounts

Es gibt verschiedene Aspekte, aus denen sich ein Vermögenswert des Accounts ergeben kann.

aa) Vermögenswert aus der Reichweite

Bei großer Reichweite sind Accounts für Werbekunden attraktiv, sodass sich mit einem solchen Account Geld verdienen lässt.[214] Zwar handelt es sich dabei nur um potentielle geldwerte Möglichkeiten, schließlich ist der Erbe nicht verpflichtet, ihn kommerziell zu nutzen, allerdings kann das bei Annahme des

---

207 *Herzog/Pruns*, digitale, S. 31 Rn. 32–33.
208 *Kunz*, in: Staudinger, § 1922 Rn. 69b.
209 Ebd., Rn. 68.
210 *Lange/Kuchinke*, Erbrecht, S. 89 f.
211 *Kunz*, in: Staudinger, § 1922 Rn. 80.
212 *Kutscher*, Der digitale Nachlass, S. 92.
213 *Herzog/Pruns*, digitale, S. 30 Rn. 28.
214 Siehe Kapitel 1 A II 2, vgl. *Fußeder*, Soziale Netzwerke im Nachlass, S. 58.

weiten Vermögensbegriffs im Erbrecht bereits genügen. Zudem ließe sich anhand des Ertragswertverfahrens[215] ein konkreter Vermögenswert ermitteln.[216] Ein Problem stellt dabei aber die Festlegung einer Schwelle dar, ab der einem Account Vermögenswert zugeschrieben werden kann.

Eine mögliche Gewerblichkeit eignet sich nicht als Kriterium, weil eine solche als Ansatzpunkt Fälle ausklammern würde, bei denen die Follower des Accounts zwar zahlreich wären, der Erblasser selbst aber den Account nicht kommerziell genutzt hatte. Ebenfalls ungeeignet ist die Festlegung einer bestimmten Anzahl an Abonnenten, ab der ein Vermögenswert angenommen werden kann, da dies die tatsächliche Interaktion, also letztlich die Qualität der Follower, nicht berücksichtigen würde; dazu kommt, dass die Festlegung eines solchen Wertes ohnehin nur willkürlich sein kann.

Konsequenterweise muss jedem Follower ein gewisser Wert zugeschrieben werden, der natürlich sehr gering ausfällt, in der Menge aber Maßstab für den (kleinen oder großen) Vermögenswert des Accounts sein kann. Folge muss also sein, jedem Account, der auch nur einen einzigen Abonnenten hat, aufgrund dessen einen Vermögenswert zuzuschreiben. Dies berücksichtigt zwar die Qualität der Abonnenten ebenfalls nicht, da aber auch diese nicht starr festzulegen ist, ist es rechtssicherer, auf die messbare Anzahl der Abonnenten abzustellen.

bb) Vermögenswert aus den Daten

Ebenfalls einen Vermögenswert haben die im Account gespeicherten Daten, die auch nach dem Ableben der jeweiligen Person von datenverarbeitenden Unternehmen verwendet werden können.[217] Schließlich können die vor dem Tod der Person entstandenen und gespeicherten Daten immer noch vom Plattformbetreiber an Dritte verkauft und so monetarisiert werden.[218]

Zwar geschieht die große Wertschöpfung solcher „Datenberge“ erst bei listenmäßigen Zusammenstellungen der Informationen, mithin also erst bei der Sortierung und Auswertung durch professionelle Analysten, die in der Regel im Auftrag der Unternehmen handeln,[219] allerdings heißt das nicht, dass dem Rohmaterial kein Wert zuzuschreiben ist.

---

215 Ein Verfahren zur Unternehmensbewertung; ausf. Nölle, in: *Schacht* (Hrsg.), Praxishandbuch, 21 ff.

216 *Fußeder*, Soziale Netzwerke im Nachlass, S. 59.

217 *Bock*, AcP 217 (2017), 370, 388.

218 Vgl. *Jentzsch*, DIW Wochenbericht 2014, 793, 794.

219 *Bull*, CR 2018, 425, 429.

Der Wert, wenn auch schwer ermittelbar, solcher im Account enthaltener personenbezogener Daten Verstorbener dürfte in der Regel mit der Zeit abnehmen, da Werbung möglichst auf aktuelle zahlungskräftige Kunden zugeschnitten sein soll und die Aktualität der Daten im Laufe der Zeit geringer wird. Allerdings ändert das nichts am grundsätzlichen Wert der im Account enthaltenen Daten, die auch nicht mit dem Tod des Accountinhabers plötzlich völlig wertlos werden, weil sie schließlich noch immer zur Analyse vergleichbarer Personenkreise genutzt werden könnten.

Daneben sind im Account auch weitere vermögenswerte Daten denkbar, etwa in Gestalt von konkreten Informationen über Zugänge zu Konten oder Vertragsinformationen.

Mithin ist auch aufgrund der Informationen im Account ein Vermögenswert zu bejahen.

cc) Vermögenswert aufgrund einer monetären Gegenleistung

Daneben gibt es auch Fälle, in denen die Mitgliedschaft in sozialen Netzwerken tatsächlich einen Geldbetrag kostet, dann lässt sich der Vermögenswert des Accounts ohnehin bejahen. Wenn etwa der Erblasser einen Betrag für die Mitgliedschaft für das nächste Jahr bezahlt hat, aber nach einem Monat verstirbt, ist der konkrete Vertrag noch (mindestens) so viel wert, wie die Mitgliedschaft für die nächsten elf Monate kosten würde.

Der Vermögenswert des Accounts ist also aufgrund der wirtschaftlichen Nutzungsmöglichkeit, aufgrund der darin enthaltenen Daten und/oder aufgrund eines zu zahlenden Mitgliedbeitrags gegeben.

dd) Problem: Trennung von Inhaberschaft und Daten?

Allerdings gibt es auch Stimmen, die den Vermögenswert eines Accounts ablehnen und dabei eine strikte Trennung von Inhaberschaft und Daten innerhalb eines Accounts annehmen. Dies wird auf die Rechtsprechung zur Vererbung von Girokonten gestützt.[220] Diese Parallele kann zumindest im Hinblick auf Social Media Accounts nicht gezogen werden, da sie die Besonderheiten der Accounts in sozialen Netzwerken nicht hinreichend berücksichtigt.

---

220 Bräutigam, in: *Deutscher Anwaltsverein*, Stellungnahme zum digitalen Nachlass, 17 ff.

(1) Rechtsprechung zur Vererbung von Girokonten

Beim Giroverhältnis mit einer Bank handelt es sich um einen Geschäftsbesorgungsvertrag mit dienstvertraglichen Elementen,[221] bei der die Pflicht der Bank darin besteht, ein Girokonto zu führen, in das Forderungen und Verbindlichkeiten des Kunden eingestellt und saldiert werden.[222]

Die Rechtsprechung zur Vererblichkeit von Girokonten stellt hinsichtlich der Vererbbarkeit von Dauerschuldverhältnisse eine Besonderheit dar: Für den Erbfall ist zu beachten, dass ein Girokonto zum einen aus dem Kontoguthaben, zum anderen aber auch aus der Inhaberschaft selbst besteht.[223] Zwar geht das Giroverhältnis zwischen der Bank und dem Erblasser mit dessen Tod auf den Erben über, wenn aber der Erbe das Konto für den eigenen Zahlungsverkehr nutzt, tritt er in eine eigene Rechtsbeziehung zur Bank. Der bloßen Vertragsbeziehung zur Bank käme demnach kein Vermögenswert zu, schließlich könne jeder in geordneten Verhältnissen lebende Mensch bei nahezu jeder Bank oder Sparkasse ein Girokonto eröffnen.[224] Die Inhaberschaft ist also aufgrund dessen höchstpersönlicher Natur.[225]

Für diese Aufspaltung in Inhaberschaft und Kontoguthaben sprechen vor allem praktische Gründe, allerdings lediglich dann, wenn der Erbe nur noch Zahlungsverkehr aus seinem Eigenvermögen abwickelt. Problematischer kann es sich gestalten, wenn er das Konto auch für Zahlungsvorgänge benutzt, die den Nachlass betreffen, da entsprechende Guthaben wie Negativ-Salden dem Nachlass zuzurechnen sind.[226] Bei dieser Konstruktion entstehen für den Erben keinerlei Nachteile, er hat trotz eigener Rechtsbeziehung die gleichen Rechte wie der Erblasser.

(2) Übertragung der Grundsätze auf die Account-Problematik

Übertragen auf Accounts würde das bedeuten, dass auch hier streng zwischen Inhaberschaft und Inhalt unterschieden werden muss. Dabei würden zwar die Daten als eine Art Guthaben auf den Erben übergehen, bei der Nutzung des Erben für sich selbst würde er aber eine eigene Rechtsbeziehung zum Provider

---

221 *BGHZ* 131, 60, Rn. 14, Inhaberschaft und Guthabenanspruch aus vom Vorerben fortgeführten Girovertragsverhältnis des Erblassers im Nacherbfall.

222 *Lange/Kuchinke,* Erbrecht, S. 95.

223 *Bräutigam,* in: Burandt/Rojahn Erbrecht, § 1922 Anhang Digitaler Nachlass Rn. 5.

224 *BGHZ* 131, 60, Rn. 15–17, Inhaberschaft und Guthabenanspruch aus vom Vorerben fortgeführten Girovertragsverhältnis des Erblassers im Nacherbfall.

225 *Bräutigam,* in: Burandt/Rojahn Erbrecht, § 1922 Anhang Digitaler Nachlass Rn. 5.

226 *Lange/Kuchinke,* Erbrecht, S. 95 Fn. 85.

begründen,[227] mit der Konsequenz, dass die Nutzung des alten Accounts nicht oder zumindest nicht in Interaktion mit den Abonnenten möglich ist.

Für die Parallele zum Bankkonto spricht, dass jeder Mensch durch bloße Registrierung einen Account einrichten und nach seinem Belieben gestalten kann,[228] ebenso wie nach Ansicht des BGH jeder in geordneten Verhältnissen lebende Mensch ein Girokonto eröffnen kann. Somit wäre der Wert der einzelnen Vertragsbeziehung als gering einzuordnen, weil der Erbe den jeweiligen Vertrag nicht nur durch Erbschaft, sondern auch durch eigene Willenserklärung abschließen könnte, da es weder dem Plattformbetreiber noch der Bank auf die genaue Person des Kunden ankommt.

Die Registrierung bei einem sozialen Netzwerk ist dabei sogar deutlich niedrigschwelliger einzuordnen als die Kontoeröffnung bei einer Sparkasse oder Bank. Die Dienstanbieter schließen ihre Verträge regelmäßig ohne Rücksicht auf die konkrete Person und Solvenz ab, zumeist wird nicht einmal die Personenidentität überprüft.[229]

Der Unterschied zwischen einem Account und einem Girokonto ist allerdings, dass das Guthaben eines Kontos nur in monetärer Form vorliegt, während sich das Guthaben eines Accounts in den Daten zeigt. Diese könnten wiederum selbst vermögensrelevante Informationen enthalten. Überall dort, wo Nachrichten verschickt und Informationen gespeichert werden, können Informationen zu vermögensrelevanten Inhalten enthalten sein. Zu denken ist etwa an (potenzielle) Werbepartner, die Anfragen oder weitergehende Informationen über die Plattform selbst verschicken. Insofern lassen sich Girokonto-Inhaberschaft und Account-Inhaberschaft zwar vergleichen, dennoch ist das Guthaben eines Accounts als deutlich komplexer einzuordnen, da es sich aus personellen und monetären Inhalten sowie Informationen zusammensetzt, die sich nicht immer klar trennen lassen. Die persönlichen Daten im Account betreffen sowohl die Persönlichkeit des Inhabers und die der Kommunikationspartner, können aber gleichzeitig auch einen Vermögenswert haben.

In Fällen, in denen ein Account aber übermäßig viele Follower oder viel Reichweite hat, passt die Parallele zu den Girokonten nicht mehr. Ein Girokonto hat keine Abonnenten und folglich auch keinen Werbewert für Unternehmen. Die Rechtsbeziehung ist tatsächlich in der Regel ohne Vermögenswert. Ein Social

---

227 Bräutigam, in: *Deutscher Anwaltsverein,* Stellungnahme zum digitalen Nachlass, S. 18.

228 *Kutscher,* Der digitale Nachlass, S. 101.

229 Ebd., S. 102.

Media Account hingegen kann durch die Interaktion mit den Followern einen Vermögenswert haben, der ihn auch von anderen Accounts unterscheidet.[230] Schon beim Girokonto scheint die Behauptung, dass der Vertrag selbst keinen Wert hat, fraglich. Schließlich kann auch der Vertrag selbst vermögenswerte Vorteile bieten: Manche Verträge bieten etwa kostenlose Kreditkarten oder günstigere Zinssätze an.[231] Noch mehr muss aber bei Social Media Accounts nach der Reichweite, der Followeranzahl und dem damit einhergehenden Werbewert differenziert werden. Während nämlich der Erbe eines Girokontos zum einen Interesse am Guthaben hat und eventuell auch an einem Vertrag mit der konkreten Bank, wobei es ihm aber gleichgültig sein dürfte, ob er die Rechtsbeziehung des Erblassers fortführt oder eine eigene begründet, kann dies für den Erben eines Social Media Accounts nicht ausnahmslos gelten, da dieser aus wirtschaftlichen oder ideellen Gründen durchaus ein Interesse haben dürfte, den konkreten Account mit übergegangenem Vertrag fortzuführen. Schließlich könnte auch das ideelle Interesse in Form einer Wahrung des Andenkens des Verstorbenen bei einem persönlichen Account viel eher zu bejahen sein als bei einem beliebigen Bankkonto.

Denkbar sind auch Fälle, in denen Beiträge vom Account nachträglich durch Algorithmen zu neuer Bekanntheit gelangen und so noch nachträglich Werbeeinnahmen generieren könnten. Auch in solchen Fällen hätte der Erbe eines Accounts gegenüber dem Erben eines Girokontos ein gesteigertes Interesse an genau diesem konkreten Account-Vertrag. Mithin wäre also bei ausnahmsloser Übertragung der Annahmen zum Girokonto auf Social Media Accounts eine Benachteiligung des Erben denkbar.

Zusammenfassend lässt sich also festhalten, dass sich die gezogene Parallele zu den Girokonten bei vielen Social Media Accounts nicht eignet, da ein Account-Vertrag, anders als der bloße Vertrag mit der Bank, durchaus einen Vermögenswert hat. Mithin ist grundsätzlich der Vermögenswert eines Accounts zu bejahen, sodass der Vertrag auch unter § 1922 Abs. 1 BGB zu fassen wäre.

ee) Schlussfolgerung aus dem Vermögenswert

Fraglich ist nun, ob von dem Vermögenswert einer Rechtsposition automatisch auch auf die Vererbbarkeit derselben geschlussfolgert werden kann, wie es der Wortlaut des § 1922 Abs. 1 BGB nahelegt.

---

230 *Fußeder*, Soziale Netzwerke im Nachlass, S. 58.

231 Ebd., S. 59.

Es gibt bereits im Gesetz selbst Ausnahmen dieses Grundsatzes. Zum Beispiel § 1061 S. 1 BGB, der für den Nießbrauch bestimmt, dass dieser mit dem Tod des Nießbrauchers endet, obwohl dem Nießbrauch als Nutzungsrecht ein Vermögenswert zuzuschreiben ist.[232]

Aus dem Grundsatz des § 1922 BGB lässt sich daher nur ein Regel-Ausnahme-Verhältnis ableiten, wonach vermögensrechtliche Rechtspositionen grundsätzlich vererblich sind, während andere Rechtspositionen grundsätzlich nicht vererblich sind.[233] Das Vorliegen geldwerter und damit vermögenswerter Bestandteile, ist letztlich also nur ein Indiz hinsichtlich der Vererblichkeit, bildet aber gleichzeitig den Kern des erbrechtlichen Vermögensbegriffs. Dies verbindet ihn auch mit den anderen Vermögensbegriffen des BGB, der Unterschied liegt insbesondere darin, dass auf der Aktivseite auch Liebhaberwerte zum vererbbaren Vermögen zählen können.[234]

Die Tatsache, dass dem Account-Vertrag ein Vermögenswert zugeschrieben werden kann, ist also nur als Indiz für die Vererblichkeit zu werten.

2. *Unvererblichkeit von Rechtspositionen durch Gesetz oder Vertrag*

Wenn aber der Vermögenswert einer Rechtsposition nur ein Indiz für eine Vererblichkeit ist, muss die Vererblichkeit des Accounts anhand anderer Kriterien bestimmt werden.

Teilweise ist der Untergang einer Rechtsposition mit dem Tod ihres Inhabers bereits gesetzlich normiert.[235] Wie etwa beim bereits erwähnten Nießbrauch.[236] Darüber hinaus erlischt kraft Gesetzes aber auch das Vorkaufsrecht nach § 473 BGB mit dem Tod des Berechtigten oder aber auch ein schenkungsweise gegebenes Rentenversprechen nach § 520 BGB mit dem Tod des Schenkenden. Dies sind Rechtspositionen, die in besonderem Maße personenbezogen sind.[237] Unvererblich sind aus diesem Grund auch familienrechtliche Beziehungen wie Verlöbnis, Ehe oder Vormundschaft.[238] Diese Unvererblichkeit bei besonderer

232 *Kunz*, in: Staudinger, § 1922 Rn. 389; *Horn*, in: Burandt/Rojahn Erbrecht, § 2311 Rn. 10.
233 *Leipold*, in: MüKo-BGB, § 1922 Rn. 19.
234 *Kunz*, in: Staudinger, § 1922 Rn. 68.
235 *Seidler*, Digitaler Nachlass, S. 24.
236 Kapitel 2 II 1.
237 *Leipold*, in: MüKo-BGB, § 1922 Rn. 28.
238 *Müller-Christmann*, in: BeckOK BGB, § 1922 Rn. 102; *Leipold*, in: MüKo-BGB, § 1922 Rn. 145.

Personenbezogenheit zeigt sich unter anderem auch darin, dass die Leiche des Erblassers nicht in das Eigentum der Erben übergeht.[239]

Die gesetzlichen Anordnungen zur Unvererblichkeit einer Rechtsposition sind allerdings nicht immer zwingend, zum Teil gibt es auch Zweifelsregeln: So erlischt der Auftrag nach § 673 S. 1 BGB nur im Zweifel durch den Tod des Beauftragten. In solchen Fällen ist die Übergangsfähigkeit der Rechtsposition also durch Auslegung zu bestimmen.[240]

Schon aus diesen ausdrücklichen Regelungen ergibt sich, dass vertragliche Schuldverhältnisse trotz Vermögenswert nicht immer vererblich sind.

Für solche Dauerschuldverhältnisse wie bei Account-Verträgen findet sich eine gesetzliche Regelung, die die Unvererblichkeit bestimmt, nicht. Auch im Miet- und Werkvertragsrecht sind derartige Bestimmungen nicht enthalten.

Aber nicht nur das Gesetz kann die Übergangfähigkeit von Rechtspositionen ausschließen, auch die Vertragsfreiheit gestattet es, die Vererblichkeit einer vertraglichen Forderung oder Verbindlichkeit im Vertrag auszuschließen.[241] Solche Unvererblichkeitsbestimmungen sind solange zulässig, wie keine gesetzlichen Sonderregelungen oder der Numerus Clausus der Sachenrechte greifen.[242]

Die Unvererblichkeit kann rechtstechnisch dadurch erwirkt werden, dass das Rechtsgeschäft mit einer auflösenden Bedingung oder Befristung versehen wird; der Tod des Vertragspartners stellt dann die Bedingung oder das Ende der Befristung dar. Durch das Erlöschen beim Tod des Rechtsinhabers scheidet die Rechtsposition aus dem zu vererbenden Vermögen aus.[243] Problematisch bei der Annahme des Todes als Bedingung ist allerdings, dass das Versterben eines Menschen ein gewiss eintretendes Ereignis darstellt, bei dem nur der genaue Zeitpunkt unklar ist.[244]

Solch eine Befristung kann sich zum Teil auch aus einer ergänzenden Vertragsauslegung ergeben.[245]

Bei Accounts ist das in aller Regel nicht der Fall. Ein gesetzlicher Ausschluss der Vererblichkeit ist nicht gegeben, auch findet sich in den Nutzungsbedingungen

239 *Hanseatisches Oberlandesgericht Hamburg 2. Strafsenat*, NJW 2012, 1601; *Herzog/Pruns*, digitale, S. 32 Rn. 37.

240 *Seidler*, Digitaler Nachlass, S. 24.

241 *Leipold*, in: MüKo-BGB, § 1922 Rn. 26.

242 *Kunz*, in: Staudinger, § 1922 Rn. 166.

243 *Dietzel*, Untergang, S. 30; *Kunz/Staudinger*, Staudinger, § 1922 Rn. 167.

244 *Seidler*, Digitaler Nachlass, S. 25.

245 *Muer*, Vererblichkeit, S. 180.

der Plattformen in der Regel kein genereller Ausschluss der Vererblichkeit.[246] Dieser wäre grundsätzlich aber individualvertraglich möglich; allerdings ist bisher nicht bekannt, dass die Plattformbetreiber solche Bestimmungen mit einzelnen Nutzern vereinbaren.

3. *Unvererblichkeit aufgrund von Höchstpersönlichkeit*

Wenn weder Vertrag noch Gesetz die Unvererblichkeit anordnen, ist die Übergangsfähigkeit nach den allgemeinen erbrechtlichen Grundsätzen festzustellen.[247] Da das Vermögen sich, wie bereits festgestellt, nicht als allgemeingültiges Kriterium eignet, muss auf andere Faktoren abgestellt werden.

Wie bereits dargestellt, ist Unvererblichkeit zum Teil gesetzlich angeordnet, wenn es sich um besondere auf die Person des Erblassers bezogene Rechte und Pflichten handelt.[248]

Unvererblichkeit kann also auch dann vorliegen, wenn der Inhalt des Rechts derart auf eine konkrete Person (also den Erblasser) zugeschnitten ist, dass bei einem Austausch der Person die Leistung wesentlich verändert würde. Dieser Rechtsgedanke kommt sowohl in § 38 BGB[249] als auch in § 399 BGB zum Ausdruck.[250] § 38 BGB bestimmt, dass die Mitgliedschaft in einem Verein nicht übertragbar oder vererblich ist.[251] Regelungsgehalt der Norm ist mithin, dass die Mitgliedschaft im Verein grundsätzlich höchstpersönlich ist.[252]

§ 399 BGB regelt, dass eine Forderung nicht abgetreten werden kann, wenn die Leistung an einen anderen Gläubiger nicht ohne Veränderung ihres Inhalts erfolgen kann oder die Abtretung durch Vereinbarung ausgeschlossen wurde. Die Unabtretbarkeit einer Forderung ergibt sich bei § 399 BGB daraus, dass die Person des Gläubigers den Inhalt der Leistung bestimmt.[253] Dies kann etwa der Fall sein, wenn Gegenstand der Vereinbarung die Herstellung eines künstlerischen Werkes war.[254] Ein Besteller, der beispielsweise ein Gemälde bei einem

---

246 *Facebook,* Nutzungsbedingungen, https://de-de.facebook.com/terms; *Instagram,* Nutzungsbedingungen, https://de-de.facebook.com/help/instagram/581066165581870.

247 *Seidler,* Digitaler Nachlass, S. 25.

248 *Herzog/Pruns,* digitale, S. 32 Rn. 36.

249 *Leuschner,* in: MüKo-BGB, § 38 Rn. 1.

250 *Kieninger,* in: MüKo-BGB, § 399 Rn. 2.

251 *Pruns,* ErbR 2018, 614, 616.

252 *Leuschner,* in: MüKo-BGB, § 38 Rn. 1.

253 *Kieninger,* in: MüKo-BGB, § 399 Rn. 2.

254 *Leipold,* in: MüKo-BGB, § 1922 Rn. 26.

sorgfältig ausgewählten Maler ordert, wird kein Interesse an der Herstellung des Werkes durch einen Dritten haben. Darüber hinaus kann sich eine Unabtretbarkeit bei § 399 BGB auch daraus ergeben, dass ein schutzwürdiges Interesse des Schuldners anzuerkennen ist, nur an einen ganz bestimmten Gläubiger leisten zu wollen. In solchen Fällen wäre ein Gläubigerwechsel unzumutbar.[255] In beiden Normen führt eine enge Personenbezogenheit zur Unübertragbarkeit einer Rechtsposition.

Das BGB verwendet an keiner Stelle den Begriff der „Höchstpersönlichkeit", für diesen Begriff existiert also keine Legaldefinition.[256]

Definiert wird dieser grundsätzlich als „besonders enge Personenbindung".[257] Der Begriff dient ohnehin nur dazu, eine untrennbare Verbindung von Rechtssubjekt und Rechtbeziehung zu kennzeichnen, die beim Tod des Betroffenen zum Erlöschen der rechtlichen Beziehung führt, weitere Aussagen hingegen lassen sich dem Begriff nicht entnehmen.[258]

Im Erbrecht finden sich keine weiteren Hinweise, wann ein höchstpersönlicher Charakter einer Rechtsposition anzunehmen ist.[259]

a) Keine Unvererblichkeit bei höchstpersönlichen Inhalten

Eine Rechtsposition ist jedenfalls nicht schon dann auf die Person des Erblassers zugeschnitten, wenn es nur um höchstpersönliche Inhalte geht.[260]

Diese Wertung des Gesetzgebers zeigen die Normen der §§ 2047 Abs. 2 und 2373 S. 2 BGB.[261] Letzterer regelt, dass Familienpapiere und Familienbilder beim Erbschaftskauf im Zweifel als nicht mitverkauft anzusehen sind. Zu diesen Familienbildern und Familienpapieren gehören „Urkunden rechtlicher Art, Personenstandsatteste, Korrespondenzen, Briefschaften, Tagebücher, Familiennotizen usw."[262] Weil diese Norm auf dem Pietätsinteresse basiert, kommt es nicht auf den Vermögenswert der Gegenstände an.[263] Dadurch, dass die Norm Ausnahmecharakter hat, ergibt sich, dass solche höchstpersönlichen

255 *Kieninger*, in: MüKo-BGB, § 399 Rn. 2.
256 *Seidler*, Digitaler Nachlass, S. 37.
257 Mit weiteren Nachweisen: ebd., S. 37.
258 *Dietzel*, Untergang, S. 12.
259 *Seidler*, Digitaler Nachlass, S. 38.
260 *Herzog/Pruns*, digitale, S. 33 Rn. 38.
261 *Herzog/Pruns*, digitale, S. 33 Rn. 40.
262 *Musielak*, in: MüKo-BGB, § 2373 Rn. 5.
263 *Litzenburger*, in: BeckOK BGB, § 2373 Rn. 1; *Musielak*, in: MüKo-BGB, § 2373 Rn. 55.

Dinge üblicherweise durchaus in den Nachlass fallen.[264] § 2047 Abs. 2 BGB bestimmt hingegen, dass Schriftstücke, die sich auf die persönlichen Verhältnisse des Erblassers, auf dessen Familie oder den gesamten Nachlass beziehen, gemeinschaftlich bleiben. Auch diese Norm setzt voraus, dass diese persönlichen Dokumente zur Erbschaft gehören. Daraus lässt sich schlussfolgern, dass höchstpersönliche analoge Gegenstände wie Tagebücher oder Briefe vererbbar sind.[265]

b) Einzelfallbetrachtung zur Feststellung der Höchstpersönlichkeit

Wenn aber Gegenstände mit höchstpersönlichen Inhalten nicht unvererblich sind, ist fraglich, wann eine Rechtsposition denn derart höchstpersönlich ist, dass sie nicht vererblich ist. Für diese Feststellung ist eine Betrachtung des Einzelfalls[266] erforderlich.[267] Dabei können allerdings unterschiedliche Gesichtspunkte maßgeblich sein.[268] Die Vererblichkeit bestimmt sich komparativ: „Je eher eine Rechtsstellung mit dem Erblasser verbunden war, desto eher ist sie unvererblich. Und: Je enger die Vertrauensbeziehung zwischen Erblasser und Vertragspartner war, desto weniger ist sie vererblich."[269] Entscheidend für die Beurteilung ist also nicht, ob es sich um intime Gegenstände oder Informationen handelt, vielmehr ist auf die Rechtsbeziehung zwischen dem Erblasser und einer anderen Person und den Grad der Vertrautheit abzustellen. Dabei kann, getreu dem Rechtsgedanken des § 399 BGB, sowohl eine Rolle spielen, ob die Person des Erblassers die ursprüngliche Leistung bestimmt hat, als auch, ob der Vertragspartner des Erblassers ein schutzwürdiges Interesse hatte, nur an diesen leisten zu wollen.

---

264 *Herzog*, Stellungnahme DAV Nr. 34/2013, S. 33.

265 *BGHZ* 219, 243, Rn. 49, Digitaler Nachlass.

266 Betrachte dazu beispielhaft folgende Gerichtsentscheidungen: *Landessozialgericht Berlin-Brandenburg*, Urt. v. 17.06.2021 – L 23 SO 176/19; *Schleswig-Holsteinisches Verwaltungsgericht 12. Kammer*, Urt. v. 26.03.2015 – 12 A 81/14; *BGHZ* 201, 45, Berichterstattung über trauernden Entertainer; *BayObLGZ*, 245, Vererblichkeit der Befugnis zur Rücknahme eines Adoptionsantrages; *Hessischer Verwaltungsgerichtshof*, Beschluss v. 20.05.1988 – 4 TG 768/88; *OLG Düsseldorf 9. Zivilsenat*, Urt. v. 15.06.1994 – 9 U 271/93; *BVerwG*, Grundeigentum 1987, 631.

267 *Peukert*, Güterzuordnung, S. 648; *Kunz*, in: Staudinger, § 1922 Rn. 73 ff.

268 *Seidler*, Digitaler Nachlass, S. 39.

269 *Kunz*, in: Staudinger, § 1922 Rn. 75.

Ein Indiz für die Vererblichkeit ist die Übertragbarkeit eines Rechts, auch wenn es von diesem Grundsatz Ausnahmen gibt.[270] So ist etwa das Urheberrecht vererblich, obwohl es zu Lebzeiten nicht grundsätzlich nicht übertragen werden kann.[271] Somit ist es verfehlt, von der Unübertragbarkeit eines Rechts zu Lebzeiten automatisch auf dessen Unvererblichkeit zu schließen, schließlich unterscheidet sich diese Übertragung unter Lebenden qualitativ von den Vorgängen im Erbfall.[272]

Nur durch eine solche wertende Einzelfallbetrachtung können auch die Besonderheiten der einzelnen Rechtspositionen angemessen berücksichtigt werden.[273]

Für den Fall, dass die Einzelfallbetrachtung zu keinem Ergebnis führt, ist zu beachten, dass die Rechtssicherheit und der Rechtsverkehr ein grundsätzliches Interesse am Fortbestand der Rechtsposition haben, sodass im Zweifel von einem Übergang des Rechtsverhältnisses auszugehen ist.[274] Dafür spricht auch, dass jede Entscheidung von Judikative oder Legislative über die Unvererblichkeit einer Rechtsposition einen Eingriff in die Privatautonomie bzw. Testierfreiheit des Erblassers darstellt, sofern die betroffene Rechtsposition dem Schutzbereich des Art. 14 Abs. 1 GG unterfällt und tatsächlich übergangsfähig ist.[275]

Mithin ist die Unvererblichkeit einer Rechtsposition aufgrund von Höchstpersönlichkeit eindeutig als Ausnahme der regulären Universalsukzession zu qualifizieren.

c) Höchstpersönlichkeit im Account

Eine solche Höchstpersönlichkeit des Accounts liegt mangels Vertrauensbeziehung zwischen Anbieter und Nutzer nicht vor.

Irrelevant für diese Beurteilung ist die Frage, ob höchstpersönliche Informationen des Erblassers betroffen sind. Die Daten im Account, mögen sie auch noch so intim sein, spielen für die Beurteilung der Personenbezogenheit keine Rolle.

---

270 *BayObLGZ*, 245, Vererblichkeit der Befugnis zur Rücknahme eines Adoptionsantrages; *Große-Boymann*, in: Burandt/Rojahn Erbrecht, § 1922 Rn. 25.

271 *Seidler*, Digitaler Nachlass, S. 39.

272 *Kunz*, in: Staudinger, § 1922 Rn. 73.

273 *Seidler*, Digitaler Nachlass, S. 40.

274 *Dietzel*, Untergang, S. 25; *Seidler*, Digitaler Nachlass, S. 40.

275 *Muer*, Vererblichkeit, S. 72.

Auch der BGH führte an, dass die Personenbezogenheit eines Accounts dazu führen könnte, dass die aktive Weiternutzung nicht vom Erbrecht umfasst ist.[276] Bei dieser Aussage handelt es sich aber nur um eine Überlegung, insbesondere, weil die Frage nicht streitgegenständlich war.

Zudem ist zu berücksichtigen, dass der Account-Vertrag grundsätzlich durchaus übertragbar ist, nämlich im Wege der rechtsgeschäftlichen Vertragsübernahme; auch wenn die Voraussetzung dafür die Zustimmung des Plattformbetreibers ist.[277] Auch das spricht gegen eine Höchstpersönlichkeit.

Hinsichtlich der Untersuchung der Höchstpersönlichkeit bietet sich eine Differenzierung zwischen der passiven und der aktiven Accountnutzung an.

aa) Höchstpersönlichkeit der passiven Nutzung

Zunächst ist die Höchstpersönlichkeit der passiven Accountnutzung zu untersuchen. Passiv meint in diesem Zusammenhang das Einloggen und der Zugriff auf den Account mit all seinen Daten, nicht hingegen das Generieren neuer (öffentlicher) Inhalte oder die Interaktion mit Dritten.

Die Personenbezogenheit dieser passiven Accountnutzung ist zumindest nicht insoweit gegeben, als dass sie die Vererblichkeit hindert.

Ein Profil in einem sozialen Netzwerk ist grundsätzlich streng auf die konkrete Person des Nutzers zugeschnitten.[278] Schließlich ist das Profil in aller Regel die Darstellung der eigenen Person im Internet, die für einen vom Nutzer festgelegten Personenkreis sichtbar ist. Allerdings gibt es auch zahlreiche Accounts, in denen Leute nur Fotos ihrer Hobbys, Haustiere[279] oder anderer Motive posten, in solchen Fällen ist der Zuschnitt auf die Person des Nutzers insofern gegeben als dass er, im Rahmen der Nutzungsbedingungen, Herr über die Inhalte des Accounts ist und die Ausrichtung des Accounts selbst bestimmen kann. Dazu kommt, dass die Netzwerke grundsätzlich so ausgerichtet sind, dass jeder Nutzer sich nur einen Account anlegt. Für die Personenbezogenheit spricht demnach, dass es bei der Mitgliedschaft auf die konkrete Person des Nutzers ankommt, schließlich bezieht sich die Mitgliedschaft auf die Person.[280] Zudem sind die Konten bei sozialen Netzwerken passwortgeschützt und somit dem Zugriff Dritter entzogen.[281]

276 *BGHZ* 219, 243, Rn. 36, Digitaler Nachlass.
277 Kapitel 2 C.
278 Vgl. LG Berlin, ZEV 2016, 189, 191.
279 Sog. „Petfluencer", *Jahnke,* Influencer, S. 129.
280 *Klas/Möhrke-Sobolewski*, NJW 2015, 3473, 3474.
281 *Fußeder,* Soziale Netzwerke im Nachlass, S. 66.

Allerdings besteht dieser Personenbezug im Verhältnis zwischen dem Nutzer und seinem eigenen Account, nicht aber im Verhältnis vom Nutzer zum Plattformbetreiber, was den entscheidenden Unterschied in der Beurteilung ausmacht.

Denn hinsichtlich des Nutzers und der Provider ist trotz der vermeintlichen Individualität der Leistung des Providers zu beachten, dass die beiden Parteien sich in aller Regel nicht persönlich kennen. So kann es dem Provider beim Vertragsabschluss demzufolge auch nicht um die konkrete Person des Nutzers gehen, sodass die Individualisierung eines Profils für ihn ohnehin unerheblich ist. Für den Inhalt der Verpflichtung des Plattformbetreibers ist es auch deswegen ohne Bedeutung, ob er die Daten an den Erblasser oder den Erben vermittelt.[282] Der Provider hat gegenüber jedem der zahlreichen Nutzer dieselben Pflichten; auch zu Lebzeiten eines Nutzers muss er dessen Profil nicht individualisieren. Stattdessen sind die technischen Leistungen gegenüber jedem Nutzer gleich.[283]

Für die Unerheblichkeit der individuellen Person des Nutzers spricht ferner, dass die Identität des Nutzers von Seiten des Providers nur sehr selten im laufenden Betrieb kontrolliert wird.[284] Es ist anzunehmen, dass es dem Plattformbetreiber zum Teil nicht einmal auffallen würde, wenn ein Account insgeheim von mehreren Nutzern genutzt wird oder der konkrete Nutzer regelmäßig wechselt, solange sich das Einloggen nicht zeitlich überschneidet oder örtlich widerspricht. Durch die Anonymität des potenziellen Nutzers bei der Registrierung bei den Plattformen kann der Betreiber kaum wissen, welche reale Person sich tatsächlich hinter einem Profil verbirgt.

Den Plattformbetreibern geht es in der Regel um eine Masse an Nutzern, bei denen eine effektive Kontrolle der Personenidentität kaum möglich wäre. Diese Struktur der Netzwerke, die an möglichst vielen Nutzern interessiert ist, nimmt also etwaige gemeinsame Nutzungen von Accounts in Kauf. Eine Alternative wäre etwa eine Kontrolle über den Fingerabdruck oder eine Gesichtserkennung des Nutzers, wie sie teilweise bereits zum Entsperren von Smartphones eingesetzt wird.[285] Dies würde sicherstellen, dass keine andere Person den Account nutzt.

---

282 *Budzikiewicz*, AcP 218 (2018), 558, 569, so auch: *Brinkert/Stolze/Heidrich*, ZD 2013, 153, 155; *Bock*, AcP 217 (2017), 370, 395.

283 *Arbeitsgruppe „Digitaler Neustart“*, Bericht, S. 339.

284 *Brinkert/Stolze/Heidrich*, ZD 2013, 153, 155.

285 *Müller*, ZD-Aktuell 2021, 5457.

Sicherlich haben die Plattformbetreiber ein großes Interesse an möglichst unverfälschten Datensätzen, da dies ihr Geschäftsmodell ist. Dennoch ist es bisher Standard, dass zum Beispiel Facebook grundsätzlich auch keine Warnungen verschickt, wenn sich jemand von einem unbekannten Gerät einloggt. Stattdessen bietet die Plattform ihren Nutzern lediglich durch eine Einstellungsoption die Möglichkeit, Warnungen bei solchen Anmeldeversuchen zu erhalten.[286] Mithin registriert Facebook zwar Anmeldeversuche von verschiedenen Geräten und Orten (gegebenenfalls sogar zeitgleich), handelt aber daraufhin grundsätzlich nicht, sodass ein Account ohne praktische Konsequenzen von Seiten der Plattform auch von zwei oder mehr Personen genutzt werden kann. In solch einem Fall wird also die nicht eindeutige Identifizierung der hinter dem Account stehenden Person praktisch geduldet, beziehungsweise sogar ein Vermischen der Nutzungsdaten in Kauf genommen.

Damit wäre es widersprüchliches Verhalten, wenn Facebook zu Lebzeiten seiner Nutzer faktisch nicht gegen solche geteilten Accounts vorgeht, sich im Todesfall des Nutzers aber plötzlich auf das Interesse an unverfälschten Daten beruft. Insbesondere weil diesem Problem auch durch eine Anzeigepflicht des Todesfalls vorgebeugt werden kann, sodass es Facebook wohl zumutbar sein dürfte, neue Datensätze anzulegen.

Ein Gegenmodell dazu wäre ein soziales Netzwerk mit ausgesuchten Nutzern, bei dem nicht die Masse, sondern die Identität des Nutzers entscheidend wäre. Bei den klassischen dargestellten sozialen Netzwerken nehmen die Nutzer hingegen kein besonderes persönliches Vertrauen in Anspruch.[287]

Mithin sprechen die besseren Argumente für eine Ablehnung der Höchstpersönlichkeit, weil der Personenbezug zwischen Nutzer und Provider nicht gegeben ist; Für den Provider ist es irrelevant, ob er die Daten dem Erben oder dem Erblasser zur Verfügung stellt. Unter diesem Gesichtspunkt dürfte der Account also weiter passiv vererbbar sein.

Nur in Einzelfällen bei Accounts von Partnerschaftsbörsen, wie etwa Tinder oder Parship, kann etwas anderes gelten. Schließlich sind in diesen Fällen die Leistungen für den Suchenden auf seine speziellen Vorlieben angepasst. Bei Dating-Apps wie OkCupid oder Tinder bewertet ein Algorithmus die Attraktivität des Nutzers, sodass ihm vor allem Profile mit ähnlicher Attraktivität

---

286 *Facebook-Hilfebereich,* Wie erhalte ich Warnungen bei verdächtigen Anmeldeversuchen?, https://www.facebook.com/help/162968940433354.

287 *Kutscher,* Der digitale Nachlass, S. 102.

angezeigt werden.[288] Darin ist eine Individualisierung der Hauptleistung zu sehen, sodass damit Höchstpersönlichkeit angenommen werden kann.[289]

bb) Höchstpersönlichkeit der aktiven Weiternutzung

Auch bezüglich der aktiven Weiternutzung liegt keine Höchstpersönlichkeit vor, obwohl die aktive Weiternutzung in der Zukunft die Rechtsbeziehung des Erben zum Provider weitaus mehr tangiert als der bloße passive Zugriff auf das Profil.

Zunächst gilt auch hierbei wie beim passiven Zugriff, dass der Provider grundsätzlich seine Leistung an jeden Nutzer in gleicher Form und ohne Veränderung des Inhalts erbringt. Aus diesem Gesichtspunkt dürfte es unerheblich sein, ob sich hinter einem Profil der Erbe oder der Erblasser verbirgt. Das gilt nicht nur für den Zugang zum Account, sondern auch für die Leistungen, die bei der Nutzung des Accounts erbracht werden müssen. Die Verschaffung der Kommunikationsmöglichkeit kann genauso gut gegenüber dem Erben wie gegenüber dem Erblasser erbracht werden.

Bedingung für die Weiterführung des Accounts durch die Erben ist aber auch, dass diese in die Datenverarbeitung einwilligen, die die Gegenleistung des Nutzers und damit die Hauptpflicht im Vertrag darstellt. Problematisch ist, dass die Anbieter daran sicherlich kein Interesse haben werden, da sich bei einer Nutzung durch den Erben seine Daten mit denen des Erblassers vermischen würden, wodurch eine Identifikation werberelevanter Präferenzen erschwert werde.[290] Für den Provider wäre eine Fortführung durch den Erben also unerwünscht, was auf eine Höchstpersönlichkeit der Leistung schließen lassen könnte.[291]

Allerdings wäre es in solchen Fällen für den Provider immer noch kein unverhältnismäßiger Aufwand, die Daten des verstorbenen Nutzers praktisch „ad acta" zu legen und mit der Datensammlung von Neuem mit den Daten des Erben zu beginnen.[292] Diesbezüglich dürfte für den Plattformbetreiber kaum ein Unterschied zu einem neuen Nutzer mit neuem Profil bestehen, dessen Daten gesammelt werden. Zudem dürfte der Nutzen tatsächlich in zweierlei

---

288 *Dada*, Sexuologie Zeitschrift für Sexualmedizin, Sexualtherapie und Sexualwissenschaft 2019, 136.
289 *Arbeitsgruppe „Digitaler Neustart"*, Bericht, 340.
290 *Budzikiewicz*, AcP 218 (2018), 558, 570–571.
291 *Budzikiewicz*, AcP 218 (2018), 558, 571.
292 So auch *Muer*, Vererblichkeit, S. 244.

Hinsicht überwiegen: Zum einen wird der Provider immer noch mehr Interesse an neuen Daten durch den Erben haben als an keinen Daten mehr durch den Erblasser. Zum anderen könnte gerade bei „erfolgreichen" Profilen mit vielen Followern sogar ein Interesse der Provider an der Fortführung bestehen, da solche Profile mit viel Reichweite auch die Attraktivität der Plattform steigern können.

Eine Unzumutbarkeit für den Provider lässt sich auch nicht dadurch begründen, dass es den Plattformbetreibern nicht nur um die Attraktivität einzelner Accounts, sondern auch um eine möglichst große Anzahl von Accounts geht. Wenn jegliche Accounts vererbt werden, würde das Nutzerwachstum der Plattform naturgemäß geringer ausfallen. Hinsichtlich der Daten der Nutzer dürfte das aber keinen Unterschied machen.

Ebenso wie der passiven Nutzung muss auch in diese Bewertung mit einfließen, dass die Plattformbetreiber bei laufenden Profilen keine Kontrolle des dahinterstehenden Nutzers vornehmen. Solange dies nicht effektiv erfolgt, wäre eine Berufung auf die nicht gestattete Vermischung der Datensätze auch bezogen auf die aktive Weiternutzung als widersprüchliches Verhalten zu werten.

Damit scheitert eine Vererblichkeit inklusive der aktiven Weiternutzung jedenfalls nicht am Merkmal der Höchstpersönlichkeit.

d) Konsequenzen der mangelnden Höchstpersönlichkeit

Sowohl die aktive als auch die passive Accountnutzung sind nicht derart höchstpersönlich, dass ein Ausschluss der Vererblichkeit vorliegt.

Allerdings erscheint die Aussagekraft des Kriteriums zumindest fraglich,[293] da es bisher an einer umfassenden Untersuchung über Herkunft, Funktion und Nutzen der Personenbezogenheit mangelt. Stattdessen dient er eher zur Flexibilisierung der Entscheidungen über die Vererblichkeit im Einzelfall.[294]

Vorliegend ist bezogen auf Accountverträge festzuhalten, dass die vage Definition von „enger Personenbindung" ohne weitere handfeste Kriterien kaum geeignet, um verlässlich die Vererblichkeit einer Rechtsposition begründen zu können. Insofern ist auch dieses Kriterium nur als Indiz für eine etwaige Unvererblichkeit zu betrachten.

Da bezüglich der Vererblichkeit aber kein Ausschluss durch Gesetz oder Vertrag (auch nicht in Gestalt der Nutzungsbedingungen) vorliegt, sowie der

---

293 *Fußeder*, Soziale Netzwerke im Nachlass, S. 66.

294 *Kunz*, in: Staudinger, § 1922 Rn. 77.

Vermögenswert bejaht und nun die Höchstpersönlichkeit abgelehnt wurde, drängt sich eine Vererblichkeit des Accounts insoweit auf.

4. *Der Zweck als Kriterium für die Unvererblichkeit*

Problematisch an der Einzelfallentscheidung hinsichtlich der Höchstpersönlichkeit ist allerdings die mangelnde Rechtssicherheit, weshalb die Heranziehung anderer Kriterien sinnvoll erscheint. Dabei wird auch der Zweckfortfall genannt.[295]

Der Zweckfortfall ist eine Kategorie der Unmöglichkeit nach § 275 BGB und liegt dann vor, wenn durch besondere Umstände außerhalb der Leistungsfähigkeit des Schuldners der Eintritt des Leistungserfolgs verhindert wird. Ein Beispiel dafür wäre das Versterben des Patienten vor einer Operation.[296] In diesem Fall liegt die Unmöglichkeit vor, weil der Schuldner den vereinbarten Erfolg endgültig nicht mehr herbeiführen kann.[297]

Auf den nicht mehr erreichbaren Zweck wurde etwa bei dem Versterben eines Vertragspartners bei einer Partnerschaftsvermittlung abgestellt. Schließlich könne der Zweck der Vermittlung mit Versterben des zu Vermittelnden nicht mehr erreicht werden.[298]

Auch dieses Kriterium ist, obgleich auf den ersten Blick etwas geeigneter, nur eine Variante der Höchstpersönlichkeit. Denn die Höchstpersönlichkeit der Rechtsbeziehung, also die besondere Personenbezogenheit der Leistung, führt im Todesfall zum Zweckfortfall und lässt die Leistung damit unmöglich werden. Bezogen auf das Beispiel mit der Partnerschaftsvermittlung lässt sich festhalten, dass der Zweck der Vermittlung auf die konkrete Person des Vertragspartners bezogen, also höchstpersönlich war. Aufgrund dieser Höchstpersönlichkeit fällt der Vertragszweck mit dem Tod des Vertragspartners weg.

Aber der Rückgriff auf die Kategorie des Zweckfortfalls steht der Vererblichkeit des Accounts nicht entgegen.

Mit Versterben des Nutzers wird die Leistung an ihn unmöglich. Ein Zweckfortfall kann aber nur dann angenommen werden, wenn mit dem Tod des Nutzers der Zweck der Leistung nicht mehr erbracht werden kann. Auch dabei ist darauf abzustellen, ob der Inhalt der Rechtsbeziehung von der Person des

---

295 *Dietzel*, Untergang, S. 93; *BGH 10. Zivilsenat*, Urt. v. 25.04.2001 – X ZR 229/99, Rn. 11; *BAG*, Urt. v. 13.11.1985 – 4 AZR 269/84.

296 *Ernst*, in: MüKo-BGB, § 275 Rn. 169.

297 Ebd.

298 *AG Dortmund*, NJW-RR 1991, 689.

Nutzers abhängt, also letztlich auch, ob die Rechtsbeziehung als höchstpersönlich einzuordnen ist.

Als Zweck der Mitgliedschaft eines sozialen Netzwerkes kommt sowohl die Herstellung und Pflege von Kontakten zu anderen Personen als auch der bloße Zugang zum Netzwerk in Betracht.[299] Letzterer Zweck ließe sich auch für den Erben erreichen und selbst die Herstellung und Pflege zu Kontakten des Erblassers ist auch für den Erben möglich. Aus Sicht des Providers hingegen war die fortlaufende Erlangung der Daten des Erblassers der Zweck der Rechtsbeziehung, sodass mit seinem Versterben dieser Zweck nicht mehr erreicht werden kann. Allerdings greift auch bei diesem Aspekt die schon bei der Personenbezogenheit dargestellte Argumentation: Grundsätzlich geht es den Plattformbetreibern sicher nicht um die Daten einer konkreten Person, sondern allgemein um das Sammeln möglichst vieler Daten. Dieser Zweck ließe sich ebenso gut mit der Person des Erben erreichen, sofern sie in die Datenverarbeitung einwilligt und ebenfalls eine Datenspur in dem Netzwerk hinterlässt. Voraussetzung dafür wäre nur, dass der Plattformbetreiber die Möglichkeit zur klaren Trennung der verschiedenen Datenspuren hat, sodass sich diese nicht gegenseitig vermengen und sich so das Datenbild verfälschen würde.

Auch ein Zweckfortfall liegt nicht vor, sodass dieser der Vererblichkeit nicht entgegensteht.

5. *Zusammenfassung*

Der Account-Vertrag als Dauerschuldverhältnis ist inklusive der Weiternutzungsmöglichkeit nach § 1922 Abs. 1 BGB vererbbar.

Dies ergibt sich aus verschiedenen Indizien: Sowohl daraus, dass nicht nur der Account selbst mit den Daten und Kontakten einen wirtschaftlichen Wert hat, als auch aus dem Vermögenswert der Weiternutzungsmöglichkeit. Zugleich ist die Accountnutzung nicht derart höchstpersönlich, dass dies einer Vererblichkeit entgegensteht und damit entfällt auch der Zweck des Vertrags mit Tod des Erblassers nicht. Daneben ist ferner die Kontinuitätsfunktion des § 1922 Abs. 1 BGB zu beachten, wonach Herrenlosigkeit vermieden werden soll. Dies kann auch bei Accounts gelten, schließlich werden durch die Vererblichkeit „tote" Accounts ohne Verantwortlichen bei den Plattformen vermieden.

Mithin erbt der Erbe den Account-Vertrag als Dauerschuldverhältnis mit allen Rechten und Pflichten, die der Erblasser innehatte.

---

299 *Fußeder*, Soziale Netzwerke im Nachlass, S. 68.

B. Zugang zum Account aufgrund erblicher Immaterialgüter(rechten)

Neben der Vererblichkeit des Account-Vertrags selbst kommt auch eine Vererblichkeit der Urheberrechte an den Inhalten im Account in Betracht.[300] Möglicherweise lässt sich dadurch auch ein Zugriffsrecht auf den Account konstruieren.

I. Vererblichkeit von Immaterialgütern

Da der Account selbst als unkörperliches Gut nur ein Immaterialgut darstellt, bestehen keinerlei Rechte an ihm, weil Immaterialgüter als solche gemeinfrei sind, wenn keine Immaterialgüterrechte an ihnen bestehen.[301] Wenn bereits der Erblasser keine Rechte am Account selbst hat, kann dieser auch nicht zu seinem „Vermögen" nach § 1922 BGB gehören, sodass eine Vererbbarkeit ausgeschlossen ist.

II. Vererblichkeit von Urheberrechten

Weil zumindest an den Inhalten von Accounts auch Immaterialgüterrechte bestehen oder bestehen können, kann auch hier eine Vererblichkeit untersucht werden. Immaterialgüterrechte sind vererblich, dies gilt sowohl für Patentrechte und Gebrauchsmuster als auch für Urheberrechte.[302] Hinsichtlich der Inhalte von Accounts ist nur das Urheberrecht relevant.

1. Grundsätze

Dafür ist die Vererblichkeit ausdrücklich in § 28 UrhG normiert. Nach § 30 UrhG hat der Rechtsnachfolger des Urhebers die dem Urheber zustehenden Rechte, soweit gesetzlich nichts anderes normiert ist.

Mitvererbt wird auch das Urheberpersönlichkeitsrecht, weil die vermögensrechtlichen und persönlichkeitsrechtlichen Elemente im gesamten Urheberrecht untrennbar miteinander verflochten sind.[303] Das Urheberrecht wird grundsätzlich in der Lage vererbt, in der es sich zum Todeszeitpunkt des Erblassers befand; das heißt, wenn der Erblasser etwa einer anderen Person dingliche

---

300 Kapitel 1: Social Media Accounts B II 2.

301 *S. Ahrens*, Geistiges Eigentum und Wettbewerb, S. 2; *Schack*, Urheber- und Urhebervertragsrecht, Rn. 21.

302 *Leipold*, in: MüKo-BGB, § 1922 Rn. 155.

303 *Schulze*, in: Dreier/Schulze, Urheberrechtsgesetz, § 28 Rn. 2.

Nutzungsrechte eingeräumt hat, bestehen die auch nach seinem Tod fort.[304] Nicht vererblich ist hingegen die Urheberschaft selbst, der Urheber bleibt nach wie vor der Schöpfer des Werkes.[305] Auch eine Aufspaltung des Urheberrechts ist nicht möglich, allerdings besteht die Möglichkeit, dass der Erblasser von Todes wegen Nutzungsrechte einräumt.[306] Das Urheberrecht kann mehrfach vererbt werden, die Vererblichkeit ist also nicht auf den unmittelbaren Erben des Urhebers beschränkt, sondern gilt auch für dessen Erben, folglich kann es bis zum Ablauf der Schutzdauer weitervererbt werden.[307]

Zudem gilt, dass das Urheberrecht zwar vererblich, aber nach § 29 UrhG grundsätzlich nicht übertragbar ist. Zu seinen Lebzeiten kann der Urheber nur begrenzt über sein Recht verfügen, denn auch die Verwertungsrechte als integraler Bestandteil des Urheberrechts sind von der Unübertragbarkeit erfasst. Diese Unübertragbarkeit folgt aus der sogenannten monistischen Theorie, nach welcher das Urheberrecht ein einheitliches Recht darstellt, in dem vermögensrechtliche und persönlichkeitsrechtliche Befugnisse untrennbar miteinander verwoben sind.[308] Aufgrund der Nichtübertragbarkeit persönlichkeitsrechtlicher Positionen wird diese also auch für das Urheberrecht als Ganzes angenommen.[309]

Festgehalten werden kann also, dass das Urheberrecht zwar aufgrund der persönlichkeitsrechtlichen Aspekte unübertragbar ist, dies aber einer Vererblichkeit nicht entgegensteht.

Das bedeutet, dass die Urheberrechte an den Inhalten, die der Erblasser in seinem Account gepostet hat, unzweifelhaft auf den Erben übergehen. Mithin hat er also bezüglich dieser Inhalte eine absolute Rechtsposition inne.

2. *Zugriff auf den Account*

Nun könnte in Betracht gezogen werden, über die vererblichen Urheberrechte an den Inhalten im Account weitergehende Rechte am Account selbst für den Erben zu begründen, dies könnte in Form einer Erbschaft am Account oder zumindest in Gestalt eines Zugriffsrechts erfolgen. Dies scheitert aber an der Beschaffenheit der urheberrechtlichen Zugangsnormen.

304 *Ohly*, in: Schricker/Loewenheim Urheberrecht, § 28 Rn. 8.
305 *Schulze*, in: Dreier/Schulze, Urheberrechtsgesetz, § 28 Rn. 3.
306 *Ohly*, in: Schricker/Loewenheim Urheberrecht, § 28 Rn. 7.
307 *Schulze*, in: Dreier/Schulze, Urheberrechtsgesetz, § 28 Rn. 6.
308 *Schack*, Urheber- und Urhebervertragsrecht, 357 ff.
309 *Loewenheim/Peifer*, in: Schricker/Loewenheim Urheberrecht, § 11 Rn. 3.

Zwar ist das Urheberrecht nach § 28 Abs. 1 UrhG vererblich, allerdings kann der Erbe ohne (vererbten) Zugang zum Account keine Kenntnis von den genauen Inhalten des Accounts nehmen. Selbst wenn der Erbe abstrakt Kenntnis davon hat, dass sich im Account urheberrechtsschutzfähige Teile befinden, hat er zwar eventuell absolute Urheberrechte an den Inhalten inne, faktisch kann er die Rechte aber nicht ohne Zugang zum Account geltend machen.[310] Der Zugang wäre also nicht nur Folge, sondern vor allem Voraussetzung der Geltendmachung der Urheberrechte. Zudem stehen regelmäßig auch keine Verletzungen der Urheberrechte durch den Plattformbetreiber bevor, damit scheiden auch Ansprüche aus § 97 UrhG aus.[311]

Ein Ansatzpunkt für den Zugang zum Account könnte zwar § 25 UrhG sein, wonach der Urheber vom Besitzer des Originals oder eines Vervielfältigungsstückes seines Werkes verlangen kann, dass dieser ihm das Werk zugänglich macht, soweit dies zur Herstellung von Vervielfältigungsstücken oder Bearbeitungen des Werkes erforderlich ist und nicht berechtigte Interessen des Besitzers entgegenstehen; allerdings führt auch dieser Anspruch nicht zum gewünschten Ergebnis.

Der Anspruch aus § 25 UrhG ist Ausfluss der persönlichen Beziehung des Urhebers zu seinem Werk.[312] Anspruchsberechtigt ist demensprechend auch nur der Urheber selbst oder aber der Erbe als Rechtsnachfolger,[313] insofern stünde er also auch dem Erben des digitalen Nachlasses zu. Zudem ist der Schutzgedanke der Norm auch auf den digitalen Bereich zu erstrecken, bei Plattformen mit Lichtbildern und Filmwerken wie Instagram oder YouTube könnte der Erbe vom Plattformbetreiber also über § 25 UrhG Zugang verlangen, um die Werke zu vervielfältigen.[314] Anspruchsgegner wäre der Provider als Inhaber der tatsächlichen Sachherrschaft über die Inhalte in seinem Netzwerk.[315]

Da aber die Aufzählung des § 25 UrhG abschließend ist, sind keine anderen Zwecke als die beabsichtigte Bearbeitung oder Vervielfältigung des Werkes zulässig. Es scheint fraglich, wie oft es tatsächlich Absicht des Erbes wäre, ein Werk zu vervielfältigen, insbesondere, wenn er eigentlich den Zugang zum Account begehrt. Dem Erben käme es dann eher auf den Zugriff auf das Werk

310 *Kutscher,* Der digitale Nachlass, S. 37.

311 Ebd., S. 38.

312 *Wiebe*, in: Spindler/Schuster, Recht der elektronischen Medien, § 25 Rn. 1.

313 *Nordemann*, in: Fromm/Nordemann Urheberrecht, § 25 Rn. 8.

314 *Kutscher,* Der digitale Nachlass, S. 38.

315 Vgl. *Schulze*, in: Dreier/Schulze, Urheberrechtsgesetz, § 25 Rn. 6.

an, nicht auf die Vervielfältigung, auch wenn diese Motivation nicht pauschal ausgeschlossen werden kann.[316]

Sollte die Vervielfältigung jedoch vom Erben ausnahmsweise gewollt sein, so gilt, dass die Erforderlichkeit nur dann gewahrt ist, wenn dem Urheber ein anderer Zugang zum Werk unmöglich oder unzumutbar ist.[317] Das bedeutet, auf soziale Netzwerke übertragen, dass ein Zugangsrecht des Erben nur bestünde, wenn sich die im Account befindlichen Dateien nicht auf anderen ihm zugänglichen Speichermedien befinden. Daraus begründet sich das Folgeproblem, dass der Erbe in solchen Fällen kaum wissen wird, welche Werke sich im Account befinden, außer es handelt sich um ein komplett öffentliches Profil. Allerdings können sich selbst bei solchen noch urheberrechtlich geschützte Werke in den privaten Nachrichten befinden; der Erbe hat also in jedem Fall keine vollständige Kenntnis von den im Account befindlichen Daten. Für den Zugangsanspruch ist allerdings erforderlich, dass er die Werke benennen kann, da der Urheber die Schutzfähigkeit der Werke darlegen muss.[318]

Diskutabel erscheint anschließend die Frage, ob sich aus dem Rechtsgedanken des § 25 UrhG nicht ein Zugriffsrecht für den Erben konstruieren lässt. Dafür spricht zunächst, dass die Norm inhaltlich unverändert seit 1965 besteht,[319] sie also nie explizit für solche digitalen Problematiken vorgesehen war. Insbesondere scheint eine Aufweichung der Benennungspflicht der Werke vertretbar, um den digitalen Besonderheiten Rechnung zu tragen und die Norm so auch in Kontexten, in denen es hinreichend wahrscheinlich erscheint, dass urheberrechtliche geschützte Werke vorliegen, anzuwenden.

Entscheidend bei der Norm ist allerdings die Zweckbindung, wonach der Zugang erforderlich zur Vervielfältigung oder Bearbeitung des Werkes sein muss. Einem Urheber, der seinem Werk aus emotionalen oder inspirativen Gründen (wieder) nahe sein will, bleibt der Anspruch verwehrt.[320] Weitergehende Zwecke sind aufgrund des abschließenden Charakters der Regelung mithin auch im digitalen Kontext nicht erfasst. Weiterhin dürfte der fehlende Vervielfältigungswille der meisten Erben die größte Hürde für die Norm

---

316 *Muer*, Vererblichkeit, S. 56.

317 *Wiebe*, in: Spindler/Schuster, Recht der elektronischen Medien, § 25 Rn. 2.

318 *Kutscher*, Der digitale Nachlass, S. 38; daher wird etwa Architekten empfohlen, das Zugangsrecht vorab vertraglich zu vereinbaren, vgl. Bullinger, in: *Wandtke*, Urheberrecht, § 25.

319 *Freudenberg*, in: BeckOK Urheberrecht, § 25 Rn. 1.

320 Ebd., Rn. 14.

darstellen, der auch aufgrund des digitalen Kontextes nicht übergangen werden darf.

Dass der Anspruchsteller nach der Norm nicht die Herausgabe, sondern nur die Besichtigung des Werkes verlangen kann, spricht zunächst für einen Zugang zum Account, denn eine Besichtigung der Werke kann durch den Zugriff zum Account am einfachsten erlangt werden. Problematisch ist, dass zumindest dauerhafter Zugriff auf den Account weit über eine Besichtigung hinausginge, sodass, wenn überhaupt, nur temporärer Zugriff erfasst werden kann. Solch temporärer Zugriff zum Zwecke der Besichtigung der urheberrechtlich geschützten Werke ist aber nicht mit einer Erbschaft des Accounts gleichzusetzen, da dem Erben dadurch nicht die passiven und aktiven Nutzungsrechte verschafft werden.

Selbst bei Überwindung der Benennungspflicht erlangt der Erbe über den § 25 UrhG also nicht den dauerhaften Zugriff auf den Account, mithin nützt die Norm den Erben nicht viel.

Ohne konkrete Kenntnis sämtlicher Inhalte des Accounts, die in der Praxis kaum jemals gegeben sein wird, stehen dem Erben also keinerlei Ansprüche auf Zugang zu.[321] Für die Vererblichkeit des Accounts selbst sind die vererblichen Urheberrechte an den Inhalten im Account folglich nicht hilfreich, da bereits der Zugang zum Account so nicht erreicht werden kann. Das gilt ebenfalls für die Weiternutzungsmöglichkeit.

321 *Kutscher*, Der digitale Nachlass, S. 39.

Kapitel 3: Vererblichkeit über das allgemeine Persönlichkeitsrecht

Ein Account in einem sozialen Netzwerk ist für gewöhnlich eng mit der Persönlichkeit des Nutzers verknüpft, schließlich ist das Profil selbst die eigene Darstellung der Person im Internet im konkreten Netzwerk und kann nach eigenen Vorstellungen gestaltet und mit Inhalten gefüllt werden. Mithin ist auch das allgemeine Persönlichkeitsrecht der Nutzer bei Accounts betroffen.

Weil nicht nur Verträge und Urheberrechte erblich sind, sondern auch die vermögenswerten Bestandteile des allgemeinen Persönlichkeitsrechts, sollte bei der Untersuchung zur Vererblichkeit von Accounts auch dieser Aspekt betrachtet werden.

A. Allgemeines Persönlichkeitsrecht zu Lebzeiten

I. Inhalt

Das allgemeine Persönlichkeitsrecht entspringt den Art. 1 Abs. 1 GG, der Menschenwürde, und Art. 2 Abs. 1 GG, der freien Persönlichkeitsentfaltung, ab und ist als „sonstiges Recht“ des § 823 Abs. 1 BGB anerkannt.[322] Einige Aspekte des Persönlichkeitsschutzes sind ausdrücklich gesetzlich normiert, das sind etwa das Namensrecht nach § 12 BGB oder das Recht am eigenen Bild nach § 22 KunstUrhG, diese sind allerdings nicht abschließend.[323]

Für den Schutzbereich des Persönlichkeitsrechts gibt es keine allgemeine Definition, vielmehr handelt es sich um einen unbestimmten Tatbestand, dessen Umfang erheblich von gesellschaftlichen und ethischen Vorstellungen abhängig ist.[324]

Träger des Persönlichkeitsrechts sind alle natürlichen Personen, auch Kinder und unter Betreuung stehende Personen. Dies gilt selbst dann, wenn sie sich der Einbußen ihrer Intimität oder Ehre nicht bewusst sind.[325]

Für das Persönlichkeitsrecht wurde ein gestaffeltes Schutzkonzept, bestehend aus drei verschiedenen Schutzkreisen, entwickelt. Den geringsten Schutz

322 *BGHZ* 13, 334, Leserbrief, Leserbriefe, Schacht-Briefe.

323 *Hager*, in: Staudinger, § 823 Rn. C 149.

324 *Fuchs*, Deliktsrecht, S. 39.

325 *Rixecker*, in: MüKo-BGB, Anhang zu § 12. AllgPersönlR Rn. 44.

bietet demnach die Individualsphäre, die das „Eigensein der Person in der Welt und ihren Eigenwert in der Öffentlichkeit" schützt. Dahinter folgt die Privatsphäre, welche diejenigen Lebensumstände umfasst, die der Einzelne nicht der Öffentlichkeit zugänglich machen will, die aber dennoch einem beschränkten Personenkreis zugänglich sind. Zuletzt gibt es die Intimsphäre, die den stärksten Schutz bietet und diejenigen Äußerungen und Gedanken schützt, an denen ein Geheimhaltungsinteresse besteht. Mithin sind diese nicht nur vor der gesamten Öffentlichkeit, sondern auch vor den Einzelnen zu schützen.[326]

Bei einer Verletzung des allgemeinen Persönlichkeitsrechts können dem Geschädigten Unterlassungs-, Berichtigungs- und Widerrufsansprüche zustehen,[327] bei schwerwiegenden Verletzungen können auch Geldentschädigungsansprüche als Art Schmerzensgeld in Betracht kommen.[328]

Primär schützt das allgemeine Persönlichkeitsrecht die immateriellen Interessen des Einzelnen, also etwa seine Identität, seine Ehre oder seine Darstellung in der Öffentlichkeit. Dies folgt bereits aus der Herkunft des allgemeinen Persönlichkeitsrechts aus der Menschenwürde.[329] Daneben können aber auch materielle Interessen des Einzelnen eine Rolle spielen. In der heutigen Zeit können Persönlichkeitsmerkmale wie Bildnis, Stimme oder Name einen erheblichen Marktwert haben,[330] dies zeigt sich etwa darin, dass insbesondere prominente Personen in der Wirtschaft als Werbeträger für Produkte eingesetzt werden. Dabei besteht aber die Gefahr, dass diese Persönlichkeitsmerkmale unbefugt für derartige Zwecke eingesetzt werden.[331] In der Entscheidung „Marlene Dietrich" erkannte der BGH daher „vermögenswerte Ausschließlichkeitsrechte" zum Schutz kommerzieller Interessen an.[332]

Beim allgemeinen Persönlichkeitsrecht handelt es sich also um ein vielseitiges Bündel verschiedener Einzelbefugnisse, die zum einen immaterielle, zum anderen aber auch Vermögensinteressen des Rechtsträgers vor rechtswidrigen Eingriffen schützen.[333]

---

326 *Hubmann,* Persönlichkeitsrecht, S. 270.

327 *Rixecker,* in: MüKo-BGB, Anhang zu § 12. AllgPersönlR Rn. 325, 333.

328 *Brost/Hassel,* NJW 2020, 2214.

329 *Rixecker,* in: MüKo-BGB, Anhang zu § 12. AllgPersönlR Rn. 51.

330 *Klüber,* Persönlichkeitsschutz, S. 3.

331 *Götting,* Persönlichkeitsrechte, S. 1.

332 *BGHZ* 143, 214, Marlene Dietrich. *Klass,* in: Ermann BGB Kommentar, Anhang zu § 12 Rn. 16.

333 *Wagner,* in: MüKo-BGB, § 823 Rn. 420.

II. Persönlichkeitsrecht bei Accounts

Die Nutzer sozialer Netzwerke können durch die Gestaltung ihres Accounts und dem gezielten Hochladen von ausgewählten Informationen, Meinungen und Erfahrungen bestimmen, wie sie von anderen Menschen im Internet wahrgenommen werden wollen.[334] Das Profil kann dabei nicht nur ein detailliertes Abbild der Persönlichkeit darstellen, zum Teil können sich auch Profil und Persönlichkeit wechselseitig beeinflussen.[335] Ein Nutzer schafft sich durch seine Auswahl an Informationen in seinem Profil quasi eine Art „virtuelle Persönlichkeit".[336]

Als Ausdruck der Persönlichkeit steht ein Account unter dem persönlichkeitsrechtlichen Schutz, folglich sind auch Ansprüche des Nutzers bei Beeinträchtigungen denkbar. Möglich erscheinen Beeinträchtigungen in vielerlei Formen, zu denken ist beispielsweise an Hackerangriffe mit Veröffentlichung privater Nachrichten oder Informationen, Hass-Kommentare[337] und andere unerwünschte Einflüsse Dritter[338] oder schlicht die Zugangshinderung zum eigenen Profil.

Zu beachten ist für Accounts das abgestufte Schutzkonzept des allgemeinen Persönlichkeitsrechts: Auch bei Accounts handelt der Nutzer nicht immer nur innerhalb einer Schutzsphäre, wie auch in seinem „analogen Leben". Der Nutzer kann je nach Grad der Öffentlichkeit seines Profils[339] bestimmen, in welcher Sphäre er handelt und sich darstellt. Ein privates Profil, durch welches der Nutzer nur in Kontakt mit engen Freunden tritt, betrifft nur die Privatsphäre, während ein für jedermann öffentliches Profil der Sozialsphäre zuzuordnen ist, wohingegen intime Nachrichten an Dritte der Intimsphäre zugehörig sind und damit den höchsten Schutz verdienen. Der Account steht also zwar in jedem Fall unter persönlichkeitsrechtlichem Schutz, der Schutzgrad ist aber von der konkreten Sphäre abhängig, diese wiederum kann der Nutzer in der Regel selbst bestimmen, je nachdem, wie er den Account konkret benutzt. Dabei

---

334 *Bock*, AcP 217 (2017), 370, 387.

335 Ebd., 387.

336 *Seidler*, Digitaler Nachlass, S. 135.

337 *Bohlen*, NJW 2020, 1999.

338 *Arbeitsgruppe „Digitaler Neustart"*, Bericht, S. 319.

339 Bei Facebook und anderen Plattformen kann die Öffentlichkeit des Profils eingestellt werden, siehe *Facebook-Hilfebereich*, Wie kann ich herausfinden, wie mein Profil für Personen auf Facebook aussieht, mit denen ich nicht befreundet bin?, https://de-de.facebook.com/help/288066747875915.

kommt es sicherlich auch auf die Ausgestaltung der konkreten Plattform an, die Art an freigegebenen Informationen legt der Nutzer aber meist selbst fest.

Zu bedenken ist allerdings, dass es auch Accounts gibt, bei denen die Persönlichkeit des Accountinhabers vollends in den Hintergrund tritt, etwa bei den Betreibern von Meme-Seiten. Memes sind nutzergenerierte Bild-Text-Variationen, die sich in verschiedenen Ausführungen viral im Internet verbreiten.[340] Postet ein Nutzer also nur solche humoristischen Inhalte mit wenig Bezug zu seiner Persönlichkeit, kann nicht mehr von einer virtuellen Persönlichkeit des Nutzers gesprochen werden. Bei solchen Accounts wird in der Regel der persönlichkeitsrechtliche Schutz zu verneinen sein. Grenzfälle können Accounts zu bestimmten Interessen des Inhabers sein, sodass die Beurteilung, ob und inwieweit der Account persönlichkeitsrechtlichen Schutz verdient, im Einzelfall erfolgen muss. Widmet ein Nutzer seinen Account etwa einer Fußballleidenschaft, wird der Persönlichkeitsbezug eher zu bejahen sein, wenn er seine persönlichen Erlebnisse in Form von beispielsweise Stadionbesuchen teilt, als wenn er nur die Ergebnisse der Fußball-Bundesliga postet.

Bei Accounts, die als persönliches Profil gestaltet sind, ist also in der Regel die Zuordnung eines Accounts als geschützter Teil des allgemeinen Persönlichkeitsrechts unproblematisch. Dieses besteht sowohl aus vermögenswerten als auch aus ideellen Teilen. Durch die genannte Häufung persönlicher Merkmale könnten personenbezogene Profile als ideeller Bestandteil des allgemeinen Persönlichkeitsrechts zu betrachten sein.[341] Aber Accounts haben auch einen Vermögenswert aufgrund der darin enthaltenen Daten sowie der Reichweite und der damit verbundenen Lukrativität eines Accounts.[342] Selbst Accounts mit erheblichem Persönlichkeitsbezug haben somit einen vermögenswerten Bestandteil,[343] oft auch aufgrund der Persönlichkeitsdarstellung und der damit zum Teil einhergehenden Kommerzialisierung.[344]

Mithin enthalten Accounts also üblicherweise sowohl vermögenswerte als auch ideelle Bestandteile des allgemeinen Persönlichkeitsrechts. Diese Zuordnung zum allgemeinen Persönlichkeitsrecht gilt sowohl bei erfolgreichen Influencern, die ihre Persönlichkeit auf den Social Media Plattformen vermarkten und deren Profil so einen höheren Vermögenswert hat als auch bei

---

340 *Maier*, GRUR-Prax 2016, 397.

341 *Seidler*, Digitaler Nachlass, S. 135.

342 Kapitel 2: Vererblichkeit des Accounts A II 1 b.

343 *Bock*, AcP 217 (2017), 370, 388.

344 Kapitel 1: Social Media Accounts A II 2.

einfachen Nutzern, die ihr Profil vor allem zur Vernetzung mit ihren Freunden verwenden.

B. Persönlichkeitsrecht nach dem Tod des Rechtsinhabers

Das allgemeine Persönlichkeitsrecht hat nicht nur Wirkung für die Lebenden, sondern auch in verschiedener Hinsicht Einfluss auf die Rechtslage nach Versterben der betroffenen Person. Das gilt auch bei Social Media Accounts.

Mit dem Tod eines Menschen erlischt grundsätzlich auch sein Persönlichkeitsrecht.[345] Dennoch ist der Tod nicht das Ende des Persönlichkeitsschutzes des Verstorbenen. So existiert auch nach dem Tod des Rechtsinhabers ein genereller Achtungsanspruch weiter, der auf dem Würdeaspekt des Persönlichkeitsrechts basiert.[346]

I. Vererblichkeit des Accounts als vermögenswerter Bestandteil

Daneben bilden auch die vermögenswerten Bestandteile des allgemeinen Persönlichkeitsrechts eine Ausnahme vom Grundsatz der Unvererblichkeit.[347] Das bedeutet, dass auch die vermögenswerten Bestandteile des Persönlichkeitsrechts von Accountinhabern vererblich sind, und sich darauf gegebenenfalls auch eine Vererblichkeit des Accounts stützen kann.

1. Anerkennung der vermögenswerten Bestandteile

Die Vererblichkeit der vermögenswerten Bestandteile erkannte der BGH in seiner Marlene-Dietrich-Entscheidung im Jahr 2000 an.[348]

Dieses Urteil war eine Reaktion auf die zunehmende Kommerzialisierung von Persönlichkeiten und die Tatsache, dass durch die Medien Ruhm und Bekanntheit von Prominenten auch nach ihrem Tod fortbestehen können.[349]

Als Folge dieser Entwicklung bestand nun das Risiko, dass (auch) Unbefugte nach dem Tod einer prominenten Person deren Persönlichkeitsmerkmale zu kommerziellen Zwecken nutzen. Um dies zu verhindern, war die Anerkennung der Vererblichkeit der vermögenswerten Bestandteile aus Sicht des BGH erforderlich. Um einen wirkungsvollen Schutz des Verstorbenen zu gewährleisten,

---

345 *Große-Boymann*, in: Burandt/Rojahn Erbrecht, § 1922 Rn. 107.

346 *BGHZ 50, 133–147*, Mephisto.

347 *Große-Boymann*, in: Burandt/Rojahn Erbrecht, § 1922 Rn. 107.

348 *BGHZ* 143, 214, Marlene Dietrich.

349 *Götting*, NJW 2001, 585.

sei es demnach notwendig, dass der Erbe in dessen Rechtsposition eintreten und in der gleichen Art und Weise wie dieser unter Beachtung des mutmaßlichen Willens gegen eine unbefugte Nutzung vorgehen kann.[350]

Der damals bereits bestehende Schutz der ideellen Bestandteile war für solche Konstellationen nicht ausreichend, da dieser nur Abwehransprüche bei Verletzung des postmortalen Persönlichkeitsrechts, nicht aber Schadensersatzansprüche begründete. Solche Abwehransprüche sind in der Praxis aber häufig wirkungslos, weil der Berechtigte meist erst von der Rechtsverletzung erfährt.[351]

Eine weitere Begründung für die Vererblichkeit war, dass bei Ablehnung der Vererblichkeit der kommerziellen Bestandteile ein durch die Persönlichkeitsmerkmale des Verstorbenen entstandener Vermögenswert nach seinem Tode dem Zugriff jedes beliebigen Dritten preisgegeben, anstatt, dass dieser Vermögenswert den Erben oder Angehörigen zukommt.[352]

Die vererblichen vermögenswerten Bestandteile des allgemeinen Persönlichkeitsrechts umfassen alle identifizierenden Persönlichkeitsmerkmale der Person, nicht nur Name und Bildnis.[353] Allerdings sind nicht diese einzelnen Merkmale Schutzgut des Persönlichkeitsrechts, sondern vielmehr die Identität der Person selbst, mit der sich auf Grund der Bekanntheit der Vermögenswert verknüpft.[354]

Zu beachten ist diesbezüglich ferner, dass diese kommerziellen Bestandteile zu Lebzeiten des Rechtsträgers unübertragbar sind, da es vor dem Tod der betroffenen Person nur ein einheitliches Persönlichkeitsrecht gibt. Zu Lebzeiten sind diese kommerzialisierbaren Aspekte zumindest lizenzierbar.[355]

Die Befugnisse des Erben leiten sich vom verstorbenen Träger des Persönlichkeitsrechts ab und können dementsprechend auch nicht entgegen seines mutmaßlichen Willens eingesetzt werden.[356] Das Problem dabei ist, dass diese Feststellung eines mutmaßlichen Willens in Einzelfällen zu Schwierigkeiten und damit letztlich auch zu Rechtsunsicherheiten führen kann.[357]

Wie bei dem Recht am eigenen Bild nach § 22 S. 3 KunstUrhG ist die Schutzdauer der vermögenswerten Bestandteile auf 10 Jahre begrenzt.[358]

---

350 *BGHZ* 143, 214, Rn. 60, Marlene Dietrich.
351 *Götting*, NJW 2001, 585 f.; *BGHZ* 143, 214, Rn. 62, Marlene Dietrich.
352 *BGHZ* 143, 214, Rn. 61, Marlene Dietrich.
353 *Götting*, GRUR 2001, 615, 617.
354 *Götting*, NJW 2001, 585, 586.
355 *Kunz*, in: Staudinger, § 1922 Rn. 301.
356 *BGHZ* 143, 214, Rn. 64, Marlene Dietrich.
357 *Götting*, NJW 2001, 585, 586.
358 *BGHZ 169, 193–199*, 193, kinski-klaus.de.

2. *Bei Accounts*

Diese Rechtsgrundsätze zur Vererblichkeit der vermögenswerten Bestandteile lassen sich auch auf Accounts übertragen, sodass sich auch über diesen Aspekt des allgemeinen Persönlichkeitsrechts eine Vererblichkeit des Accounts begründen lässt.

Während die Anerkennung der vermögenswerten Bestandteile eine Reaktion auf die Kommerzialisierung von Persönlichkeitsmerkmalen in den neunziger Jahren war,[359] ist in Bezug auf Accounts zunächst zu bedenken, dass sich die Medienlandschaft in den darauffolgenden Jahren durch die fortschreitende Digitalisierung extrem gewandelt hat. Durch die zunehmende Nutzung des Internets haben sich sowohl das Kommunikations- als auch das Informationsverhalten der Menschen grundlegend verändert.[360] Inzwischen sind potentielle Influencer nicht mehr auf die klassischen Medien beschränkt, stattdessen kann jedermann seinen Follower-Kreis im Internet selbst aufbauen[361] und dabei selbst jederzeit seine Persönlichkeitsmerkmale kommerziell verwerten.

Dieser Entwicklung ist bei der Übertragung der vom BGH entwickelten Grundsätze zur Vererblichkeit des Persönlichkeitsrechts auf die Account-Problematik Rechnung zu tragen.

Accounts als Darstellung der Persönlichkeit des Nutzers unterliegen dem Schutz des allgemeinen Persönlichkeitsrechts. Zu Lebzeiten der Nutzer dürfte das weitgehend unstrittig sein. Dazu kommt, dass die Daten im Account einen Vermögenswert haben, ebenso wie auch die kommerzielle Nutzungsmöglichkeit bei Accounts mit großer Reichweite, womit dem Account als Ganzem ein Vermögenswert zuzuschreiben ist.[362] Fraglich ist nun aber, was das für die Vererblichkeit von Accounts über das allgemeine Persönlichkeitsrecht bedeutet.

a) *Unterschied zwischen Accounts und klassischer Vermarktung von Persönlichkeitsmerkmalen*

Zu den klassischen Bereichen der wirtschaftlichen Nutzung von Persönlichkeitsmerkmalen gehören vor allem Werbung und Merchandising sowie die Verwertung von Persönlichkeitsmerkmalen in Rundfunk, Kunst oder Presse.[363] Diesen Kategorien lassen sich Accounts nicht direkt zuordnen. Zwar nutzen

---

359 Vgl. *Götting*, NJW 2001, 585.

360 *Jahnke*, Influencer, S. 2.

361 Ebd., S. 3.

362 Kapitel 2: Vererblichkeit des Accounts A II 1 b).

363 *Gregoritza*, Kommerzialisierung, S. 20.

vor allem Influencer ihren Account üblicherweise auch für Werbezwecke, der Account selbst ist dabei aber mehr als nur eine Werbefläche, sondern die „virtuelle Persönlichkeit" des Inhabers. So enthält er in der Regel auch nicht nur ein Persönlichkeitsmerkmal, sondern ein umfangreiches Bündel an Persönlichkeitsmerkmalen, gestaltet vom Nutzer selbst.

Was die Influencer und ihre Accounts von klassischen Prominenten, deren Persönlichkeitsmerkmale auch postmortal verwertet werden, unterscheidet, ist, dass das Innehaben eines Accounts für Influencer oft den Beruf selbst darstellt. Die Prominenz vieler Influencer entsteht nicht durch ein Talent wie Schauspiel oder Gesang in der Öffentlichkeit, sondern einzig durch die Darstellung ihrer eigenen Persönlichkeit in den sozialen Netzwerken. Mithin ist also die Vermarktung der Persönlichkeitsmerkmale nicht Folge, sondern Grund der Prominenz. Wobei es auch Fälle gibt, in denen Personen ihre Prominenz nutzen, um einen erfolgreichen Account aufzubauen. In jedem Fall besteht aber ein Markt für die Verwertung dieser Persönlichkeitsmerkmale.[364] Letztlich werben sie auf dieser Plattform also selbst mit ihrer Persönlichkeit und vermarkten diese dadurch.

b) Rechtliche Konsequenz dieser Unterscheidung für Accounts

Auch der BGH hat sich bereits mit der Vererblichkeit von vermögenswerten Bestandteilen des Persönlichkeitsrechts auseinandergesetzt und bejaht grundsätzlich den Übergang auf die Erben. Dies muss grundsätzlich auch für die vermögenswerten Bestandteile des Persönlichkeitsrechts von Influencern gelten, sodass diese zweifellos im Sinne der Rechtsprechung des BGH auf die Erben übergehen.

Die Erben von Influencern dürften deren Persönlichkeitsmerkmale also wirtschaftlich verwerten. Das bedeutet zunächst einmal, dass der Erbe beispielsweise in seinem eigenen Nutzerprofil die Persönlichkeitsmerkmale des Verstorbenen kommerziell nutzen dürfte. Nur der Erbe selbst dürfte also beispielsweise ein Bild des Verstorbenen zu Werbezwecken in seinem eigenen Account benutzen.

aa) Berücksichtigung des Vermögenswertes des Accounts

Nun ist aber vorliegend der entscheidende Punkt, dass nicht nur die Persönlichkeitsmerkmale einen wirtschaftlichen Wert haben können, sondern auch der Account selbst. Dessen Vermögenswert aber wiederum beruht in der Regel auf

---

364 Vgl. *Kläver*, ZUM 2002, 205.

der Persönlichkeitsdarstellung des Nutzers. Dieser Vermögenswert zeigt sich, unterstellt, dass jeder einzelne Follower einen gewissen Wert hat, in den Abonnentenzahlen des jeweiligen Accounts. Was den konkreten Vermögenswert des Accounts sowie die Frage betrifft, ab wann die Persönlichkeitsmerkmale denn kommerziell nutzbar sind, ist ebenfalls auf den Wert der einzelnen Follower zu verweisen.[365] Auch hier gilt aus praktischen Erwägungen, dass es kaum möglich erscheint, eine Schwelle zu definieren, ab wann ein Account denn zu den kommerziellen Bestandteilen des allgemeinen Persönlichkeitsrechts zählen soll, sodass dies ab dem ersten Abonnenten angenommen werden muss.

Mithin begründet die Persönlichkeit den Vermögenswert des Accounts, während der Account selbst Ausdruck der Persönlichkeit ist. Aus diesem Grund ist es naheliegend, den Account selbst auch zu den vermögenswerten Bestandteilen des allgemeinen Persönlichkeitsrechts zu zählen.

bb) Rechtliche Folge des Vermögenswertes für die Vererblichkeit

Dies würde bedeuten, dass auf einen Erben nicht nur das Recht zur Vermarktung der Persönlichkeitsmerkmale übergeht, sondern auch der Account des Verstorbenen inklusive der Option zur Weiternutzung. Über diesen wäre ohnehin die Vermarktung am effektivsten möglich, da damit genau diejenige Zielgruppe angesprochen wird, die sich bereits zuvor für die Person interessiert haben, nämlich die Abonnenten des Verstorbenen.

Demnach würde der Account als geeignete Plattform zur Vermarkung der Persönlichkeit im Erbfall mit den vermögenswerten Bestandteilen auf den Erben übergehen. Allerdings ist auch hier zu beachten, dass Accounts in Bezug auf die Vermarktung von Persönlichkeitsmerkmalen gegenüber der klassischen Werbung und dem Merchandising einen Sonderfall darstellen. Der Account ist zweierlei: Die Persönlichkeitsdarstellung des Nutzers im Internet und gleichzeitig Plattform zur Vermarktung der Persönlichkeitsmerkmale. Der Nutzer kann (im Extremfall) all seine Persönlichkeitsmerkmale durch diesen Account selbst vermarkten. Verstirbt er aber, funktioniert das nicht mehr. Der Erbe hätte durch die Erbschaft des Accounts zwar die Möglichkeit, Persönlichkeitsmerkmale des Verstorbenen zu vermarkten, faktisch könnte er aber auch seine eigene Persönlichkeit darstellen, sodass der Bezug zur Persönlichkeit des Erblassers nicht mehr vorhanden wäre. Die Plattform der Persönlichkeitsdarstellung bliebe zwar in Gestalt des Accounts dieselbe, die dargestellte Persönlichkeit würde aber wechseln.

365 Kapitel 3 A II 1 b) aa).

In diesen Fällen lässt sich der Account kaum mit den üblichen kommerziellen Bestandteilen des allgemeinen Persönlichkeitsrechts vergleichen.

Allerdings erscheint es kaum vertretbar, den erfolgreichen Account, der die gebündelte und kommerzielle Persönlichkeit einer Person darstellen kann, nicht unter die vermögenswerten Bestandteile des allgemeinen Persönlichkeitsrechts zu subsumieren. Letztlich ist der Account ein Teil der Persönlichkeit des Rechtsträgers, nur in digitaler Form; bei entsprechendem Vermögenswert müsste er also zwingend vererblich sein. Eine Konsequenz könnte nun sein, dass der Account als Plattform zur Persönlichkeitsdarstellung nur dann mit den vermögenswerten Bestandteilen vererbt wird, wenn er weiterhin zur Vermarktung der Persönlichkeitsmerkmale der (nun verstorbenen) Person genutzt wird. Dies wäre aber außerordentlich praxisfern, weil die konkrete Nutzung kaum dauerhaft kontrolliert werden könnte und auch zweifelhaft wäre, wer für solch eine Kontrolle in Frage käme. Zudem entspräche dies auch nicht dem Sinn und Zweck der Vererblichkeit des Persönlichkeitsrechts.

Dem jeweiligen Erben der vermögenswerten Bestandteile des Persönlichkeitsrechts steht es üblicherweise frei, ob und wie er diese vermarktet. Diese Freiheit müsste ihm auch im digitalen Bereich zustehen.

Für eine Vererblichkeit sprechen zudem folgende Überlegungen: Anders als bei den klassischen Fällen der Vermarktung von Persönlichkeitsmerkmalen, in denen die Gefahr besteht, dass Dritte die Persönlichkeitsmerkmale des Verstorbenen unbefugt kommerziell nutzen, ist eine Nutzung des Accounts durch Dritte mangels Zugang aktuell bei Social Media Plattformen nicht zu befürchten. Insofern ließe sich ein besonderes Schutzbedürfnis kaum begründen, dieses ist aber ein Hintergrund der Annahme der Vererblichkeit der kommerziellen Bestandteile.[366] Ebenfalls war aber Bestandteil der Überlegungen des Bundesgerichtshofs bei Anerkennung der Vererblichkeit der vermögenswerten Bestandteile des Persönlichkeitsrechts, dass die Leistungen eines Verstorbenen nicht dem beliebigen Zugriff Dritter preisgegeben werden sollen, sondern stattdessen den Vermögenswert den Erben oder nahestehenden Personen zukommen soll.[367]

Bei Ablehnung der Vererblichkeit würde ein erfolgreicher Account mit Vermögenswert praktisch verschwinden, da ihn ohne die Zugangsdaten niemand mehr nutzen könnte, Follower und Werbekunden würden sich zwangsläufig auf andere erfolgreiche Influencer konzentrieren. Dieser Wechsel der

366 *BGHZ* 143, 214, Rn. 60, Marlene Dietrich.

367 *BGHZ* 143, 214, Rn. 61, Marlene Dietrich.

Aufmerksamkeit der Abonnenten käme Dritten zugute, während die Erben nicht von den Leistungen des Erblassers profitieren würden. Damit also die Leistungen dem Erben zugutekämen, muss die Vererblichkeit des Accounts zwingend bejaht werden.

Insbesondere unter dem Gesichtspunkt der Kommerzialisierung spricht nichts gegen eine aktive Weiternutzung durch den Erben. Vielmehr würde die Vererblichkeit der zunehmenden Kommerzialisierung von Persönlichkeitsmerkmalen Rechnung tragen. Dies würde auch der Marlene-Dietrich-Entscheidung entsprechen, die nicht mehr (nur) die Achtungsansprüche der Toten geschützt hat, sondern vor allem die Interessen der Erben an der Nutzung der vermögenswerten Bestandteile des Persönlichkeitsrechts.[368] Bezogen auf Accounts würde diese Nutzung der vermögenswerten Bestandteile dann auf Social Media Plattformen stattfinden.

Bedingung dafür wäre nur, dass das allgemeine Persönlichkeitsrecht des Erblassers auch berührt war. Bei Meme-Seiten wird dies wohl zu verneinen sein, da der Accountinhaber völlig hinter seine Inhalte zurücktritt, anders ist es wiederum bei Fällen zu beurteilen, in denen der Accountnutzer Bilder seines Haustieres oder anderer Hobbys postet, weil auch dies Ausdruck der Persönlichkeit ist. Dabei muss wohl gelten, dass, je mehr Bezug zur Persönlichkeit des Nutzers der Account hat, desto eher lässt sich die Zuordnung zum allgemeinen Persönlichkeitsrecht und im Hinblick auf die Vererblichkeit die Zuordnung zu dem kommerziellen Bestandteilen des allgemeinen Persönlichkeitsrechts bejahen.

Im Ergebnis sprechen die besseren Argumente für die Annahme einer Vererblichkeit des Accounts als vermögenswerter Bestandteil des allgemeinen Persönlichkeitsrechts. Dies gilt allerdings nur bei Accounts, die auch Bezug zur Persönlichkeit des Accountinhabers aufweisen und wird bei manchen Seiten mit Memes wohl zu verneinen sein.

II. Ideelle Bestandteile nach dem Tod des Rechtsträgers

Nach dem Tod einer Person sind nicht nur die vermögenswerten Bestandteile des allgemeinen Persönlichkeitsrechts relevant, sondern auch die ideellen: So besteht auch nach dem Ableben einer Person weiterhin ein allgemeiner Wert- und Achtungsanspruch.[369] Dieser Anspruch basiert auf dem Aspekt der Menschenwürde nach Art. 1 Abs. 1 GG. Diese Menschenwürde wird nur

368 *Martin*, Das allgemeine Persönlichkeitsrecht, S. 264.

369 *Große-Boymann*, in: Burandt/Rojahn Erbrecht, § 1922 Rn. 107.

dann gewährleistet, wenn eine Person darauf vertrauen kann, dass ihr Lebensbild auch nach dem Tod wenigstens gegen grob ehrverletzende Äußerungen geschützt wird.[370] Dieses Minimum postmortalen Schutzes ist Basis einer freien und verantwortungsbewussten Gestaltung des eigenen Lebens.[371] Zweck ist also der Schutz des Lebenden, nicht der Schutz des Toten.[372]

Das muss zwingend auch im Internet gelten. Insbesondere weil das Internet und vor allem soziale Netzwerke eine große Plattform für Persönlichkeitsverletzungen darstellen können. Ein Nutzer eines Social Media Accounts muss zu seinen Lebzeiten sicher sein können, dass sein Lebensbild, das auch seinen Account umfasst, auch noch nach seinem Tod vor ehrverletzenden Äußerungen geschützt wird. Als Täter solcher Ehrverletzungen kämen sowohl die Erben des Accounts als auch Dritte in Betracht.

Es gibt keine einheitliche gesetzliche Regelung über das allgemeine Persönlichkeitsrecht nach dem Tod des Rechtsinhabers, allerdings sind für einige persönlichkeitsrechtliche Ausprägungen gesetzliche Vorschriften normiert. So bestimmt etwa § 22 S. 3 KunstUrhG, dass es nach dem Tode eines Abgebildeten bis zum Ablaufe von zehn Jahren der Einwilligung seiner Angehörigen bedarf, wenn eine der dem Tatbestand des § 22 S. 1 KunstUrhG unterfallenden Handlungen getätigt werden sollen.[373]

Aber auch das postmortale Persönlichkeitsrecht währt nicht ewig. Eine pauschale Festlegung der Dauer ist nicht möglich, vielmehr ist sie von den Umständen des Einzelfalls abhängig.[374] Diese zeitliche Begrenzung, folgt daraus, dass dieses Recht nicht von jedermann, sondern nur von dem Kreis der lebenden Wahrnehmungsberechtigten geltend gemacht werden kann. Versterben diese, kann das Recht folglich auch von niemandem mehr geltend gemacht werden. Daneben schwindet auch das Rechtsschutzbedürfnis solchermaßen wie auch die Erinnerungen an den Verstorbenen verblassen.[375] Diese Zeitspanne kann bei Prominenten deutlich länger ausfallen als bei unbekannteren Persönlichkeiten, so hat die Rechtsprechung beim Künstler Emil Nolde auch nach dreißig Jahren noch ein ausreichendes Schutzbedürfnis anerkannt.[376] Die Grundsätze gelten auch für die Inhaber von Accounts, demnach ist die Schutzdauer auch

---

370 *BGHZ 50, 133–147,* Rn. 17, Mephisto.
371 *Schack,* GRUR 1985, 352, 355.
372 *Bender,* VersR 2001, 815.
373 *Lichtenstein,* Idealwert, S. 277.
374 *BGHZ* 107, 384, Rn. 34, Emil Nolde.
375 *BGHZ 50, 133–147,* Rn. 21, Mephisto.
376 *BGHZ* 107, 384, Rn. 34, Emil Nolde.

dort auf die Lebenszeit der Wahrnehmungsberechtigten beschränkt, eine etwaige Prominenz des Verstorbenen kann aber für eine längere Schutzdauer sorgen.

Das postmortale Persönlichkeitsrecht kann nicht mehr vom Betroffenen selbst geltend gemacht werden. Stattdessen sind die Abwehransprüche, die den ideellen Interessen des Verstorbenen dienen, entweder von den nächsten Angehörigen (§ 22 S. 3 u. 4 KunstUrhG) oder von einer vom Erblasser ermächtigten Person wahrzunehmen.[377] Es handelt sich für diese Personen nicht um eigene Rechte, sondern um die Rechte des Verstorbenen, die den Ermächtigten oder Angehörigen zur treuhänderischen Verwahrung zugeteilt wurden.[378] Diese Abwehransprüche können sich auf Unterlassung oder Beseitigung richten, bei rechtsverletzender Berichterstattung aber auch auf Berichtigung, Widerruf oder Distanzierung gerichtet sein.[379]

Für einen möglichst wirksamen Schutz ist dafür die Berechtigung des nächsten Angehörigen neben der des Ermächtigten anzuerkennen.[380] Der Erwerb dieser Schutzrechte stellt in keinem Fall eine Vererbung dar, deshalb ist es unerheblich, ob die nächsten Angehörigen auch die Erben sind. Selbst wenn dies der Fall ist, gehören die Schutzansprüche nicht zum Nachlass.[381]

Es sind nur diese genannten Schutzansprüche, die von den nächsten Angehörigen oder den Ermächtigten wahrgenommen werden dürfen, ein Anspruch auf immateriellen Schadensersatz wegen Persönlichkeitsrechtsverletzung ist hingegen nicht vererbbar.[382] Dies ergibt sich aus dem Sinn und Zweck des Anspruchs, dessen Funktion die Genugtuung für die Verletzung des Persönlichkeitsrechts ist. Weil aber einem Verstorbenen keine Genugtuung mehr für eine solche Verletzung verschafft werden kann, liefe eine Geldentschädigung an die Angehörigen ins Leere.[383]

---

377 *BGHZ* 143, 214, Marlene Dietrich.
378 *Kunz*, in: Staudinger, § 1922 Rn. 302.
379 *Engel*, IPRB 2017, 257, 258.
380 *Leipold*, in: MüKo-BGB, § 1922 Rn. 170.
381 Ebd., Rn. 170.
382 *BGHZ* 201, 45, Rn. 10, Berichterstattung über trauernden Entertainer.
383 *BGHZ* 165, 203, Rn. 13, Grenzen postmortalen Persönlichkeitsschutzes: Geldentschädigungsanspruch von Hinterbliebenen wegen der Darstellung der Leiche eines nahen Angehörigen in der Fernsehberichterstattung über ein Kapitalverbrechen.

III. Probleme bei der Wahrung des Persönlichkeitsrechts nach dem Tod

Die Aufspaltung der ideellen und vermögenswerten Bestandteile des Persönlichkeitsrechts nach dem Tod kann insbesondere in der Praxis zu verschiedenen Problemen führen.

a) Konflikte zwischen Erben und Angehörigen

Die Angehörigen sind zwar regelmäßig auch die Erben eines Verstorbenen, das muss aber nicht ausnahmslos gelten.[384] Demnach kann es passieren, dass der Erbe den Account nutzen oder nutzen will, die Angehörigen/Ermächtigten aber darin eine Verletzung des postmortalen Persönlichkeitsrechts sehen.

Grundsätzlich gilt, dass der Erbe das postmortale Persönlichkeitsrecht des Erblassers beachten muss, er den Account also nicht ohne Einschränkungen nutzen darf.

Auch bei einem Account sind die Möglichkeiten zur Verletzung des postmortalen Persönlichkeitsrechts vielfältig. Angenommen werden kann eine solche Verletzung auf jeden Fall, wenn sich der Erbe als Erblasser selbst ausgibt.[385] In so einem Fall könnten die Angehörigen/Ermächtigten, sofern nicht personenidentisch mit dem Erben, auf Unterlassung klagen. Dabei gilt aber auch, dass das Rechtsschutzbedürfnis mit den Jahren abnimmt, sodass ab einem gewissen Zeitpunkt postmortale Persönlichkeitsrechtsverletzungen nicht mehr angenommen werden können. Konflikte können dann auftreten, wenn Angehörige/Ermächtigte und Erben nicht personenidentisch sind. Die Bestandteile des allgemeinen Persönlichkeitsrechts könnten also aufgespalten werden müssen, sodass eine Grenzziehung zwischen den verschiedenen Sphären erforderlich ist.[386] Die ideellen und vermögenswerten Bestandteile lassen sich aber nicht immer scharf trennen, denn die Beurteilung, welche Bestandteile konkret beeinträchtigt werden, hängt auch von gesellschaftlichen Wertungen ab, die sich im Laufe der Zeit ändern können.[387] Diese Problematik wird sich auch bei Accounts ergeben, sodass im Einzelfall entschieden werden muss, welcher Aspekt des Persönlichkeitsrechts durch die konkrete Accountnutzung berührt wird.

---

384 *Lange/Kuchinke*, Erbrecht, S. 104.

385 *Seidler*, NZFam 2020, 141, 144.

386 *Schweers*, Die vermögenswerten, S. 214.

387 Ausf. *Gregoritza*, Kommerzialisierung, S. 57.

Soweit beide Interessen betroffen sind, müssen die Erben mit den zur Wahrnehmung des postmortalen Persönlichkeitsrechts ermächtigten Personen zusammenwirken.[388] Dies birgt ein gewisses Konfliktpotenzial, da eine wechselseitige Blockade von Erben und Angehörigen droht.[389] Konfliktfälle sind vor allem Eingriffe, die die Rechte der Angehörigen verletzen und zugleich kommerzielle Elemente enthalten, wenn etwa Persönlichkeitsmerkmale des Verstorbenen im Rahmen von Merchandising oder Werbung eingesetzt wird.[390]

Konkret für den Account bedeutet das, dass etwa Nutzungen des Accounts durch die Erben von den Angehörige/Ermächtigten auf Persönlichkeitsrechtsverletzungen kontrolliert werden können. Da es dabei keine absoluten Kriterien gibt, besteht in jeden Fall zwischenmenschliches und juristisches Konfliktpotenzial, da nicht immer Einigkeit über das Vorliegen einer Persönlichkeitsrechtsverletzung bestehen dürfte.

b) Schutzlücken für den Verstorbenen

Ebenfalls zu beachten ist, dass es sowohl bei Personenverschiedenheit als auch bei Personenidentität von Erben und Angehörigen/Ermächtigten zu Schutzlücken für den Verstorbenen kommen kann, und zwar dann, wenn Erben und/oder Angehörige ihre rechtliche Stellung nicht oder nur zu ihrem persönlichen Vorteil nutzen. Sie sind die Einzigen, die in Bezug auf den Verstorbenen eine rechtliche Legitimation nachweisen können.[391] In Deutschland gibt es keine subsidiäre Wahrnehmungsbefugnis anderer Institutionen, stattdessen verbleiben für das Andenken Verstorbener nur die strafrechtlichen Tatbestände der Störung der Totenruhe oder der Verunglimpfung des Andenkens Verstorbener.[392] Die Störung der Totenruhe nach § 168 StGB ist bei Accounts nicht einschlägig, da die Norm nur die sterblichen Überreste realer Menschen schützt,[393] und eine Verletzung dieser im Internet nicht anzunehmen ist. Bei der Verunglimpfung des Andenkens Verstorbener nach § 189 StGB kommen als Tathandlungen Beleidigungen, üble Nachrede oder Verleumdung in Betracht, erforderlich ist allerdings eine „besonders schwere Kränkung".[394] Die Erfüllung

388 *Leipold*, in: MüKo-BGB, § 1922 Rn. 182.
389 *Schack*, JZ 74 (2019), 864, 867.
390 *Schweers*, Die vermögenswerten, S. 215.
391 *Schweers*, Die vermögenswerten, S. 218.
392 *Schack*, JZ 74 (2019), 864, 871.
393 *Hörnle*, in: MüKo-StGB, § 168 Rn. 7.
394 *Regge/Pegel*, in: MüKo-StGB, § 189 Rn. 20.

dieses Straftatbestandes im Internet erscheint möglich, die Voraussetzungen sind allerdings hoch anzusetzen.[395] Gibt sich etwa der Erbe als Erblasser aus, kann der Tatbestand kaum als erfüllt angesehen werden.

Darüber hinaus ist eine Verunglimpfung des Verstorbenen durch die Erben auch rein tatsächlich fernliegend, weil durch die Abonnenten des Accounts eine soziale Kontrolle erfolgen dürfte. Diese Abonnenten haben den Account des Erblassers in der Regel abonniert, weil sie den Inhaber für interessant oder sympathisch halten. Bei einer Verunglimpfung durch den Erben ist mit einem Abwandern der Abonnenten oder Kritik in Form von Kommentaren zu rechnen. Dies hätte keine unmittelbaren rechtlichen Konsequenzen, aber in einem Netzwerk, in dem Abonnenten gewissermaßen die Währung darstellen, würde es den ehrverletzenden Erben zumindest sowohl sozial als auch, bei kommerzieller Nutzung, finanziell stark treffen.

Es läuft letztlich ohnehin darauf hinaus, dass die Angehörigen Entscheidungen treffen müssen, die nur auf ihrer persönlichen Einschätzung beruhen, da sich ein Interesse oder Wille des Verstorbenen in der Regel nur vermuten lässt.[396] Diese Problematik stellt sich unabhängig von einer Aufspaltung der Bestandteile des Persönlichkeitsrechts.

Eine Möglichkeit für effektiven Persönlichkeitsschutz wäre, die Plattformbetreiber selbst zum Schutz des postmortalen Persönlichkeitsrechts zu verpflichten. Dies könnte etwa in Form von Sperrung oder sogar Löschung von ehrverletzenden Accounts geschehen. Am effektivsten wäre dafür wohl die Feststellung von ehrverletzenden Äußerungen als rechtswidrige Inhalte, sodass das NetzDG ein institutionalisiertes Verfahren auf den Plattformen dafür vorsieht.[397]

Schon aktuell sind Persönlichkeitsrechtsverletzungen auch nach den Nutzungsbedingungen nicht gestattet,[398] das könnte grundsätzlich auch postmortale Persönlichkeitsrechtsverletzungen einschließen; allein aus Klarstellungsgründen und für das (potentielle) Bewusstsein der Nutzer bietet es sich an, dies auch explizit mit in die allgemeinen Geschäftsbedingungen aufzunehmen.

---

395 *Eisele/Schittenhelm*, in: Schönke/Schröder StGB, § 189 Rn. 2.

396 *Claus*, Postmortaler, S. 80.

397 Vgl. *Kühling*, ZUM 2021, 461, 464.

398 *Facebook*, Nutzungsbedingungen, https://de-de.facebook.com/terms, Deine Verpflichtungen gegenüber Facebook und unserer Gemeinschaft.

In der Praxis ist allerdings auch die Kontrolle solcher postmortalen Persönlichkeitsrechtsverletzungen das größte Problem. Während es für den Provider einigermaßen leicht sein dürfte, gegen Hassreden oder pornografische Inhalte aufgrund der einfachen Erkennbarkeit vorzugehen, dürfte das bei postmortalen Persönlichkeitsrechtsverletzungen schwerer zu erkennen sein. Postings eines fremden Nutzers, der sich als die verstorbene Person ausgibt, würden kaum automatisch vom Plattformbetreiber als rechtswidrig erkannt werden. Notwendig wäre die Meldung durch andere Nutzer als rechtswidrige Handlung innerhalb des Netzwerks. Empfehlenswert wäre dabei, dass postmortale Persönlichkeitsrechtsverletzungen auch als Meldegrund für rechtswidrige Inhalte aufgenommen werden würden.

Daneben müssten allerdings auch feste Kriterien für die Verletzung des postmortalen Persönlichkeitsrechts bestehen, was bei weiten Rahmenrechten wie dem Persönlichkeitsrecht ohnehin schwierig ist.[399] In Grenzfällen bei schweren Streitigkeiten wird dann den Gerichten die Entscheidung obliegen, welches Verhalten bei Accounts das postmortale Persönlichkeitsrecht eines Verstorbenen verletzt.

c) Schutzdauer

Neben der Frage der Kontrolle ist auch die unterschiedliche Schutzdauer beider Bestandteile des Persönlichkeitsrechts problematisch. Denn während die vermögenswerten Bestandteile in Anwendung des § 22 S. 3 KunstUrhG nur zehn Jahre geschützt werden, lässt sich dies für die ideellen Bestandteile nicht eindeutig festlegen.[400]

Auch im digitalen Kontext kann es sinnvoll sein, hinsichtlich der ideellen Bestandteile nach dem Grad der Berühmtheit des Verstorbenen zu differenzieren. Für Prominente sind weitaus länger Persönlichkeitsrechtsverletzungen zu befürchten als für weniger bekannte Leute. Allerdings sorgen das Internet und die damit einhergehende Informationsbreite gleichzeitig dafür, dass die Erinnerung an Verstorbene weitaus länger währen kann als in analogen Zeiten. So kann eine Verletzung des Persönlichkeitsrechts auch nach mehr als zehn Jahren noch bejaht werden, wenn sich eine fremde Person in einem sozialen Netzwerk als die verstorbene Person ausgibt, dies sollte dann auch für Nicht-Prominente gelten, um Schutzlücken zu vermeiden.

---

399 *Ehmann*, JURA 2011, 437, 438.
400 *Freudenberg*, EWiR 2008, 29, 30.

Auch die strikte Grenze von zehn Jahren hinsichtlich der vermögenswerten Bestandteile erscheint unter diesem Gesichtspunkt fraglich. Unerheblich, wie wirtschaftlich werthaltig die Bestandteile des Persönlichkeitsrechts sind, nach der aktuellen Rechtsprechung des BGH werden sie nach zehn Jahren gemeinfrei.[401] Folglich dürfte der Erbe nur zehn Jahre lang als einzig Befugter die Persönlichkeitsmerkmale verwerten, anschließend stünde diese Verwertung jedem zu. Insbesondere bezogen auf den Account erscheint solch eine zeitliche Grenze unpraktikabel, denn ansonsten würde der gesamte Account gemeinfrei werden und das ist in der Praxis kaum umsetzbar. Möglich wäre sicherlich die Löschung des Accounts nach zehn Jahren, aber das erscheint dem Erben gegenüber, der möglicherweise zehn Jahre lang erfolgreich den geerbten Account geführt hat, unbillig, insbesondere weil es keine zwingenden Gründe hinsichtlich der starren Frist gibt. Dazu kommt, dass der Hintergedanke des Erbrechts in Deutschland ja gerade eine klare Zuordnung von Rechtsgütern ist, sodass Herrenlosigkeit vermieden wird.[402] Durch die Frist von zehn Jahren würde die im Erbfall erreichte Zuordnung allerdings schlicht zu einem späteren Zeitpunkt erlöschen, sodass die Kontinuitätsfunktion des Erbrechts gerade nicht mehr gewahrt wird.

Um effektiven Schutz zu gewährleisten, sollten die vermögenswerten Bestandteile des Persönlichkeitsrechts des Verstorbenen mindestens so lange noch geschützt werden, wie man aus seinen Persönlichkeitsmerkmalen noch einen Vermögenswert generieren kann. Dies kann dem Einzelfall mehr Rechnung tragen als starre Zeitangaben.[403] Um damit einhergehende Verletzung des postmortalen Persönlichkeitsrechts zu verhindern, müsste sich die Schutzdauer der ideellen Bestandteile dem anpassen.

IV. Vererblichkeit des Accounts als Dauerschuldverhältnis und über das Persönlichkeitsrecht

Wenn nun der Account sowohl als Dauerschuldverhältnis nach § 1922 Abs. 1 BGB auf den Erben übergeht als auch als vermögenswerter Bestandteil des allgemeinen Persönlichkeitsrechts, stellt sich die Frage, inwiefern diese beiden Konstruktionen ineinandergreifen.

---

401 *BGHZ 169, 193–199*, 193, kinski-klaus.de.

402 Siehe dazu Kapitel 2: Vererblichkeit des Accounts A I.

403 Kritisch bzgl. starrer Fristen auch: *Freudenberg*, EWiR 2008, 29, 30; *Stieper*, MMR 2007, 106, 109.

Üblicherweise stellt die doppelte Übertragbarkeit kein Hindernis dar, weil in anderen Konstellationen, in denen diese Rechtspositionen vererbt werden, bereits abgeschlossene Verträge über die Vermarktung von Persönlichkeitsmerkmalen nach § 1922 Abs. 1 BGB auf die Erben übergehen, während die Befugnis zur Verwertung der Persönlichkeitsmerkmale, über das allgemeine Persönlichkeitsrecht auf die Erben übergehen. Die Wahrnehmungsbefugnisse hinsichtlich der ideellen Bestandteile des postmortalen Persönlichkeitsrechts gehen dann auf die Angehörigen/Ermächtigten über.

Wie dargestellt sind aber im vorliegenden Fall Persönlichkeit und Vertrag beide eng mit dem Account verknüpft, sodass bezüglich der Vererblichkeit beider Aspekte ein Sonderfall vorliegt.

Aus der Vererblichkeit des Account-Vertrages mitsamt seinen Rechten und Pflichten resultiert ein aktives und passives Nutzungsrecht des Accounts: Der Erbe hat grundsätzlich sowohl Zugriff auf die im Account enthaltenen Daten als auch die Möglichkeit zur aktiven Weiternutzung.

Aufgrund des Persönlichkeitsrechts geht sowohl das Recht zur Vermarkung der Persönlichkeitsmerkmale auf den Erben über als auch der Account selbst inklusive der Weiternutzungsmöglichkeit aufgrund seines Vermögenswertes.

Denkbar erscheint, über das allgemeine Persönlichkeitsrecht nur ein Nutzungsrecht des Accounts zu konstruieren. Als vermögenswerter Bestandteil des Persönlichkeitsrechts wäre die Accountnutzung dann ebenso erblich wie die Vermarktungsbefugnis der Persönlichkeitsmerkmale.

Dieser Ansatz hat bezüglich seiner Konsequenzen erhebliche Nachteile. Denn wenn ein Nutzungsrecht am Account besteht, stellt sich wiederum die Frage, auf wen der Account-Vertrag dann übergeht und inwiefern ein Auseinanderfallen von Nutzungsrecht und Vertragsinhaberschaft überhaupt möglich sein soll. Denn ohne Nutzungsrecht ist die Vertragsinhaberschaft praktisch wertlos.

Damit verbleibt einzig die Möglichkeit, auch den auf den konkreten Account bezogenen Vertrag zu den vermögenswerten Bestandteilen zu zählen, mit der Folge, dass er praktisch auf zweierlei Arten übergeht: Einmal wegen der Vererblichkeit des Dauerschuldverhältnisses nach § 1922 Abs. 1 BGB und einmal aufgrund der Vererblichkeit der vermögenswerten Bestandteile des allgemeinen Persönlichkeitsrechts.

Daneben könnte aber die Vererblichkeit des Accounts aufgrund des Persönlichkeitsrechts einen anderen Nutzen haben. Wenn der Account-Vertrag unter anderem nur aufgrund des Personenbezugs übergeht, kann dies bei bestehenden Accounts, die sich auf nichtigen Verträgen gründen, hilfreich sein.

Schließt beispielsweise ein Minderjähriger einen Vertrag mit einem Plattformbetreiber ohne Einwilligung oder Genehmigung seiner gesetzlichen Vertreter ab, ist dieser nichtig.[404] Mangels wirksamer Alterskontrolle seitens des Plattformbetreibers kann aber dennoch eine Nutzung des Netzwerks stattfinden. Mithin kann ein Account faktisch existieren, obwohl der Vertrag rechtlich nichtig ist. Dann mangelt es allerdings an einer übergangsfähigen Rechtsposition. So kann es sein, dass seit einigen Jahren ein Account existiert, der mit zahlreichen Inhalten gefüllt ist, der aber nicht auf einem gültigen Vertrag basiert. Eine Erbschaft über das allgemeine Persönlichkeitsrecht könnte der Problematik insofern entgegenwirken, als dass sich eine Vererblichkeit des faktischen Accounts, der trotz nichtigem Vertrag Ausdruck der Persönlichkeit ist, über das Persönlichkeitsrecht hilfsweise begründen lässt. Für eine wirksame Fortführung des Accounts müsste dennoch eine wirksame Vertragsbegründung erfolgen.

404 Kapitel 1: Social Media Accounts A III 4.

Kapitel 4: Die Vererblichkeit einschränkendes Recht

Wenn der Account-Vertrag mit allen Pflichten und Rechten auf den Erben übergeht, kann es, neben der Wahrung des postmortalen Persönlichkeitsrechts, weitere rechtliche Einschränkungen der Vererblichkeit oder der damit einhergehenden Weiternutzung des Accounts geben. Die Nutzung eines Accounts betrifft nämlich weitere Rechtsgebiete, besonders relevant sind dabei das Wettbewerbs- und das Datenschutzrecht. Beim Wettbewerbsrecht ist fraglich, ob eine kommerzielle Nutzung eines Accounts mit geerbten Followern wettbewerbswidrig ist, weil gegebenenfalls eine Beliebtheit des Profils nur vorgetäuscht wird. Beim Datenschutzrecht hingegen ist sowohl problematisch, ob der Datenschutz der Kommunikationspartner des Erblassers der Vererblichkeit entgegensteht als auch hinsichtlich der Weiternutzung die Frage, ob und wie der Erbe in die Datenverarbeitung einwilligt.

A. Wettbewerbsrecht

Der bereits thematisierte Kauf[405] von Likes oder Followern wurde vom LG Stuttgart als wettbewerbswidrig eingestuft.[406] Durch diese gekauften Follower werde der Eindruck vermittelt, dass diese (vermeintlichen) Abonnenten den Like-Button[407] betätigt haben, weil ihnen der konkrete Account gefällt und nicht etwa, weil sie gekauft wurden.[408]

Bei diesem Kauf von Followern handelt es sich im Gegensatz zu den geerbten Abonnenten um unechte Follower. Dennoch haben auch die geerbten Abonnenten den Account aufgrund des Erblassers geliked, nicht aufgrund des Erben. Dies wirft die Frage auf, ob die Erbschaft und Nutzung eines Accounts mit fremden Followern gegen das Wettbewerbsrecht verstoßen.

---

405 Einleitung A.

406 *LG Stuttgart 37. Kammer für Handelssachen*, Beschluss v. 06.08.2014 - 37 O 34/14 KfH.

407 Der Like-Button selbst ist zwar nur bei Facebook vorhanden, bei anderen Netzwerken gibt es aber ähnliche Möglichkeiten, das Gefallen zum Ausdruck zu bringen, etwa durch das „Folgen“ bei Instagram oder Twitter.

408 *Gräbig*, GRUR-Prax 2019, 197.

Das kann allerdings ohnehin nur im Bereich der geschäftlichen Handlungen geschehen, da gemäß § 3 UWG nur auf solche das UWG überhaupt Anwendung findet. Die geschäftliche Handlung ist in § 2 Abs. 1 Nr. 1 UWG legaldefiniert. Demnach ist eine geschäftliche Handlung jedes Verhalten einer Person zugunsten des eigenen oder fremden Unternehmens vor, bei oder nach einem Geschäftsabschluss, das mit der Förderung des Absatzes oder des Bezugs von Waren oder Dienstleistungen oder mit dem Abschluss oder der Durchführung eines Vertrages über Waren oder Dienstleistungen objektiv zusammenhängt; als Waren gelten auch Grundstücke, als Dienstleistungen auch Rechte und Verpflichtungen.

Die Absatzförderung bei Influencern ist dann zu bejahen, wenn der jeweilige Influencer ein Foto oder Video eines Produkts veröffentlicht oder einen entsprechenden Text verfasst und in der zugehörigen (Bild-, Video-) Unterschrift neben einem empfehlenden Text und/oder im Foto selbst das beworbene Unternehmen verlinkt.[409]

Ein Handeln zugunsten des eigenen oder eines fremden Unternehmens ist anzunehmen, wenn dem Handelnden ein finanzieller Vorteil gewährt oder versprochen wird.[410] Influencer erhalten solch einen Vorteil häufig in Form von Geld, Rabatten oder unentgeltlichen Waren oder Dienstleistungen, was ein starkes Indiz für eine geschäftliche Handlung mit kommerziellem Zweck darstellt.[411]

Der Anwendungsbereich des UWG und die Wettbewerbsproblematik stellen sich also nur in den konkreten Fällen, in denen der Erbe den Account zu Werbezwecken (weiter-) nutzt und dadurch einen finanziellen Vorteil erlangt. Bei privaten Nutzern ohne geschäftliche Absichten kann demzufolge die Frage nach der Wettbewerbswidrigkeit gar nicht aufkommen.

In § 5 UWG werden verschiedene irreführende geschäftliche Handlungen aufgeführt, die unlauter im Sinne des Gesetzes sind. Der Kauf von Followern kann mit der nach § 5 Abs. 1 S. 2 Nr. 3 UWG verbotenen Spitzenstellungsberühmung[412] verglichen werden, weil auch hier Fehlvorstellungen über Größe und Bedeutung des Account-Betreibers hervorgerufen werden.[413] Bei der typischen Spitzenstellungsberühmung werden Aussagen zur Spitzenstellung eines

409 *Leeb/Maisch*, ZUM 2019, 29, 32.
410 Ebd., 33.
411 Ebd., 33; *Lichtnecker*, MMR 2018, 512, 516; *Suwelack*, MMR 2017, 661, 663.
412 Ausf. *Busche*, in: MüKo-UWG, § 5 Rn. 606 ff.
413 *Lichtnecker*, GRUR 2014, 523, 525.

Unternehmens getätigt (z. B. bei der Verwendung von Superlativen wie „Der Beste/Größte/Gründlichste“ oder durch Angaben wie „weltbekanntes Unternehmen“), diese können inhaltlicher Art sein, sich aber auch auf die Größe oder die Marktmacht eines Unternehmens beziehen.[414]

Diese Berühmungen sind nur dann zulässig, wenn die Behauptung wahr ist, der Unternehmer einen deutlichen Vorsprung gegenüber seinen Konkurrenten hat und dieser Vorsprung die Aussicht bietet, dass es dabei auch erst einmal bleibt.[415]

Übertragen auf soziale Netzwerke bedeutet das, dass eine solche Spitzenstellungsberühmung zweifellos dann vorliegt, wenn ein Nutzer behauptet, er wäre der erfolgreichste Influencer, obwohl seine Abonnentenzahlen im durchschnittlichen Bereich liegen. Eine ähnliche Aussagekraft wie solche Behauptungen hat aber die Followeranzahl eines Nutzerprofils. Denn bei Instagram und anderen sozialen Netzwerken sind die Follower ein zentraler Indikator für die Beliebtheit eines Profils. Durch den Kauf von Followern werden so auch unwahre Angaben über Beliebtheit und Reichweite des Profils getätigt, da auch diese eine Beliebtheit vortäuschen, die tatsächlich nicht gegeben ist.[416] So ist auch ohne ausdrückliche Behauptung einer Spitzenstellung auf der jeweiligen Plattform eine unzulässige Spitzenstellungsbehauptung im Sinne des § 4 Abs. 1 S. 2 Nr. 3 UWG anzunehmen.[417]

Was die Nutzung eines geerbten Accounts mit den Followern betrifft, muss differenziert werden. Der große Unterschied zwischen Kauf und Erbe liegt darin, dass beim Kauf der Follower diese unrechtmäßig ohne „eigene Leistung“ erworben wurden, während der Erbe nur von den Leistungen des Erblassers profitiert. Während gekaufte Follower sich nicht tatsächlich mit dem Angebot des jeweiligen Accounts auseinandergesetzt haben, haben geerbte Follower sich zumindest einmal mit dem Angebot des ursprünglichen Accounts auseinandergesetzt und selbst im Erbfall jederzeit die Möglichkeit, das Abonnement zu beenden.[418] Erforderlich dafür ist nur die Kenntnis, dass der Accountinhaber gewechselt hat, das heißt, diese Neuigkeit müsste der neue Accountinhaber deutlich kommunizieren.

---

414 *Leeb/Maisch*, ZUM 2019, 29, 37.

415 Mit weiteren Nachweisen: *Peifer/Obergfell*, in: Fezer/Büscher/Obergfell, Lauterkeitsrecht: UWG, § 5 Rn. 389.

416 *Lettmann*, GRUR 2018, 1206, 1209.

417 *Leeb/Maisch*, ZUM 2019, 29, 38.

418 Vgl. *Lichtnecker*, GRUR 2014, 523, 525.

Kennzeichen von Social Media und dem Umgang mit Likes ist ohnehin, dass immer wieder eine Auseinandersetzung mit den Inhalten der abonnierten Accounts erfolgt oder erfolgen kann, sodass jeder (echte) Follower jederzeit mit einem schnellen Klick seine Followerschaft beenden kann. Das gilt sowohl vor als auch nach dem Erbfall, sodass bald nach dem Nutzerwechsel infolge des Erbfalls wieder eine realistische Followerzahl bestehen wird.

Unlauter könnten hingegen solche Fälle sein, in denen der Erbe den geerbten Account für Werbung nutzt und dabei vorgibt, er sei noch der Erblasser. Dies könnte etwa bei der Werbung denkbar sein, wenn der vermeintliche Influencer selbst nicht zu sehen ist, sondern nur ein Foto des entsprechenden Produkts gepostet wird, sodass den Followern nicht bewusst ist, dass ein Nutzerwechsel stattgefunden hat und sie sich folglich nicht wirklich mit dem Angebot des neuen Accountinhabers auseinandergesetzt haben.

Mithin sollte der Erbe den Nutzerwechsel möglichst transparent im Account verkünden, sodass die Follower die echte Möglichkeit haben, das Abonnement zu beenden. Besteht diese Transparenz, sind wettbewerbsrechtliche Probleme in Bezug auf die Erbschaft der Follower nicht anzunehmen.

Abschließend kann festgehalten werden, dass der Erbe, zumindest bei geschäftlichen Handlungen, das Wettbewerbsrecht beachten sollte und insofern den Nutzerwechsel möglichst transparent kommunizieren sollte, um keine unlauteren geschäftlichen Handlungen zu begehen.

B. Datenschutzrecht

Auch das Datenschutzrecht könnte eine Vererblichkeit des Accounts beschränken oder hindern. Schließlich finden sich üblicherweise in Accounts zahlreiche personenbezogene Daten, sowohl Daten des Erblassers als auch Daten seiner Kommunikationspartner. Maßstab ist insbesondere die Datenschutzgrundverordnung, die seit dem 25.05.2018 gilt und natürliche Personen bei der Verarbeitung personenbezogener Daten sowie den freien Verkehr der Daten schützt.[419]

I. Vererblichkeit trotz Datenschutzrecht

Grundsätzlich steht der Vererblichkeit das Datenschutzrecht nicht entgegen, in einigen wenigen Fällen kann allerdings eine Beschränkung oder Hinderung diskutiert werden. Folgend wird differenziert zwischen den Problemen, die beim bloßen Einsichtsrecht in den Account eine Rolle spielen, sowie den

419 *Förster/Fast*, ZAP 2020, 1011, 1018.

Fragestellungen, die sich in Bezug auf die aktive Weiternutzung des Accounts ergeben. Ersteres ist datenschutzrechtlich deutlich problematischer, da das Einsichtsrecht den Zugriff auf die gespeicherten Daten umfasst.

1. Einsichtsrecht in den Account

Bezüglich des bloßen Einsichtsrechts beim Zugang zum Account hat der BGH im Urteil vom 12.07.2018[420] auch zu den datenschutzrechtlichen Aspekten der Problematik Stellung bezogen.

Unproblematisch waren die Daten der Erblasserin, da nach Erwägungsgrund 27 die DSGVO nicht für die personenbezogenen Daten Verstorbener gilt, sodass datenschutzrechtliche Belange der Erblasserin selbst ohnehin nicht betroffen waren.[421]

Hinsichtlich des Datenschutzes für die Kommunikationspartner der Erblasserin gilt, dass die Verarbeitung ihrer personenbezogener Daten durch die Plattformbetreiber durch die Übermittlung und andauernde Bereitstellung der Inhalte in dem Account sowohl nach Art. 6 Abs. I lit. b Var. 1 DSGVO als auch nach Art. 6 Abs. I lit. f DSGVO auch im Erbfall zulässig ist.[422] Die Zulässigkeit der Datenverarbeitung stützt sich demnach auf zwei verschiedene Rechtfertigungsgründe.

a) Rechtfertigung aufgrund der Vertragserfüllung

Art. 6 Abs. 1 lit. b Var. 1 DSGVO regelt, dass die Datenverarbeitung zulässig ist, wenn sie für die Erfüllung eines Vertrags, dessen Vertragspartei die betroffene Person ist, oder zur Durchführung vorvertraglicher Maßnahmen erforderlich ist, die auf Anfrage der betroffenen Person erfolgen. Umfasst ist neben der Erfüllung des Vertrages auch die Erfüllung von Nebenpflichten wie Schutz- oder Rücksichtnahmepflichten, die regelmäßig mit der Hauptpflicht einhergehen sowie etwaige nachvertragliche Sorgfaltspflichten.[423] Das Kriterium der Erforderlichkeit ist hier eng auszulegen.[424]

---

420 Einleitung C I.

421 *BGHZ* 219, 243, Rn. 67, Digitaler Nachlass.

422 *BGHZ* 219, 243, Rn. 70, Digitaler Nachlass.

423 *Buchner/Petri*, in: Kühling/Buchner DSGVO BDSG, Art. 6 Rn. 33.

424 *Albrecht/ Jotzo,* Das neue Datenschutzrecht der EU, Rn. 44; *Buchner/Petri*, in: Kühling/Buchner DSGVO BDSG, Art. 6 Rn. 38; *Schantz/Wolff,* Das neue Datenschutzrecht, Rn. 551.

Der BGH führte aus, dass diese Voraussetzungen für die Zulässigkeit der Datenverarbeitung vorlägen, da die Übermittlung und Bereitstellung der Inhalte und Nachrichten seitens des Plattformbetreibers in Erfüllung der Hauptflicht aus dem Nutzungsvertrag erfolge und daher die Datenverarbeitung dafür erforderlich sei.[425] Daran ändere auch der Erbfall nichts, da der Auftrag der Kommunikationspartner der Erblasserin zur Versendung einer Nachricht oder eines anderen Datums zeitlich unbegrenzt wirke und die dauerhafte Möglichkeit der Kenntnisnahme der auf dem Server des Plattformbetreibers gespeicherten Nachrichten durch den jeweiligen Nutzer des Empfängerkontos umfasse. Diese Verpflichtung sei zudem nicht personen- sondern kontobezogen, sodass der Tod des ursprünglichen Nutzers hierfür unerheblich sei, weil das Konto auch nach dem Todesfall fortbestehe und der Erbe Berechtigter werde.[426]

Die Datenverarbeitung der Daten der Kommunikationspartner von Erblassern durch die Plattformbetreiber dienen demnach auch nach dem Ableben des Erblassers der Vertragserfüllung, sodass eine Rechtfertigung nach Art. 6 Abs. 1 lit. b Var. 1 DSGVO zu bejahen ist und die Bereitstellung der Daten auch gegenüber dem Erben rechtmäßig ist.

b) Rechtfertigung aufgrund berechtigter Interessen

Ein weiterer Rechtfertigungsgrund für die Datenverarbeitung durch den Plattformbetreiber im Erbfall ist Art. 6 Abs. 1 lit. f DSGVO. Demnach ist die Datenverarbeitung dann gerechtfertigt, wenn die Verarbeitung zur Wahrung der berechtigten Interessen des Verantwortlichen oder eines Dritten erforderlich ist, sofern nicht die Interessen oder Grundrechte und Grundfreiheiten der betroffenen Person, die den Schutz personenbezogener Daten erfordern, überwiegen. Dies gilt insbesondere dann, wenn es sich bei der betroffenen Person um ein Kind handelt. Dieses „berechtigte Interesse“ stellt eine „zentrale Stellschraube“ für einen angemessenen Ausgleich der Interessen von Verantwortlichen und Betroffenen dar.[427] Die Interessenabwägung bedarf einer normativen Entscheidung; zu berücksichtigen sind neben den rechtlichen auch wirtschaftliche und ideelle Interessen.[428] Kriterien dabei sind der Grad der

---

425 *BGHZ* 219, 243, Rn. 72, Digitaler Nachlass.

426 *BGHZ* 219, 243, Rn. 73, Digitaler Nachlass.

427 *Albrecht*, CR 2016, 88, 92.

428 *Albers/Veit*, in: BeckOK Datenschutzrecht, Art. 6 Rn. 68.

Schutzwürdigkeit der betroffenen Interessen sowie der konkrete Zweck der jeweiligen Datenverarbeitung.[429]

Der BGH führte aus, dass im streitgegenständlichen Fall berechtigte Interessen der Erbengemeinschaft vorlagen. Diese konnten sich auf das von Art. 14 Abs. 1 GG geschützte Erbrecht berufen und deshalb aus dem übergegangenen Vertragsverhältnis einen Zugangsanspruch zum Konto sowie zu den höchstpersönlichen und vermögensrechtlichen Inhalten haben. Falls dieser Zugang verweigert würde, würden die ihm durch die Universalsukzession übertragenen Rechtspositionen faktisch entzogen, sodass eine Aushöhlung des § 1922 Abs. 1 BGB vorliegen würde.[430] Diese Grundsätze müssten für jeden Fall der Vererblichkeit eines Accounts gelten, da das Erbrecht immer ein berechtigtes Interesse darstellt und sich die Erben von Account somit auch immer darauf berufen können.

Als weitere berechtigte Interessen auf Seiten der Erben seien ferner ideelle und vermögensrechtliche Interessen zu nennen, sowohl, weil vermögensrechtlich relevante Informationen im Account gespeichert sein könnten, als auch wegen einer Verfolgung vermögensrechtlicher Abwehrinteressen.[431] Die Datenverarbeitung sei erforderlich, da keine milderen Mittel zur Verfügung stehen, um die Interessen der Erben zu erfüllen.[432] Die entgegenstehenden Interessen der betroffenen Kommunikationspartner der Erblasserin überwiegen nach Ansicht des BGH auch nicht die Interessen der Erben. Zwar sei bei ihnen insbesondere das Grundrecht aus Art. 8 Abs. 1 GRCh zu berücksichtigen, welches den Schutz personenbezogener Daten gewährleistet, sowie Art. 7 GRCh, welcher die Achtung des Privat- und Familienlebens schützt,[433] auf der anderen Seite spiele aber auch Erwägungsgrund 47 S. 1 DSGVO eine Rolle, wonach die vernünftigen Erwartungen der betroffenen Personen, die auf ihrer Beziehung zum Verantwortlichen beruhen, zu berücksichtigen seien.[434] Dabei sei zu beachten, dass die Daten freiwillig übermittelt wurden, auch sei dem Nutzer bewusst, dass er nach Sendung und Übermittlung einer Nachricht nicht mehr darauf Einfluss nehmen kann, wer den Inhalt zur Kenntnis nimmt.[435] Die Grundsätze dieses Falls lassen sich auf die Erbschaft jeglicher Social Media Accounts übertragen,

---

429 *Tinnefeld et al.*, Einführung in das Datenschutzrecht, S. 452 f.
430 *BGHZ* 219, 243, Rn. 77–78, Digitaler Nachlass.
431 *BGHZ* 219, 243, Rn. 79–81, Digitaler Nachlass.
432 *BGHZ* 219, 243, Rn. 82, Digitaler Nachlass.
433 *BGHZ* 219, 243, Rn. 84, Digitaler Nachlass.
434 *BGHZ* 219, 243, Rn. 87, Digitaler Nachlass.
435 *BGHZ* 219, 243, Rn. 89–90, Digitaler Nachlass.

da dort immer ideelle oder wirtschaftliche Interessen der Erben gestützt auf das grundrechtlich geschützte Erbrecht stehen dürften, während die Kommunikationspartner damit rechnen müssten, dass jemand anderes Kenntnis von den Daten nehmen könnte, weil sie die Kontrolle über ihre Daten mit dem Senden der Nachrichten praktisch abgegeben haben.

Daher sollte der Zugang zum Account des Erblassers durch den Erben datenschutzrechtlich insoweit unproblematisch sein, als die Erben keine weitergehenden Zwecke mit der Verarbeitung der Daten verfolgen. Anders könnte es etwa aussehen, wenn die Erben die Daten einem anderen unbestimmten Personenkreis zugänglich machen. Daher sei zu beachten, dass die Datenverarbeitung auf die Nachlassabwicklung beschränkt bleibt.[436] Solange der Erbe also mit den im Account enthaltenen Daten keine weitergehenden Zwecke verfolgt und die Daten Dritter etwa veröffentlicht, stellt das Datenschutzrecht grundsätzlich kein Hindernis für die Vererblichkeit des Accounts dar.

Für die Interessenabwägung nach Art. 6 Abs. 1 S. 1 lit. f DSGVO ist allerdings immer auf den konkreten Einzelfall abzustellen, sodass etwaige berechtigte Interessen der Kommunikationspartner zum Teil eine Vererblichkeit auch behindern könnten.

So ist auch nicht auszuschließen, dass die Abwägung in Ausnahmefällen zu Gunsten der Kommunikationspartner ausfallen könnte, schließlich sind die konkreten Interessen an der Form der jeweiligen Datenverarbeitung gegeneinander abzuwägen.[437] Dies kann etwa bei solchen Fallkonstellationen eine Rolle spielen, in denen die Kommunikationspartner besonders intime Inhalte mit dem Erblasser geteilt hatten, sodass der Kernbereich der privaten Lebensführung berührt ist.[438] Der Bereich der Intimsphäre genießt schließlich „überragend bedeutenden Schutz".[439] Der BGH hat in einem Fall, in dem es um den Löschungsanspruch eines ehemaligen Partners nach Ende der Beziehung ging, klargestellt, dass derjenige, der (intime) Bildaufnahmen oder Fotografien eines anderen besitzt, bereits dadurch eine gewisse Herrschafts- und Manipulationsmacht über die abgebildete Person besitzt, auch ohne, dass eine Verbreitung oder Weitergabe der Fotos beabsichtigt ist. Die Person, die abgebildet wird, erfahre

436 *Kubis et al.*, Der digitale Nachlass, S. 42.
437 Ebd., S. 46.
438 *Pruns*, ErbR 2018, 614, 615.
439 *BGHZ* 207, 163, Rn. 29, Persönlichkeitsrechtsverletzung: Löschungsanspruch des ehemaligen Partners einer intimen Liebesbeziehung hinsichtlich privater und mit Einwilligung aufgenommener Fotos und Filmaufnahmen insbesondere vom Geschlechtsverkehr.

in solchen Fällen ein Ausgeliefertsein und eine Fremdbestimmung, durch die sie im unantastbaren Kernbereich ihres Persönlichkeitsrechts verletzt werde.[440] Diese Grundsätze müssen zwingend auch im digitalen Kontext und auch im Erbfall gelten, weil auch intime Bildaufnahmen als Datei in einem Account eine gewisse Herrschafts- und Manipulationsmacht über den Abgebildeten schaffen, ohne, dass die Fotografien physisch vorliegen. Die Folge davon ist, dass der bloße Zugriff auf diese Fotos, die sich im Account des Erblassers befinden, und die damit einhergehende Möglichkeit zur Verbreitung eine Herrschafts- und Manipulationsmacht des Erben bewirkt. Die bloße Existenz solcher intimen Aufnahmen im Nachlass kann also eine Verletzung der Intimsphäre bedeuten, wenn die betroffene Person dies nicht (mehr) dulden möchte. In solchen Fällen könnten die Kommunikationspartner Ansprüche auf Löschung oder Herausgabe der problematischen Aufnahmen geltend machen.[441]

Besonders problematisch ist es, wenn es sich bei den Kommunikationspartnern des Erblassers um „Kinder“ im Sinne des Art. 6 Abs. 1 lit. f DSGVO handelt, deren besonderer Schutzbedürftigkeit schon durch den Wortlaut der Norm Rechnung getragen wird. Als „Kinder“ müssten alle Personen bis zur Vollendung ihres achtzehnten Lebensjahres gelten, wobei bei unter Sechzehnjährigen ein noch größeres Schutzbedürfnis anzunehmen ist.[442] Im Fall vor dem BGH war die Erblasserin selbst erst fünfzehn, sodass laut BGH die Annahme nahelag, dass auch ihre Kommunikationspartner noch minderjährig waren. Dazu führte der BGH allerdings aus, dass die Interessen der Erben dennoch gewichtiger waren als die der mutmaßlich minderjährigen Kommunikationspartner.[443] Auch dies wird bei freizügigeren Aufnahmen der Minderjährigen anders zu beurteilen sein, da bei der Interessenabwägung der Minderjährigenschutz ausreichend berücksichtigt werden muss und die Verletzung der Intimsphäre von Minderjährigen die Interessen der Erben am Zugang zum Account überwiegen könnten. Dies hat zur Folge, dass die uneingeschränkte Vererblichkeit des Accounts in diesen Konstellationen bezogen auf das Einsichtsrecht in den Account nicht gegeben ist.

---

440 *BGHZ* 207, 163, Rn. 35, Persönlichkeitsrechtsverletzung: Löschungsanspruch des ehemaligen Partners einer intimen Liebesbeziehung hinsichtlich privater und mit Einwilligung aufgenommener Fotos und Filmaufnahmen insbesondere vom Geschlechtsverkehr.

441 *Pruns*, ErbR 2018, 614, 619.

442 *Buchner/Petri*, in: Kühling/Buchner DSGVO BDSG, Art. 6 Rn. 155.

443 *BGHZ* 219, 243, Rn. 85, Digitaler Nachlass.

2. *Datenschutz bei der aktiven Weiternutzung*

Diese Ausführungen zur Vererblichkeit des Accounts trotz personenbezogener Daten der Kommunikationspartner des Erblassers gelten grundsätzlich auch bei der Frage nach der aktiven Weiternutzung.[444] Somit ist der Account also trotz Datenschutzrecht vererblich, sofern die Interessensabwägung zu Gunsten des Erben ausfällt.

Allerdings geht die aktive Weiternutzung des Accounts über das passive Einsichtsrecht in die Daten, welches der Streitgegenstand im vor dem BGH verhandelten Fall war, hinaus, sodass die Frage aufgeworfen wird, ob datenschutzrechtliche Pflichten den Erben treffen oder sogar die Weiternutzung des Accounts hindert.

a) *Keine Haushaltsausnahme*

Ob den Erben datenschutzrechtliche Pflichten treffen, ist davon abhängig, ob bei der konkreten Nutzung der Anwendungsbereich der DSGVO überhaupt eröffnet ist. In Betracht käme etwa, dass die aktive Weiternutzung nur für familiäre oder persönliche Tätigkeiten erfolgen soll. In diesem Fall wäre bereits nach Art. 2 Abs. 2 lit. c DSGVO der Anwendungsbereich nicht eröffnet.[445] In Erwägungsgrund 18 der DSGVO wird ausgeführt, dass solche Tätigkeiten bei fehlendem Bezug zu einer wirtschaftlichen oder beruflichen Tätigkeit vorliegen. Als familiäre oder persönliche Tätigkeiten können demnach auch das Führen von Schriftverkehr, Anschriftenverzeichnissen oder die Nutzung sozialer Netzwerke und Online-Tätigkeiten im Rahmen solcher Tätigkeiten gelten. Hinsichtlich der Frage, was unter familiärer oder persönlicher Tätigkeit zu fassen ist, ist auf die Verkehrsanschauung abzustellen,[446] wobei unter persönlichen Tätigkeiten solche fallen, die der Selbstentfaltung oder Freiheitsausübung in der Freizeit dienen.[447] Typischerweise fallen unter diese Ausnahme Namen-, Adress- oder Geburtstagsdatensammlungen in Verbindung mit Freizeitaktivitäten oder Urlaub.[448]

Wenn aber eine Datei sowohl privaten als auch beruflichen Zwecken dient, ist, unabhängig vom Schwerpunkt, die DSGVO insgesamt anwendbar.[449]

---

444 *Kubis et al.*, Der digitale Nachlass, S. 46.

445 Ebd., S. 46.

446 *Ernst*, in: Paal/Pauly DSGVO BDSG, Art. 2 Rn. 18.

447 *Roßnagel*, in: Simitis/Hornung/Spiecker gen. Döhmann, Datenschutzrecht, Art. 2 Rn. 24.

448 *Kühling/Raab*, in: Kühling/Buchner DSGVO BDSG, Art. 2 Rn. 24.

449 *Gola*, in: Gola Datenschutz-Grundverordnung, Art. 2 Rn. 22.

Soziale Netzwerke werden in diesem Erwägungsgrund explizit genannt, allerdings nur als Werkzeug zum Führen von Schriftverkehr oder Anschriftenverzeichnissen. Erfolgt die aktive Weiternutzung tatsächlich nur zu diesem Zweck, etwa indem Kontaktdaten von Familienmitgliedern genutzt werden, ist der Anwendungsbereich der DSGVO nicht eröffnet. Für andere Nutzungen in den sozialen Netzwerken kann dies allerdings anders zu beurteilen sein. Denn eine persönliche oder familiäre Tätigkeit ist bereits grundsätzlich öffentlichkeitsfeindlich, weshalb online zugängliche öffentliche Daten nicht privilegiert sind.[450] Daraus folgt, dass die Nutzung eines sozialen Netzwerkes nur dann unter die Ausnahme fällt, wenn der Kreis der Empfänger auf einen engen Familien- und Freundeskreis begrenzt ist.[451] Bei Veröffentlichung von Daten an einen großen Empfängerkreis kann die Ausnahme des Art. 2 DSGVO also nicht mehr gelten, da der Grundgedanke der Regelung, nämlich die Differenzierung zwischen einem öffentlichen und einem privat-familiären Bereich, dann „ad absurdum" geführt werden würde.[452]

Für den Erben eines Accounts eines sozialen Netzwerkes bedeutet dies, dass bei Weiternutzung von Accounts mit größerer Reichweite der Anwendungsbereich der DSGVO eröffnet ist, da in einem solchen Fall nicht von einer Nutzung im persönlich-familiären Sinne ausgegangen werden kann, sodass den Erben datenschutzrechtliche Pflichten treffen. Die Follower eines fremden Accounts können in kaum einem Fall zum engen Familien- oder Freundeskreis zählen. Insbesondere ist die Ausnahme nach Art. 2 DSGVO nicht einschlägig, wenn der Erbe den Account zu kommerziellen Zwecken nutzen möchte, da dies eine Nutzung nur zu familiären oder persönlichen Zwecken nach Erwägungsgrund 18 der DSGVO bereits ausschließt. Einzig die Nutzung zu Trauerzwecken und zum Gedenken an den verstorbenen Erblasser kann gegebenenfalls unter die Ausnahme fallen, wenn in diesem Fall das Andenken mit einem engen Kreis von Trauernden geteilt wird, sodass dies unter den persönlichen Bereich der Person zu subsumieren ist. In solchen Fällen wäre die DSGVO nicht anwendbar, sodass sich diesbezüglich für den Erben auch keine Pflichten ergäben.

---

450 *Ernst*, in: Paal/Pauly DSGVO BDSG, Art. 2 Rn. 21.

451 *Gola*, in: Gola Datenschutz-Grundverordnung, Art. 2 Rn. 25; Schantz, in: *Schantz/Wolff*, Das neue Datenschutzrecht, Rn. 316.

452 *Buchner*, FamRZ 2019, 665, 666.

b) Datenschutzrechtliche Folgen für den Erben

Hatte bereits der Erblasser selbst datenschutzrechtliche Pflichten inne, so werden diese auch für den Erben gelten, der in den Nutzungsvertrag eingetreten ist. Wenn der Erblasser etwa Kundendaten gespeichert hatte und diese vom Erblasser weiterhin verwaltet werden sollen, haben die Erben, welche die Daten nun verwalten, auch die damit verbundenen datenschutzrechtlichen zu beachten.[453]

Wenn aber die Erben die Daten für andere Zwecke benutzen wollen, ist die aktive Weiternutzung dieser Daten nicht mehr über Art. 6 Abs. 1 lit b DSGVO zu rechtfertigen, stattdessen wäre Maßstab für die Zweckänderung nun Art. 6 Abs. 4 DSGVO. Liegen diese Voraussetzungen nicht vor, ist die Datenverarbeitung nicht zulässig und die Erben sind zur Löschung der Daten Dritter verpflichtet, Art. 17 Abs. 1 lit. a bzw. lit b DSGVO.[454]

Ferner sind die datenschutzrechtlichen Pflichten für die Verantwortlichen (Art. 4, Nr. 7 DSGVO) zu beachten, die auch für die Erben gelten können, wie zum Beispiel die Informationspflichten aus Art. 13 ff. DSGVO.[455]

c) Konsequenzen bei Interessenabwägung zugunsten der Kommunikationspartner des Erblassers

Zuletzt ist noch bezüglich des Datenschutzrechts und der aktiven Weiternutzung fraglich, wie es sich mit der Erbschaft des Accounts verhält, wenn die Interessenabwägung der DSGVO zu Gunsten der Kommunikationspartner des Erblassers ausfällt.

Ein Einsichtsrecht in den Account, beziehungsweise in die Daten des Accounts ist dann sicherlich abzulehnen, allerdings könnte der Bedeutung des Erbrechts Rechnung getragen werden, indem der Erbe quasi einen „entleerten Account“ erbt, dessen Daten zwar gelöscht werden müssen, die Nutzungsmöglichkeit aber erhalten bliebe. Dies dürfte dann aber auch ohnehin nicht alle Daten im Account betreffen, sondern in erster Linie diejenigen, bei denen die Interessenabwägung eindeutig zu Gunsten des Persönlichkeitsrechts ausfällt, also insbesondere intime Aufnahmen und Schriftwechsel.

Die Umsetzung in der Praxis wird allerdings schwierig. Insbesondere wenn der Erbe die Zugangsdaten bereits aus dem Testament oder anderen Quellen kennt und sich praktisch sofort im Erbfall einloggt, kann zumindest die erstmalige Einsicht kaum verhindert werden. Die Kommunikationspartner des

453 *Kubis et al.*, Der digitale Nachlass, S. 46.

454 Ebd., S. 46.

455 Ebd.

Erblassers müssten ihre Löschungsansprüche dann später geltend machen, sodass lediglich das Fortbestehen der Daten im Account und eine etwaige Verbreitung verhindert wird, nicht aber die Kenntnisnahme des Erben. Dies wird aber in Kauf zu nehmen sein, insbesondere weil es sich im analogen Nachlass kaum anders verhält: Befinden sich intime Aufnahmen Dritter im Nachlass, kann auch nicht ausgeschlossen werden, dass die Erben diese finden und zur Kenntnis nehmen; die betroffenen Dritten könnten auch dann nur im Nachhinein Herausgabeansprüche geltend machen. Die Kenntnis des Erben von Aufnahmen oder Informationen, die nicht für ihn bestimmt waren, ist das Risiko, welches sowohl im digitalen als auch im analogen Bereich in Kauf genommen werden muss und grundsätzlich aber auch jedermann bewusst sein sollte, da selbst dem juristischen Laien das Grundprinzip der Erbschaft bekannt sein dürfte.

Hat hingegen der Erbe nicht bereits durch den Erblasser die Zugangsdaten erhalten, sondern beantragt den Zugang beim Plattformbetreiber mithilfe der Sterbeurkunde, könnten in diesem Zwischenzeitraum mögliche betroffene Dritte ihre Löschungsansprüche beim Plattformbetreiber geltend machen. Hierfür wird den Betroffenen aber nur ein kurzes Zeitfenster zur Verfügung stehen, indem die betroffenen Dritten schnell handeln müssten. Voraussetzung dafür wäre aber insbesondere, dass sie sich schnell nach einem Todesfall ihrer Rechte bewusst werden, sodass bereits die Informiertheit der Betroffenen ein Hindernis für ihre Rechtsdurchsetzung darstellt. Die bessere Variante könnte eine technische Überprüfung des Accounts auf intime Aufnahmen oder Nachrichten sein, die automatisch sofort gelöscht oder separat abgespeichert werden.[456] Der Erbe würde dann nur Zugang zu einem Account erhalten, der jedenfalls keine Aufnahmen mehr enthält, die der Intimsphäre Dritter zuzuordnen wären. Voraussetzung dafür wäre nur, dass die Technik solche Aufnahmen oder Nachrichten einigermaßen zuverlässig identifizieren kann, in Grenzfällen könnten aber auch Mitarbeiter der Plattformbetreiber die Inhalte gegebenenfalls noch einmal überprüfen, obwohl auch dies unter Umständen eine Verletzung der Intimsphäre darstellen könnte. Der Nachteil an dieser Vorgehensweise wäre, dass jegliche pornografischen Aufnahmen automatisch verschwinden würden, auch solche, die als Kunst erhalten bleiben dürften, den Erblasser selbst zeigen oder solche, deren Verbreitung den Betroffenen nicht stören würde. Angesichts des absoluten Schutzes der Intimsphäre müsste das

---

456 Zu den verschiedenen Algorithmen, die Nacktbilder filtern können: *Tariq*, the 21st International Conference on Human-Computer Interaction (HCII 2019) 2019.

aber in Kauf genommen werden, auch weil nach allgemeiner Lebenserfahrung die Kommunikationspartner des Erblassers wohl in der Regel gerade nicht wollen, dass auch der Erbe intime Aufnahmen sieht.

Eine Erbschaft des Accounts inklusive der Weiternutzungsmöglichkeit wird durch das Datenschutzrecht also nicht verhindert, gleichwohl den Erben allerdings datenschutzrechtliche Pflichten hinsichtlich Daten Dritter im Account treffen können.

II. Einwilligung des Erben

Für die Weiternutzung des Accounts durch den Erben ist die datenschutzrechtliche Einwilligung nach Art. 6 Abs. 1 UAbs. 1 lit. a DSGVO für den Plattformbetreiber nach dem Vertrag Voraussetzung,[457] denn erst mit der Einwilligung kann der Plattformbetreiber auch die Daten des Erben verarbeiten.[458] Allerdings bedeutet das nicht, dass die Erben das Netzwerk dann noch nicht nutzen können, vielmehr ist es Aufgabe des Plattformbetreibers, unverzüglich die Einwilligung der Erben einzuholen, wenn er Kenntnis vom Tod eines Nutzers erlangt hat.[459]

Die bloße Nutzung des Netzwerkes stellt noch keine Einwilligung dar, schließlich setzt die Einwilligung nach Art. 4 Nr. 11 DSGVO eine unmissverständlich abgegebene Willensbekundung in Form einer Erklärung oder einer sonstigen eindeutigen Handlung voraus. Erwägungsgrund 32 Satz. 2 DSGVO nennt Beispiele, bei denen es sich sämtlich um Einwilligungen im Wege des sogenannten Opt-In handelt, in denen der Betroffene seine Einwilligung also aktiv erklärt.[460] Keine Einwilligung soll nach Erwägungsgrund 32 Satz 3 DSGVO hingegen das Stillschweigen des Betroffenen darstellen.

Da an keiner Stelle die Rede vom Erfordernis einer expliziten Einwilligung ist und auch Erwägungsgrund 32 nur von der „sonstigen eindeutigen Handlung“ spricht, sind konkludente Einwilligungen aber auch möglich. Allerdings müsste die jeweilige Person unmissverständlich ihr Einverständnis mit der Datenverarbeitung signalisieren.[461] Problematisch ist, dass Eindeutigkeit bei konkludenter Zustimmung wohl zumindest angezweifelt werden kann.[462]

---

457 *Budzikiewicz*, AcP 218 (2018), 558, 570 f.; *Muer*, Vererblichkeit, S. 172.
458 *Schmidt-Kessel/Grimm*, ZfPW 2017, 84, 89.
459 *Muer*, Vererblichkeit, S. 173.
460 *Buchner/Kühling*, in: Kühling/Buchner DSGVO BDSG, Art. 7 Rn. 57.
461 *Schulz*, in: Gola Datenschutz-Grundverordnung, Art. 7 Rn. 42.
462 Vgl. *Buchner/Kühling*, in: Kühling/Buchner DSGVO BDSG, Art. 7 Rn. 58b.

Das gilt insbesondere im Kontext der sozialen Netzwerke. Sicherlich könnte die Nutzung eines Netzwerkes im Bewusstsein der Datenverarbeitung eine konkludente Einwilligung darstellen; allerdings mangelt es an der Eindeutigkeit dieser Handlung. Die Nutzung der Kommunikationsplattform erfolgt schließlich zunächst unabhängig von der Schuld aus dem Vertragsverhältnis.[463] Eine aktive Einwilligung ist darin in jedem Fall nicht zu sehen.

Somit ist wohl die explizite Einwilligung des Erben als Rechtsnachfolger einzuholen. Wenn der Erbe den Zugang zum Account beantragt, könnte dieser gewährt und im gleichen Schritt die Einwilligung eingeholt werden. Hat der Erbe selbst die Zugangsdaten und nutzt den Account, kann die Einwilligung erst bei Kenntnis nach Anzeige des Erben eingeholt werden. Um sicherzugehen, dass der Erbe den Tod auch anzeigt, könnte diese Verpflichtung in die Nutzungsbedingungen der Plattformbetreiber aufgenommen werden.

Holen die Plattformbetreiber die Einwilligung nicht ein, dürfen die Daten nicht verarbeitet werden. Insofern ist es in ihrem Interesse, dass die Einwilligung möglichst schnell vorliegt.

---

463 Vgl. *Muer*, Vererblichkeit, S. 173.

Kapitel 5: Konsequenzen der Weiternutzungsoption

Wenn die aktive Weiternutzung vom Erbrecht umfasst ist und der Erbe in die vollständige Rechtsposition des Erblassers eintritt, hat das praktische Konsequenzen für den Erben, den Erblasser und für die Plattformbetreiber.

Das betrifft zum einen die Frage, wie unter diesen Gesichtspunkten die Wirksamkeit der aktuellen Nutzungsbedingungen der großen Social Media Plattformen zu beurteilen ist, zum anderen ist ebenso diskussionswürdig, welche Art von Nutzungsbedingungen denn auch zukünftig einer AGB-Kontrolle standhielten.

Zudem kann für den Erblasser, der weiß, dass seine Accounts mit allen Rechten und Pflichten erblich sind, relevant sein, welche Vorsorgemöglichkeiten er im Hinblick auf seine Social Media Accounts hat und welche davon für ihn am praktikabelsten sind. Schließlich ist es auch möglich, dass ein Erblasser kein Interesse daran hat, seinen Account zu vererben oder er möchte bestimmte Accounts nur bestimmten Personen überlassen oder aber die Nutzung nur in einem gewissen Umfang gestatten. Insofern ist zu überprüfen, wie solch unterschiedlichen Wünschen des Erblassers entsprochen werden kann.

A. Wirksamkeit der Nutzungsbedingungen

Um einen umfassenden Überblick über den aktuellen Status bezüglich der Vererblichkeit von Accounts und insbesondere der aktiven Weiternutzung zu haben, werden die Nutzungsbedingungen fünf großer Social Media Plattformen exemplarisch betrachtet. Das sind zunächst Facebook, YouTube und Instagram, die 2020 zu den beliebtesten Social Media Plattformen gehörten.[464] Ferner noch LinkedIn, das als berufliches Netzwerk einen anderen Fokus als die oben genannten Unterhaltungs-Netzwerke setzt. Als letztes wird Twitter untersucht, weil diese Plattform nicht nur ebenfalls sehr viele Nutzer hat,[465] sondern auch mit der Beschränkung auf kurze Postings (sogenannte „Tweets“) andere Regularien aufweist als die anderen Netzwerke.

---

464 *DataReportal.com,* Ranking der größten Social Networks und Messenger nach der Anzahl der Nutzer im Januar 2022, zitiert nach de.statista.com.

465 *EMarketer,* Anzahl der Nutzer von Twitter weltweit in den Jahren 2019 bis 2021 sowie eine Prognose bis 2026, zitiert nach de.statista.com.

Bei all diesen Plattformen muss der potenzielle Nutzer bei der Registrierung den jeweiligen Nutzungsbedingungen zustimmen.

Neben den Nutzungsbedingungen haben die Plattformen in der Regel noch Regelungen in den sogenannten FAQs oder den Hilfebereichen der Plattformen, welche die Nutzungsbedingungen ergänzen und erweitern.

Bei den verschiedenen Plattformen finden sich sowohl in den Nutzungsbedingungen als auch in den Angaben im Hilfebereich Informationen zur Handhabung beim Versterben der Nutzer.

I. AGB-Kontrolle

Die Kontrolle von Nutzungsbedingungen erfolgt nach den §§ 305 ff. BGB, welche die Gültigkeit allgemeiner Geschäftsbedingungen regeln.[466]

Durch diese Regelungen soll verhindert werden, dass der Verwender der AGB, der das privatautonome Handeln für sich alleine beansprucht, die Gegenseite durch die Ausgestaltung der AGB abweichend vom dispositiven Gesetz unangemessen benachteiligt. Ziel ist, die Waffengleichheit der Vertragsparteien, welche der Privatautonomie zugrunde liegt, wiederherzustellen.[467]

Bei Social Media Plattformen ist eine Waffengleichheit zwischen dem Verwender der Nutzungsbedingungen, also Facebook, Instagram, Youtube, LinkedIn und Twitter, und dem einzelnen Nutzer, der sich dort registriert, nicht gegeben. Das liegt an der Größe und Organisation der internationalen Konzerne, die die Plattformen betreiben,[468] im Vergleich zu einzelnen Privatpersonen, die auf dem Markt der Social Media Plattformen nur ein begrenztes Angebot haben.

1. Überblick über die Regelungen der Plattformen

a) Facebook

Mit rund 2,740 Millionen aktiven Nutzern weltweit im Januar 2021 dürfte Facebook noch immer die größte und beliebteste Social Media Plattform darstellen.[469] Facebook gilt als Pionier unter den Plattformen, dies zeigt sich auch darin, dass etwa der Like-Button, der sich inzwischen bei vielen Netzwerken

---

466 Die Anwendbarkeit deutschen Rechts ist dabei zu unterstellen; eine ausführliche Analyse dazu findet sich bei *Kutscher,* Der digitale Nachlass, 67 ff.

467 *Becker,* in: BeckOK BGB, § 305 Rn. 1.

468 Vgl. für Facebook: *Germany,* Global Top 100 companies by market capitalisation 2021 – PwC, S. 22.

469 *Kemp,* DataReportal – Global Digital Insights vom 27.01.2021, S. 93.

etabliert hat, auf Facebook zurückzuführen ist. Eine Eigenheit von Facebook ist, dass sich das Netzwerk nicht auf ein bestimmtes mediales Format fokussiert, stattdessen erlaubt es seinen Nutzern eine Vielzahl an Posting-Typen, wie beispielsweise Text, Videos, Links oder Fotos.[470]

Facebook bietet im Vergleich zu den anderen Plattformen die umfangreichsten Informationen zur Handhabung im Todesfall der Nutzer.

aa) Keine Weitergabe des Passwortes

In den Facebook-Nutzungsbedingungen findet sich zunächst der Hinweis, dass der Nutzer das Passwort nicht weitergeben und ohne Zustimmung von Facebook sein Konto auch nicht auf jemand anderen übertragen darf.[471] Dies ist allerdings die Bedingung für lebende Nutzer und betrifft nicht direkt den Todesfall.

bb) Der Nachlasskontakt

Als Vorsorge für den Todesfall sehen die Nutzungsbedingungen hingegen vor, dass der Nutzer einen sogenannten Nachlasskontakt benennen kann. Dieser kann das Benutzerkonto verwalten, wenn es in den sogenannten Gedenkzustand versetzt wird. Nur dieser „Nachlasskontakt oder eine […] [vom Nutzer] in einem gültigen Testament oder ähnlichen Rechtsdokument, das […] [eine] eindeutige Einwilligung zur Offenlegung […] [der Nutzer-Inhalte] im Todesfall oder bei Unfähigkeit ausdrückt, genannte Person, [kann] eine eingeschränkte Offenlegung des Kontos beantragen, nachdem es in den Gedenkzustand versetzt worden ist“.[472] Durch einen Klick auf das Wort „Offenlegung“ gelangt der Nutzer zu einer Seite im Hilfebereich, die bezüglich des Nachlasskontaktes drei Fragen anzeigt: „ Was passiert nach meinem Tod mit meinem Facebook-Konto? Wie kann ich meinen Facebook-Nachlasskontakt hinzufügen, ändern oder entfernen? Kann ich eine Person, die kein Facebook-Freund ist, als meinen Nachlasskontakt auswählen?“[473]

Weitere Fragen und Erläuterungen zum Versterben der Nutzer ergeben sich durch diverse Verlinkungen innerhalb der jeweiligen Informationen. Die

---

470 *Jahnke,* Influencer, S. 70.

471 *Facebook,* Nutzungsbedingungen, https://de-de.facebook.com/terms, Deine Verpflichtungen gegenüber Facebook und der Gemeinschaft.

472 Ebd., Zusätzliche Bestimmungen.

473 *Facebook,* Einen Nachlasskontakt auswählen, https://www.facebook.com/help/1506822589577997?ref=tos.

für den digitalen Nachlass relevanten Fragestellungen werden im Folgenden dargestellt.

(1) Erste Frage: „Was passiert nach meinem Tod mit meinem Facebook-Konto?" Öffnet der Nutzer das Antwort-Feld zu der ersten Frage, erfährt er, dass er entweder einen Nachlasskontakt festlegen kann, der sich um sein in den Gedenkzustand versetztes Konto kümmert oder bestimmen kann, dass sein Konto im Todesfall dauerhaft gelöscht wird. Wenn der Nutzer keine Löschung veranlasst hat, wird das Konto in den sogenannten Gedenkzustand versetzt, wenn Facebook über den Tod in Kenntnis gesetzt wird.[474]

Laut Facebook stellen „Konten im Gedenkzustand […] für Freunde und Familienmitglieder eine Möglichkeit dar, zusammenzukommen und Erinnerungen zu teilen, wenn eine Person verstorben ist."[475] Bei diesen Profilen wird vor dem Namen der Person „in Erinnerung" angezeigt, die von der Person geposteten Inhalte bleiben sichtbar, die Personen erscheinen aber nicht öffentlich in Anzeigen oder Geburtstagserinnerungen.[476] Der Gedenkzustand kann mithilfe eines vorgegebenen Formulars von jedermann beantragt werden, erforderlich ist dafür allerdings eine „Kopie oder [ein] Foto der Todesanzeige, Sterbeurkunde, Trauerkarte oder sonstiger Dokumente, die das Ableben der Person bestätigen."[477] Facebook schlägt vor, falls man kein enger Freund oder Familienmitglied des Verstorbenen war, zunächst die Familie zu kontaktieren, bevor der Gedenkzustand beantragt wird.

Facebook empfiehlt die Festlegung eines Nachlasskontaktes „dringend", damit das jeweilige Konto im Gedenkzustand verwaltet werden kann. Der Nachlasskontakt kann Freundschaftsanfragen für ein Konto im Gedenkzustand akzeptieren, einen Gedenkbeitrag im Profil fixieren und auch Profil- und Titelbild ändern. Falls es im Konto einen Bereich für Gedenkbeiträge gibt, obliegt es auch dem Nachlasskontakt zu entscheiden, wer Gedenkbeiträge posten und sehen kann.[478]

---

474 *Facebook,* Einen Nachlasskontakt auswählen, https://www.facebook.com/help/1506822589577997?ref=tos

475 *Facebook,* Info zu Konten im Gedenkzustand, https://de-de.facebook.com/help/mobile-touch/1017717331640041/1111566045566400.

476 *Facebook,* Was passiert nach meinem Tod mit meinem Facebook-Konto?, https://de-de.facebook.com/help/103897939701143?helpref=faq_content.

477 *Facebook,* Antrag auf Herstellung des Gedenkzustands, https://de-de.facebook.com/help/contact/651319028315841.

478 *Facebook,* Einen Nachlasskontakt auswählen, https://www.facebook.com/help/1506822589577997?ref=tos.

Verlinkt sind weitere Seiten, die dem Nutzer erklären, was Nachlasskontakte tun können und wie er einen Nachlasskontakt festlegen kann. Kann festgehalten werden, dass der Nachlasskontakt eine Art Verwaltungsposition innehat, aber eindeutig nicht in die Rechtsposition des verstorbenen Nutzers eintritt.

(2) Zweite Frage: „Wie kann ich meinen Facebook-Nachlasskontakt hinzufügen, ändern oder entfernen?"

Öffnet der Nutzer die Antworten der zweiten Frage, teilt Facebook ihm mit, dass der Nutzer den Nachlasskontakt jederzeit in seinen allgemeinen Einstellungen hinzufügen, ändern oder beschreiben kann. Folgend werden die Schritte zur Festlegung eines Nachlasskontaktes ausführlich erläutert.

Dazu kommt der Hinweis, dass der Nachlasskontakt benachrichtigt wird, falls das Konto in den Gedenkzustand versetzt wird. Daneben muss beachtet werden, dass der Nutzer mindestens achtzehn Jahre alt sein muss, um einen Nachlasskontakt bestimmen zu können.[479]

(3) Dritte Frage: „Kann ich eine Person, die kein Facebook-Freund ist, als Nachlasskontakt auswählen?"

Die kurze Antwort Facebooks auf diese Frage lautet: „Derzeit kannst du nur einen Facebook-Freund als Nachlasskontakt hinzufügen."[480]

Mithin ist die Vorsorgeoption, die Facebook bietet, also auf Facebook-Interne beschränkt.

(4) „Wie melde ich einen verstorbenen Nutzer oder ein Facebook-Konto, das in den Gedenkzustand versetzt werden muss?"

Unter dieser Frage wird der Nutzer informiert, dass sein Konto dann in den Gedenkzustand versetzt wird, wenn ein Familienmitglied oder enge Freunde des Verstorbenen Facebook informieren.

Daneben gibt es unter diesem Punkt die zusätzliche Information, dass die Anmeldedaten für das Konto einer verstorbenen Person demnach nie herausgegeben werden, da die Anmeldung beim Konto einer fremden Person immer einen Verstoß gegen die Meta-Richtlinien darstellen würde.[481]

479 *Facebook,* Einen Nachlasskontakt auswählen, https://www.facebook.com/help/1506822589577997?ref=tos.

480 Ebd.

481 *Facebook,* Wie melde ich einen verstorbenen Nutzer oder ein Facebook-Konto, das in den Gedenkzustand versetzt werden muss? –, https://www.facebook.com/help/150486848354038.

(5) „Wie fordere ich Inhalte des Facebook-Kontos eines verstorbenen Nutzers an?"

Laut Facebook bleiben die Inhalte, die eine Person geteilt hat, auch beim Versetzen in den Gedenkzustand erhalten und können von den Leuten, mit denen sie geteilt wurden, weiterhin gesehen werden. Ein etwaiger Nachlasskontakt kann zudem auswählen, wer Gedenkbeiträge veröffentlichen und sehen kann.

Ferner würde in seltensten Fällen Anfragen zu weiteren Kontoinformationen oder Inhalten stattgegeben. Der Antragsteller sei dabei verpflichtet, zu beweisen, dass er ein autorisierter Vertreter ist, wie beispielsweise ein Mitglied der Familie des Verstorbenen, und über eine gerichtliche Entscheidung verfüge. Der Antragsteller solle zudem beachten, dass das Senden der Anfrage oder auch das Ausfüllen der dazugehörigen Dokumentation nicht automatisch bedeute, dass die Konto-Inhalte des Verstorbenen auch zur Verfügung gestellt werden können. Zudem würde das Konto der Person bei entsprechender Anfrage in den Gedenkzustand versetzt werden.[482]

(6) „Wie beantrage ich die Entfernung des Facebook-Kontos eines verstorbenen Familienangehörigen?"

Erforderlich um die Löschung des Kontos zu erreichen, ist, dass der Antragsteller Unterlagen zur Verfügung stellt, die nachweisen, dass er ein direktes Familienmitglied oder der Nachlassverwalter des Kontoinhabers ist. Am schnellsten sollte dies gehen, wenn ein Foto oder Scan der Sterbeurkunde übermittelt wird. Falls diese nicht vorliegt, akzeptiert Facebook einen Berechtigungsausweis des Beantragenden in Gestalt einer Vollmacht, Geburtsurkunde, eines Testaments oder Nachlassbriefs. Für den Beweis des Ablebens der Person genügt die Todesanzeige oder eine Trauerkarte.[483]

(7) Zusammenfassung

Die Informationen zur Handhabung nach Versterben des Nutzers sind unübersichtlich gestaltet und durch viele Verlinkungen verbunden. Über die Nutzungsbedingungen gelangt der Nutzer durch einen Link zu den Informationen über den Nachlasskontakt, die mit weiteren Links den Gedenkzustand und die Löschung des Kontos erklären.

---

482 *Facebook,* Wie fordere ich Inhalte des Facebook-Kontos eines verstorbenen Nutzers an?, https://de-de.facebook.com/help/123355624495297/?helpref=related_articles.

483 *Facebook,* Wie beantrage ich die Entfernung des Facebook-Kontos eines verstorbenen Familienangehörigen?, https://www.facebook.com/help/1518259735093203.

Facebook lässt dabei eine begrenzte Art der Nachlassverwaltung zu, allerdings ohne einen Kontoübergang möglich zu machen. Weder ist in den Nutzungsbedingungen im Sinne der oben genannten BGH-Rechtsprechung die Rede von einer Zugangsmöglichkeit für den Erben, noch wird eine aktive Weiternutzung durch eine andere Person ermöglicht. Die aktuellen Facebook-Nutzungsbedingungen lassen nur die passive Weiternutzung durch den Nachlasskontakt zu, die allerdings grundsätzlich auch Zugriff auf die Daten des Verstorbenen erlaubt.

b) YouTube

Bei dem sozialen Netzwerk YouTube handelt es sich um eine Videoplattform, die 2005 gegründet wurde. Jeder Besucher der Website kann einen Großteil der Videos sehen, unabhängig von der Erstellung eines Nutzerkontos. Allerdings stehen registrierten und eingeloggten Usern mehr Funktionen zur Verfügung, sie können etwa eigene Videos hochladen oder fremde Videos kommentieren.[484] Die Inhalte auf YouTube zeichnen sich durch eine enorme Vielfältigkeit aus, so gibt es dort etwa Katzenvideos und Vorlesungsmitschnitte zu sehen, aber auch professionelle Musikvideos ebenso wie Amateurvideos.[485]

aa) Vertraulichkeit des Passwortes

In den Nutzungsbedingungen von YouTube findet sich die Klausel, dass man das Passwort für sein Google Konto zum Schutz dieses Kontos vertraulich behandeln soll.[486] Der Verweis auf das „Google-Konto“ und nicht das „YouTube-Konto“ erklärt sich dadurch, dass YouTube bereits 2006 von Google übernommen wurde[487], und schon für die bloße Anmeldung bei YouTube ein Google-Konto erforderlich ist.[488] Dies hat zur Folge, dass das YouTube-Konto von dem entsprechenden Google-Konto abhängig ist. Wird nämlich das Google-Konto

---

484 *Kärcher*, in: *Dannhäuser* (Hrsg.), Praxishandbuch Social Media Recruiting, Youtube, 399, S. 362.

485 Ebd., S. 362.

486 *Youtube,* Nutzungsbedingungen, https://www.youtube.com/static?template=terms, Ihre Nutzung des Dienstes.

487 *Kärcher*, in: *Dannhäuser* (Hrsg.), Praxishandbuch Social Media Recruiting, Youtube, 399, 362, S. 362.

488 *Youtube-Hilfe,* Konto auf YouTube erstellen, https://support.google.com/youtube/answer/161805?hl=de&ref_topic=9267674.

gelöscht, werden auch sämtliche YouTube-Daten des Nutzers gelöscht.[489] Für die Nutzung von YouTube und die Frage, was im Todesfall mit dem Account geschieht, ist also auf das Google-Konto des Nutzers abzustellen.

bb) Kontoinaktivität-Manager

Für Google gibt es den sogenannten Kontoinaktivität-Manager.[490] Dabei kann der Nutzer festlegen, dass Google nach einer bestimmten Zeit der Inaktivität eine vorher genannte Vertrauensperson benachrichtigt.[491] Die Funktion kann als „de facto ‚Online-Testament'" bezeichnet werden.[492] Der Nutzer kann dabei angeben, wie lange sein Konto bei seiner Inaktivität weiterlaufen darf. Inaktivität erkennt Google anhand mangelnder Anmeldungen oder mangelnder Nutzungen der Google-Apps.[493] Ist dieser Zeitraum abgelaufen, erhält der Kunde eine Kontrollnachricht auf eine von ihm zuvor angegebene Telefonnummer. Unterbleibt eine Reaktion, wird je nach Wunsch des Nutzers verfahren: Entweder wird das Konto gelöscht oder eine oder mehrere vorher festgelegte Personen werden benachrichtigt, zudem kann festgelegt werden, ob und wem Zugriff auf das Konto zu gewähren ist. Google braucht durch diese Festlegungen selbst keine Sterbenachweise anzufordern.[494]

cc) Versterben ohne Anweisungen bezüglich der Kontoverwaltung

Hat der Erblasser allerdings den Kontoinaktivität-Manager nicht genutzt, stellt sich auch bei Youtube und Google die Frage nach der Handhabung des Kontos. Bei der „Google-Konto-Hilfe" findet sich bereits die Information, dass „viele Personen sterben, ohne klare Anweisungen bezüglich der Verwaltung ihrer Online-Konten zu hinterlassen."[495] Passiert dies, könne Google das Konto „in einigen Fällen in Abstimmung mit nahen Familienangehörigen und -vertretern auflösen". „Unter bestimmten Umständen" könne auch der Zugriff auf die

---

489 *Youtube-Hilfe,* Dein Google-Konto für YouTube verwenden, https://support.google.com/youtube/answer/69961?hl=de.

490 *Google-Konto-Hilfe,* Kontoinaktivität, https://support.google.com/accounts/answer/3036546?hl=de.

491 *Gloser,* MittBayNot 2016, 101, 105.

492 *Funk,* Das Erbe im Netz, S. 35.

493 *Google-Konto-Hilfe,* Kontoinaktivität, https://support.google.com/accounts/answer/3036546?hl=de.

494 *Funk,* Das Erbe im Netz, S. 35.

495 *Google-Konto-Hilfe,* Anfrage, https://support.google.com/accounts/troubleshooter/6357590?hl=de.

Inhalte des Kontos gewährt werden. Da der Schutz der Daten der Nutzer die Verantwortung von Google sei, könnten weder Passwörter noch Anmeldedaten zur Verfügung gestellt werden. Stattdessen erfolge die Entscheidung, ob einer Anfrage bezüglich des Kontos eines verstorbenen Nutzers nachgegeben wird, nur nach sorgfältiger Prüfung.[496]

Möchte ein anderer Nutzer das Konto eines verstorbenen Nutzers schließen lassen, kann er das Antragsformular von Google ausfüllen. Erforderlich sind dafür die Angabe von Name und E-Mail der verstorbenen Person, vollständiger Name und E-Mail des Verwandten oder rechtlich Bevollmächtigten, Angabe zur Beziehung zum Verstorbenen sowie eine Ortsangabe und das Sterbedatum des Verstorbenen. Zudem sollen ein Scan des amtlichen Personalausweises oder Führerscheins und die Sterbeurkunde des Verstorbenen hochgeladen werden. Es besteht die Möglichkeit, zusätzliche Kommentare oder Anweisungen zu ergänzen.[497]

Die gleichen Angaben sind zu machen, wenn jemand auf die Daten des Kontos der verstorbenen Person zugreifen möchte.[498]

Ferner können die Beantragenden auswählen, für welchen Google Dienst sie die Löschung oder den Zugriff wollen, so kann bei beiden Optionen unter anderem YouTube ausgewählt werden.[499]

dd) Zusammenfassung

Hat der Erblasser nicht von der Möglichkeit des Kontoinaktivität-Managers Gebrauch gemacht, kann sich für die Erben bereits die Löschung, vor allem aber der Zugriff auf das Konto schwierig gestalten, da Google beide Optionen offensichtlich nicht als Regelfall ansieht, sondern nur vage von „einigen Fällen“ und „bestimmten Umständen“ spricht, in denen Löschung oder Zugriff möglich sein sollen. Rechtssicherheit bietet diese Lösung derzeit nicht.

Somit schafft Google die Möglichkeit zur Freigabe des Accounts, zumindest, wenn der Erblasser dies vorher festgelegt hat. Angaben zur Weiternutzung des Accounts finden sich allerdings auch hier keine.

---

496 *Google-Konto-Hilfe*, Anfrage, https://support.google.com/accounts/troubleshooter/6357 590?hl=de.

497 *Google-Konto-Hilfe,* Anfrage, https://support.google.com/accounts/troubleshoo ter/6357590?hl=de

498 *Google-Konto-Hilfe,* Anfrage, https://support.google.com/accounts/troubleshoo ter/6357590?hl=de.

499 Ebd.

c) Instagram

Bei Instagram handelt es sich um eine Video- und Fotocommunity, bei der der Fokus auf dem Bildmaterial liegt.[500] Die Plattform wurde 2010 in San Francisco gegründet, gehört aber mittlerweile zum Meta-Konzern (vormals Facebook).[501] [502] Instagram ist ein beliebter Kanal für Influencer-Marketing, dahingehend bietet die Plattform ein breites Themenspektrum. Das umfasst alles, was optisch attraktiv inszeniert werden kann, beispielsweise Reisen, Fashion oder Food.[503]

aa) Keine Übertragung des Kontos zu Lebzeiten

Zum digitalen Nachlass finden sich in den Nutzungsbedingungen selbst keine Informationen. Sie enthalten lediglich den Hinweis, dass keine Konten und keine von Instagram erhaltenen Daten verkauft, lizenziert oder gekauft werden dürfen. Dazu gehören sämtliche Versuche, irgendeinen Teil des Kontos (wie den Benutzernamen) zu kaufen, zu verkaufen oder zu übertragen.[504] Wieder ist dies allerdings keine Regelung für den Todesfall, sondern beschränkt die Übertragbarkeit zu Lebzeiten.

bb) Gedenkzustand

Ansonsten enthalten die Nutzungsbedingungen selbst keine Angaben zur Handhabung bei Versterben eines Nutzers. Lediglich der Hilfebereich der Plattform verrät, dass es möglich ist, das Konto eines Verstorbenen in den Gedenkzustand versetzen zu lassen oder, sofern man ein unmittelbares Familienmitglied des Verstorbenen war, die Löschung zu beantragen.[505] Für die Beantragung des Gedenkzustandes ist ein Todesnachweis erforderlich, für die Beantragung der Löschung zusätzlich ein Nachweis, dass die beantragende Person ein direkter Angehöriger des Verstorbenen war. Dies könne beispielsweise erfolgen durch die Geburtsurkunde der verstorbenen Person, die

---

500 *Faßmann/Moss,* Instagram, S. 13.

501 *Jahnke,* Influencer, S. 71.

502 Freigabe der Übernahme von Kustomer durch Meta (vormals Facebook), NZKart 2022, 422.

503 *Jahnke,* Influencer, S. 72.

504 *Instagram,* Nutzungsbedingungen, https://de-de.facebook.com/help/instagram/581066165581870, Deine Verpflichtungen.

505 *Instagram-Hilfebereich,* Wie melde ich ein Instagram-Konto, dessen Inhaber verstorben ist?, https://de-de.facebook.com/help/instagram/264154560391256.

Sterbeurkunde der verstorbenen Person oder einen rechtsgültigen Nachweis über die rechtmäßige Vertretung der verstorbenen Person.[506]

Der Gedenkzustand funktioniert wie bei Facebook, dies dürfte auch dem Umstand zuzuschreiben sein, dass beide zum gleichen Konzern gehören. Auffällig ist in dem Zusammenhang lediglich, dass sich das Konzept des Nachlasskontaktes bei Instagram nicht wiederfindet.

Weitere Angaben zur Handhabung beim Tod eines Nutzers sind nicht vorhanden, eine mögliche Herausgabe der Kontodaten oder sonstige Zugriffsmöglichkeiten für die Erben wird nicht erwähnt.

d) LinkedIn

LinkedIn stellt anders als die anderen hier genannten sozialen Netzwerke eine „berufliche Community" dar.[507] Laut der Informationen auf ihrer Website besteht auf der Plattform die Möglichkeit, Jobs oder Praktika zu finden, Unternehmen haben die Option, Stellenanzeigen zu schalten.[508] Demnach geht es hier also nicht vorwiegend um Unterhaltung und privates Vergnügen, dieses Netzwerk dient der beruflichen Vernetzung.

aa) Vertraulichkeit des Passwortes

Auch die Nutzungsbedingungen von LinkedIn sehen vor, dass das Passwort vertraulich behandelt werden muss, ferner darf der Nutzer keinen Teil seines Kontos an andere übertragen.[509] Ansonsten finden sich in den Nutzungsbedingungen keine Angaben dazu, was nach dem Tod eines Nutzers mit dessen Profil passieren soll.

bb) Entdeckung des Profils eines verstorbenen Nutzers

Im Hilfebereich der Plattform hingegen wird zumindest der Fall thematisiert, dass ein Nutzer ein Profil eines anderen, verstorbenen Nutzers entdeckt. Ist ein Nutzer berechtigt, im Namen der verstorbenen Person zu handeln, so kann er das Konto in den Gedenkzustand versetzen oder schließen lassen.[510]

---

506 Ebd.

507 *LinkedIn,* Einloggen oder Anmelden, https://www.linkedin.com/home.

508 Ebd.

509 *LinkedIn,* Nutzervereinbarung, https://de.linkedin.com/legal/user-agreement, 2. Pflichten.

510 *LinkedIn Hilfe,* Verstorbenes LinkedIn Mitglied, https://www.linkedin.com/help/linkedin/answer/6010/verstorbenes-linkedin-mitglied?lang=de.

Entdeckt ein Nutzer, der nicht im Namen des verstorbenen Mitglieds handeln darf, das Profil der toten Person, kann er die Person dennoch als verstorben melden. Dann wird das Konto nicht mehr als sichtbar angezeigt.[511]

Erforderlich für einer eine solche Anfrage sind der vollständige Name des verstorbenen Mitglieds, der Link zum Profil, Informationen zur Beziehung des Antragenden zum verstorbenen Mitglied und dessen Mailadresse, das Sterbedatum sowie ein Link zur Todesanzeige. Für das Versetzen in den Gedenkzustand oder für die Schließung des Kontos wird zudem eine Kopie der Sterbeurkunde und ein Dokument verlangt, welches belegt, dass der Antragende berechtigt ist, im Namen des Verstorbenen zu handeln. Das muss dann entweder ein Behördenschreiben, testamentarische Verfügungen, Vollständigkeitserklärungen oder andere gerichtliche Anordnung, die den Antragsteller zum bevollmächtigten Vertreter für den Nachlass des verstorbenen Mitglieds erklärt, sein.[512]

Auch bei LinkedIn gibt es wenig Informationen, die Möglichkeit des Todes eines Nutzers wird erst im Hilfebereich überhaupt thematisiert. Und auch hier ist die Löschung des Profils der zentrale Aspekt, weder wird eine Vererblichkeit des Profils thematisiert, noch die Weiternutzung des Kontos angesprochen.

e) Twitter

Bei Twitter handelt es sich um ein Microblogging-Netzwerk, welches eine Mischung aus sozialem Netzwerk und einer Short-Message-ähnlichen Kommunikationsplattform darstellt. Der Austausch bei Twitter findet fast ausschließlich öffentlich statt und unterliegt den besonderen Regeln dieser Plattform. Dazu gehört auch die Begrenzung der Zeichen pro Posting.[513]

In den Nutzungsbedingungen finden sich auch hier keine Angaben zum Versterben der Nutzer. Anders als bei den anderen Plattformen wird bei Twitter allerdings nicht die Weitergabe des Passwortes untersagt, stattdessen wird der Nutzer aufgefordert ein starkes Passwort zu wählen, weil er selbst für den Schutz seines Kontos zuständig sei.[514] Der Tod der Nutzer wird auch hier erst im Hilfe-Center der Plattform zum Thema. In diesem Fall kann entweder ein

---

511 Ebd.

512 *LinkedIn*, Verstorbenes Mitglied, https://www.linkedin.com/help/linkedin/answer/6010/verstorbenes-linkedin-mitglied?lang=de.

513 *Braehmer*, in: *Dannhäuser* (Hrsg.), Praxishandbuch Social Media Recruiting, Twitter, 283, S. 342.

514 *Twitter*, Allgemeine Geschäftsbedingungen, https://twitter.com/de/tos, Ihr Account.

nachweislich unmittelbares Familienmitglied oder eine Person, die entsprechend den Nachlassbestimmungen bevollmächtigt ist, Kontakt zu Twitter aufnehmen, damit das Profil deaktiviert wird.[515] Beantragt jemand die Löschung eines Accounts einer verstorbenen Person, so erhält sie anschließend von Twitter eine E-Mail mit einer Anleitung zum weiteren Vorgehen, einschließlich des Bereitstellens weiterer Informationen wie eine Kopie der Sterbeurkunde der Person und eine Kopie des Personalausweises. Hinzu kommt der Hinweis, dass Twitter an niemanden die Login-Daten einer Person herausgibt, unabhängig davon, ob sie verstorben ist.[516]

Folglich verwehrt auch Twitter den Erben den Zugriff auf den Account, lediglich die Deaktivierung des Accounts des Erblassers ist möglich.

2. *Überprüfung der Nutzungsbedingungen*

a) *Vorliegen von AGB und Einbeziehung*

Damit die Vorschriften zur AGB-Kontrolle anwendbar sind, ist Voraussetzung, dass überhaupt allgemeine Geschäftsbedingungen vorliegen, die wirksam einbezogen wurden.

aa) *Vorliegen von AGB*

Die Nutzungsbedingungen der Social Media Plattformen sind allgemeine Geschäftsbedingungen im Sinne des § 305 Abs. 1 BGB.

Die Norm enthält die Legaldefinition allgemeiner Geschäftsbedingungen: Demnach sind diese alle für eine Vielzahl von Verträgen vorformulierten Vertragsbedingungen, die eine Vertragspartei der anderen bei Abschluss eines Vertrages stellt. Abzugrenzen sind die allgemeinen Geschäftsbedingungen vom Individualvertrag, bei dem die Vertragsbedingungen zwischen den Parteien ausgehandelt werden, § 305 Abs. 1 S. 3 BGB.

Die Nutzungsbedingungen der Plattformen werden einseitig von den Plattformbetreibern gestellt und nicht individuell ausgehandelt. Gleiches gilt für die Angaben im Hilfebereich der Plattformen. Der Verbraucher kann üblicherweise keinerlei Einfluss auf diese Bedingungen nehmen, sodass er entweder

---

515 *Twitter,* Über einen Account eines Familienmitglieds informieren, https://help.twitter.com/de/rules-and-policies/contact-twitter-about-a-deceased-family-members-account.

516 Ebd.

Mitglied des konkreten Netzwerks zu den Bedingungen des Betreibers wird oder sich ein alternatives Angebot suchen muss.[517]

bb) Wirksame Einbeziehung in den Vertrag

Hingegen ist die Antwort auf die Frage nach der wirksamen Einbeziehung der Informationen komplexer. Gemäß § 305 Abs. 2 BGB werden die Vertragsbedingungen nur dann auch Vertragsbestandteil, wenn der Verwender die andere Partei ausdrücklich darauf hinweist und der anderen Vertragspartei die Möglichkeit zur Kenntnisnahme verschafft. Dabei genügt die bloße Möglichkeit der Kenntnisnahme, der Kunde muss die AGB nicht tatsächlich gelesen haben.[518]

Zudem müssen die AGB in einer für den Kunden verständlichen Sprache verfasst sein.[519] Bei Vertragsabschlüssen im Internet genügt es, wenn die AGB in der gleichen Sprache wie der Rest des Angebots verfasst sind, da solcherlei Angebote im Internet weltweit verfügbar sind und es dem Anbieter nicht zuzumuten ist, AGB in sämtlichen Sprachen bereitzuhalten.[520]

Auch der Umfang der AGB darf für eine wirksame Einbeziehung nicht zu umfassend sein, da es dem Verbraucher bei allzu umfangreichen Bestimmungen nicht zuzumuten ist, die richtige Passage zu finden. Auch bei Online-Verträgen dürfte dem Vertragspartner kein umfangreicheres Klauselwerk zuzumuten sein.[521]

(1) Nutzungsbedingungen

Die Nutzungsbedingungen der Plattformen sind vorformuliert und gelten für jeden einzelnen Nutzungsvertrag mit jedem einzelnen Nutzer. Bei der Anmeldung bei einem sozialen Netzwerk muss der Verbraucher in der Regel die Nutzungsbedingungen bestätigen, damit sie Wirkung im Rechtsverhältnis entfalten.[522] Somit weisen die Plattformbetreiber als Verwender der AGB ausdrücklich darauf hin.

Alle Nutzungsbedingungen, denen der potenzielle Nutzer bei Registrierung bei den oben genannten Netzwerken zustimmt, sind als AGB zu qualifizieren. Diese sind in verständlicher und (für deutsche Nutzer) in deutscher Sprache

---

517 *Kubis et al.*, Der digitale Nachlass, S. 116.
518 *Becker*, in: BeckOK BGB, § 305 Rn. 56.
519 *Fornasier*, in: MüKo-BGB, § 305 Rn. 79.
520 *Schuster*, in: Spindler/Schuster, Recht der elektronischen Medien, § 305 Rn. 29.
521 *Mäsch*, in: Staudinger, § 305 Rn. 154.
522 *Kubis et al.*, Der digitale Nachlass, S. 116.

verfasst, der Umfang ist überschaubar und der Nutzer hat die Möglichkeit zur Kenntnisnahme.

(2) Angaben im Hilfebereich
Anders sieht es bei den Angaben im Hilfebereich aus, die grundsätzlich schon nicht Vertragsbestandteil geworden sind, da auf sie bei Vertragsschluss meist nicht besonders verwiesen wurde.[523] Auszuschließen ist die wirksame Einbeziehung schon aufgrund dessen, dass neben den als „Nutzungsbedingungen" bezeichneten AGB weitere Regelungen vom Plattformbetreiber verwendet werden, aber diese nicht einmal als solche bezeichnet werden.[524] Ein Nutzer kann folglich kaum erkennen, wo Nutzungsbedingungen vorliegen und wo nicht.[525] Für die wirksame Einbeziehung wäre ein ausdrücklicher Hinweis erforderlich.[526]

Die Folge der Nichteinbeziehung ist, dass allein das (dispositive) Gesetzesrecht gilt.[527]

Faktisch bedeutet das, dass die Netzwerke zwar den digitalen Nachlass so behandeln, wie es in ihren Hilfe-Bereichen beschrieben ist, diese Regelungen aber keine rechtliche Wirkung entfalten.

(3) Sonderproblem: Der Nachlasskontakt bei Facebook
Bei vier der untersuchten Plattformen (Instagram, Youtube, LinkedIn und Twitter) sind die Nutzungsbedingungen und die Angaben im Hilfebereich strikt getrennt, sodass eine Zuordnung leicht möglich ist.

Anders bei Facebook, da dort die Informationen zum Nachlasskontakt sowohl in den Nutzungsbedingungen als auch im Hilfebereich zu finden sind.

Nach der aktuellen Regelung in den Nutzungsbedingungen kann der Nutzer einen Nachlasskontakt bestimmen, allerdings kann auch nur dieser oder eine durch Testament oder ähnliche Dokumente zur Offenlegung legitimierte Person die Offenlegung des Accounts beantragen.[528] Durch einen Link bei „Offenlegung" gelangt der Nutzer auf den Hilfebereich zum Thema: Einen Nachlasskontakt auswählen und zu den weiteren Informationen

523 *BGHZ* 219, 243, Rn. 27, Digitaler Nachlass.
524 *Herzog/Pruns*, digitale, § 5 Rn. 19.
525 Ebd.
526 *Fornasier*, in: MüKo-BGB, § 305 Rn. 66.
527 *Herzog/Pruns*, digitale, § 5 Rn. 20.
528 *Facebook*, Nutzungsbedingungen, https://de-de.facebook.com/terms, Zusätzliche Bestimmungen.

diesbezüglich.[529] Die folgenden Informationen gliedern sich selbst wieder in verschiedene Fragen auf, sodass der Nutzer über weitere Links sämtliche von Facebook zur Verfügung gestellten Informationen zum Nachlasskontakt (und zum Gedenkzustand) nach und nach zur Kenntnis nehmen kann.

Fraglich ist, ob diese Verlinkung der Einbeziehung nach § 305 BGB genügen kann.

Dafür spricht, dass Facebook aus Gründen der Übersichtlichkeit nicht alle Hinweise für den Nutzer direkt in den Nutzungsbedingungen unterbringen kann und die Verlinkung für den aufmerksamen Leser der AGB insofern ausdrücklich ist, als dass die Angaben zum Nachlasskontakt ergänzt werden. Das Erfordernis der Ausdrücklichkeit ist nach der Rechtsprechung allerdings nur dann erfüllt, wenn der Hinweis unmissverständlich und für den Vertragspartner klar erkennbar geäußert wurde.[530] Eine solche Unmissverständlichkeit liegt bei Facebook nicht vor, da schon nach dem äußeren Erscheinungsbild der Verlinkung diese weiteren Informationen zum Nachlasskontakt außerhalb der Nutzungsbedingungen stehen. Insofern ist für den Vertragspartner unklar, ob es sich um ergänzende Informationen oder Vertragsbestandteile handelt. Ferner ist es dem Nutzer kaum zuzumuten ist, sämtliche dieser Hilfebereich-Seiten, welche teilweise nur durch Querverweise durch weitere Hilfe-Seiten aufrufbar sind, aufzurufen.[531] Ferner ist auch nicht feststellbar, ab welchem Grad der Verlinkung noch Nutzungsbedingungen anzunehmen sein sollen und wann nicht.

Insofern scheitert eine wirksame Einbeziehung an der Unübersichtlichkeit der bereitgestellten Informationen. Somit bleibt es dabei, dass nur die tatsächlichen Nutzungsbedingungen als AGB zu qualifizieren sind.

b) Überraschende Klausel, § 305c Abs. 1 BGB

§ 305c Abs. 1 BGB regelt, dass Bestimmungen in Allgemeinen Geschäftsbedingungen, die nach den Umständen so ungewöhnlich sind, dass der Vertragspartner des Verwenders nicht mit ihnen rechnen braucht, nicht Vertragsbestandteil werden. Solch eine überraschende Klausel ist dann anzunehmen, wenn zwischen ihrem Inhalt und den Erwartungen des Vertragspartners ein starker Kontrast besteht, erforderlich ist ein Überrumplungseffekt der Klausel.[532]

529 *Facebook,* Einen Nachlasskontakt auswählen, https://www.facebook.com/help/1506822589577997?ref=tos.

530 *BGH 8. Zivilsenat*, BGH 1986, 293, 22 ff.

531 *Willems*, ZfPW 2016, 494, 505.

532 *Fornasier*, in: MüKo-BGB, § 305c Rn. 12.

Von keiner der bisher genannten Klauseln in Bezug auf den Account nach Versterben des Nutzers geht ein solcher Überrumplungseffekt aus. Weder die nicht gestattete Weitergabe des Passwortes noch die Klausel zum Nachlasskontakt bei Facebook stehen so konträr zu den Erwartungen der Nutzer, dass es für die Annahme einer überraschenden Klausel genügt.

c) Inhaltskontrolle, §§ 307–309 BGB

Da keine der spezielleren Klauseln der §§ 308–309 BGB einschlägig ist,[533] richtet sich die Wirksamkeit der AGB bezüglich des digitalen Nachlasses nach § 307 Abs. 1 BGB, wonach eine Klausel unwirksam ist, wenn sie den Vertragspartner entgegen den Geboten von Treu und Glauben unangemessen benachteiligt. Nach § 307 Abs. 2 BGB ist eine solche unangemessene Benachteiligung im Zweifel anzunehmen, wenn sie mit wesentlichen Grundgedanken der gesetzlichen Regelung, von der abgewichen wird, nicht zu vereinbaren ist oder aber wesentliche Rechte und Pflichten, die sich aus der Natur des Vertrags ergeben, so einschränkt, dass die Erreichung des Vertragszweckes gefährdet ist. Vorliegend ist bei Regelungen zur Vererbbarkeit der Accounts insbesondere zu überprüfen, ob eine Abweichung von § 1922 BGB mit dem Grundgedanken der Norm, also der Universalsukzession, vereinbar ist.

Folgend werden die einzelnen Klauseln der Netzwerke inhaltlich zusammengefasst und analysiert.

aa) Untersagung der Weitergabe des Passwortes

Dass die Weitergabe des Passwortes oder die Übertragung des Kontos untersagt ist, wie es die untersuchten Plattformen anordnen, dürfte erbrechtlich nicht zu beanstanden sein. Solche Regelungen beziehen sich nur auf das Verhalten der Nutzer zu Lebzeiten, nicht aber auf den Todesfall und betreffen folglich nicht die Vererblichkeit.[534] Zudem gelten die Erben auch nicht als „Dritte“, denen der Zugang nicht verschafft werden dürfte.[535] Diese am weitesten verbreitete Klausel ist also wirksam zu beurteilen.

533 Zur Prüfung und Ablehnung von § 308 Nr. 3 BGB siehe *Muer*, Vererblichkeit, 215 ff.

534 *Herzog/Pruns*, digitale, § 5 Rn. 13.

535 Ebd.

bb) Gedenkzustand

Der BGH hat bereits festgestellt, dass die Regelungen zum Gedenkzustand nicht Bestandteil des Nutzungsvertrags geworden sind, da sie nicht Teil der Nutzungsvereinbarungen waren und nur im Hilfebereich der Plattform auftauchten.[536] Allerdings führte der BGH weiter aus, dass sie, ungeachtet dessen, einer Inhaltskontrolle ohnehin nicht standhalten würden.[537] Einzuordnen seien sie als nachträgliche Änderung des bestehenden Leistungsumfangs.[538] Die Unwirksamkeit nach § 307 Abs. 1, Abs. 2 BGB ergibt sich daraus, dass die Vererbbarkeit des Nutzungsverhältnisses ausgehöhlt werde, indem den Erben nach Mitteilung eines Dritten über den Tod des Erblassers der Zugang zum Konto verwehrt werde, sodass sie ihren Hauptleistungsanspruch verlieren. Dies widerspreche dem Grundgedanken des § 1922 BGB, wonach Schuldverhältnisse mit sämtlichen Rechten und Pflichten auf die Erben übergehen.[539]

Zudem liege ein Verstoß gegen § 307 Abs. 2 Nr. 2 BGB vor, da durch das Versetzen in den Gedenkzustand die zentralen Rechte aus dem Vertragsverhältnis, nämlich die Zugangsverschaffung zum Konto, entfallen, wodurch das Erreichen des Vertragszwecks unmöglich werde.[540]

Selbst wenn Facebook und Instagram ihre Nutzungsbedingungen also dahingehend ändern sollten, dass die Regelungen zum Gedenkzustand Vertragsbestandteil werden, ist noch immer von einer Unwirksamkeit dieser auszugehen.

cc) Nachlasskontakt Facebook

Des Weiteren gibt es bei Facebook aber noch die Option, einen Nachlasskontakt einzurichten. Neben der festgestellten mangelnden Einbeziehung gibt es auch Zweifel an der inhaltlichen Gültigkeit der Regelungen. Selbst wenn Facebook sich also dazu entscheidet, die Informationen zum Nachlasskontakt gänzlich in die Nutzungsbedingungen aufzunehmen und so wirksam einzubeziehen, bedeutet das noch nicht, dass diese AGB dann auch wirksam sind. Diesbezüglich ist im Rahmen von § 307 Abs. 2 Nr. 1 BGB zu prüfen, ob der Grundgedanke des § 1922 BGB gewahrt wird.

---

536 *BGHZ* 219, 243, Rn. 27, Digitaler Nachlass.
537 *BGHZ* 219, 243, Rn. 28, Digitaler Nachlass.
538 *BGHZ* 219, 243, Rn. 29, Digitaler Nachlass.
539 *BGHZ* 219, 243, Rn. 30, Digitaler Nachlass.
540 *BGHZ* 219, 243, Rn. 31, Digitaler Nachlass.

Problematisch bei der Klausel in den Nutzungsbedingungen ist zunächst, dass die von Facebook zugestandene Möglichkeit, genau einen Nachlasskontakt festzulegen, nicht die bestehenden erbrechtlichen Wahlmöglichkeiten des Erblassers abbildet.[541] Erbrechtlich wäre es möglich, mehrere Erben festzulegen, Facebook versagt dem Erblasser diese Option. Daneben wird dem Nutzer auch die Möglichkeit genommen, eine Facebook-externe Person als Nachlasskontakt zu bestimmen. Zudem hat laut dieser Klausel nur der Nachlasskontakt oder eine durch Testament oder ähnliche Dokumente eindeutig legitimierte Person die Möglichkeit zur Offenlegung des Accounts. Dies schließt faktisch die Befugnisse gesetzlicher Erben aus und ist insbesondere dann problematisch, wenn der Erblasser sich vor seinem Tod keinerlei Gedanken um die Handhabung seines Kontos gemacht hat und weder einen Nachlasskontakt festgelegt noch besondere Regelungen zum Account in seinem Testament getroffen hat.

Daneben schließt die Möglichkeit des Nachlasskontaktes die Befugnisse der Erben auf den Zugriff zu den Inhalten des Kontos aus, wie sich aus den verlinkten Informationen aus dem Hilfebereich ergibt. So besteht keine Möglichkeit für den Erblasser, den gesamten Account zu vererben. Entscheidet er sich gegen einen Nachlasskontakt, verbleibt als weitere Option nur die Löschung des Accounts im Todesfall. Eine Vererbung durch Testament oder Erbfolge mit allen Rechten und Pflichten im Sinne des § 1922 Abs. 1 BGB wird durch diese Regelungen faktisch ausgeschlossen.

Nach den Regelungen von Facebook können auch nur Familienangehörige, die über eine gerichtliche Entscheidung verfügen, in „seltensten Fällen" weitere Kontoinformationen oder Inhalte erhalten, auch wenn nicht allen Anfragen stattgegeben wird. Neben der mangelnden Transparenz der Regelung ist insbesondere der erneute Ausschluss der Erben zu beachten, da diese nicht einmal die Anfrage stellen dürften, wenn sie nicht zugleich auch Familienangehörige sind.

Somit ist selbst bei Annahme der wirksamen Einbeziehung dieser ergänzenden Informationen die rechtliche Gültigkeit kaum anzunehmen. Rechtsfolge in beiden Fällen, also sowohl bei der Unwirksamkeit aufgrund von § 307 BGB als auch bei der Nicht-Einbeziehung der Klausel ist, dass die Klausel unwirksam ist und keine Rechtswirkung gegenüber dem Nutzer entfaltet.

Mithin ist die Klausel, die den Nachlasskontakt in der aktuellen Form regelt, ungültig und es gilt das dispositive Gesetzesrecht, also insbesondere § 1922 BGB.

---

541 *Kubis et al.*, Der digitale Nachlass, S. 152.

dd) Mindestalter zur Festlegung eines Nachlasskontakts

Selbst wenn Facebook den Nachlasskontakt anders ausgestalten würde, sodass er einer Inhaltskontrolle standhielte, bleibt zu beachten, dass Facebook dafür eine Altersbeschränkung vorsieht: Ein Nutzer muss mindestens achtzehn Jahre alt sein, um einen Nachlasskontakt festlegen zu können.

Problematisch an dieser Altersbeschränkung kann sein, dass Minderjährige vollends von den Vorsorgemöglichkeiten ihres Facebook-Accounts ausgeschlossen werden. Fraglich ist insofern, ob die Klausel der Inhaltskontrolle standhält, dafür dürfte keine Aushöhlung des deutschen Erbrechts vorliegen.

Diesbezüglich ist in § 2229 Abs. 1 BGB geregelt, dass Minderjährige erst mit Vollendung des 16. Lebensjahres überhaupt ein Testament errichten dürfen. Aber auch ältere Minderjährige sind nicht frei in der Gestaltung ihrer letztwilligen Verfügung. So können sie gemäß § 2247 Abs. 4 BGB kein eigenhändiges Testament errichten, sondern nach § 2233 Abs. 1 BGB ein Testament nur durch Erklärung gegenüber dem Notar oder durch Übergabe einer offenen Schrift errichten. Faktisch schränkt das Gesetz selbst die Vorsorgeoptionen für den Minderjährigen stark ein.

Dennoch gibt es bei Facebook gar keine Optionen zur Vorsorge für Minderjährige, auch mit Zustimmung der gesetzlichen Vertreter können die keinen Nachlasskontakt bestimmen. Die einzige Vorsorge für den Todesfall, die Facebook zulässt, bleibt Minderjährigen folglich verwehrt.

Dies geht allerding mit dem Zweck des § 2233 BGB einher. Demnach soll der Minderjährige nämlich gezwungen werden, nur geschützt durch die Beratung durch einen Notar letztwillig zu verfügen. Erreicht werden soll dadurch ein Schutz vor übereilten Entscheidungen.[542] Zwar hat die Festlegung eines Nachlasskontaktes weniger weitreichende Konsequenzen als die Errichtung eines Testaments, dennoch ist die Hemmschwelle für ein paar Klicks in den sozialen Medien wohl deutlich geringer als die Hemmschwelle zur Testamentserrichtung. Mithin ist bei sozialen Netzwerken der Schutzbedarf vor übereilten Entscheidungen größer, sodass insbesondere unter dem Gesichtspunkt des Minderjährigenschutzes keine unangemessene Benachteiligung anzunehmen ist.

Mithin ist die Altersbeschränkung des Nachlasskontaktes inhaltlich nicht zu beanstanden.

---

542 *Sticherling*, in: MüKo-BGB, § 2233 Rn. 1.

ee) Kontoinaktivität-Manager

Auch der Kontoinaktivität-Manager von Google findet sich nur bei der Google-Konto-Hilfe-Seite[543] und ist damit ebenfalls nicht wirksam in den Vertrag zwischen dem Plattformbetreiber und dem Nutzer einbezogen worden.

Ungeachtet der wirksamen Einbeziehung ist aber von einer Wirksamkeit der Regelungen auszugehen, da § 1922 Abs. 1 BGB dadurch nicht ausgehöhlt wird. Stattdessen stellt der Kontoinaktivität-Manager ein Werkzeug dar, mit dessen Hilfe der Erblasser von seiner Gestaltungs- und Verfügungsbefugnis Gebrauch machen kann. Dem Nutzer wird hierdurch die Möglichkeit gegeben, festzulegen, ob das Konto nach längerer Inaktivität und damit dem mutmaßlichen Tod, gelöscht werden sollte oder ob und welche Personen benachrichtigt werden. Die Optionen des Erblassers werden hierdurch jedoch nur erweitert, sodass eine unangemessene Benachteiligung fern liegt. Auch der Zugriff zum Konto durch die vorher bestimmten Personen ist möglich, sodass der Zugang zum Konto nicht unangemessen beschränkt wird. Hier kann der Nutzer, der von dem Kontoinaktivität-Manager Gebrauch macht, seine Erben selbst auch digital einsetzen.

Damit ist die Klausel betreffend den Kontoinaktivität-Manager als wirksam einzuordnen, da sie den Nutzer nicht unangemessen benachteiligt.

ff) Anfrageklausel von Google

Die Klausel von Google zur Sendung einer Anfrage bezüglich des Kontos eines verstorbenen Nutzers findet sich ebenfalls nicht in den Nutzungsbedingungen, so ist auch hier die mangelnde Einbeziehung ein Hindernis zur rechtlichen Wirksamkeit.

Daneben käme aber auf inhaltlicher Ebene ein Verstoß gegen das Transparenzgebot in Betracht. Nach § 307 Abs. 1 S. 2 BGB kann sich eine unangemessene Benachteiligung auch daraus ergeben, dass eine Klausel nicht klar und verständlich ist.

Bezüglich des Transparenzgebotes gilt zu beachten, dass es nur eine spezifische Form der unangemessenen Benachteiligung darstellt, nicht hingegen das Leitkriterium des Abs. 1 ersetzt.[544] Die Intransparenz als solche kann den

543 Andere Ansicht mit der Prämisse, dass Google den „im Rahmen seiner Nutzungsbedingungen vorsieht“: *Kunz*, in: Staudinger, § 1922 Rn. 637.

544 *Wendland*, in: Staudinger, § 307 Rn. 174.

Kunden grundsätzlich sachlich benachteiligen,[545] allerdings sind Klauseln, die zwar unklar sind, aber die Stellung des Kunden gegenüber dem dispositiven Gesetz verbessern, nicht nach § 307 BGB ungültig. Entscheidend ist mithin, dass fehlende Verständlichkeit und Klarheit auch zu einer unangemessenen Benachteiligung des Kunden führt.[546]

Zu beachten ist insbesondere das Bestimmtheitsgebot als Teil des Transparenzgebots, wonach tatbestandliche Voraussetzungen und Rechtsfolgen so beschrieben werden müssen, dass dem Verwender keine ungerechtfertigten Beurteilungsspielräume zustehen.[547] Intransparent ist es etwa, wenn der Verwender sich durch die Klausel ein praktisch schrankenloses Ermessen einräumt, sodass der Kunde unsicher über seine Rechte ist und dieses Problem auch nicht durch Einholung fachmännischen Rates beseitigen kann.[548]

Der Wortlaut der konkreten Klausel von Google ist in vielen Punkten nicht eindeutig, so könne Google das Konto eines verstorbenen Nutzers „in einigen Fällen" auflösen, „unter bestimmten Umständen" könne auch Zugriff auf das Konto gewährt werden. Die Entscheidung über diese Vorgänge erfolge nur „nach einer sorgfältigen Prüfung." Unklar bleibt sowohl, was für Fälle zur Auflösung des Kontos führen, als auch, welche Umstände zum Zugriff auf das Konto führen; auch der Hinweis auf die „sorgfältige Prüfung" wird nicht deutlicher. Google räumt sich Ermessen ein, ohne klare Bedingungen für die Entscheidung mitzuteilen. Zwar betreffen die Konsequenzen der Klausel den Vertragspartner und Kunden nicht unmittelbar, da er dies aufgrund seines Versterbens nicht mehr miterlebt, dennoch ist bereits für ihn intransparent, unter welchen Bedingungen die Familienangehörigen oder Vertreter die Auflösung des Kontos oder den Zugriff darauf erreichen können.

Dass dem Problem ein Instrument in Form des Kontoinaktivität-Managers Abhilfe verschaffen kann, ändert nichts an der Intransparenz der konkreten

---

545 *Armbrüster,* DNotZ 2004, 437, 440; *Artz,* JuS 2002, 528, 529; Westermann, in: *Baur/Hopt/Mailänder,* FS Steindorff, 817, 830; *Köndgen,* NJW 1989, 943, 950; *Wendland,* in: Staudinger, § 307 Rn. 174.

546 *Graf v.Westphalen,* NJW 2002, 12, 17.

547 *BGHZ 165, 12–28,* Rn. 23, Allgemeine Geschäftsbedingungen; Urt. v. 29.04.2015 – VIII ZR 104/14 (erhältlich in NJW 2015, 2244–2246 (Leitsatz und Gründe)), Rn. 16; *BGH 3. Zivilsenat,* Urt. v. 19.05.2016 – III ZR 274/15 (erhältlich in NJW-RR 2016, 842–846), Rn. 26.

548 *BGH 12. Zivilsenat,* Urt. v. 06.04.2005 – XII ZR 158/01 (erhältlich in NJW-RR 2006, 84–86), Rn. 27 ff.; *BGH 9. Zivilsenat,* Urt. v. 16.01.2020 – IX ZR 351/18 (erhältlich in NSW BGB § 307 Bl).

Klausel. Somit ist eine unangemessene Benachteiligung nach § 307 Abs. 1 S. 2 BGB anzunehmen, da die Bestimmung von Google gegen das Transparenzgebot verstößt.

Auch liegt in dieser Klausel wieder eine Benachteiligung der Erben vor, sodass auch eine Aushöhlung des § 1922 Abs. 1 BGB angenommen werden kann.

gg) Legitimationsklauseln

Die Handhabung zur Legitimation derjenigen Personen, die die Löschung, das Versetzen in den Gedenkzustand oder sogar den Zugriff auf die Daten beantragen, wird auch nur in den Hilfebereichen der jeweiligen Plattformen geregelt.

Neben der mangelnden Einbeziehung in den Vertrag erscheint auch die inhaltliche Angemessenheit der Klauseln zumindest fraglich.

Für die Löschung des Profils werden von den Plattformen verschiedene Nachweise gefordert. Facebook verlangt entweder ein Foto oder einen Scan der Sterbeurkunde; falls diese nicht vorliegt, genügen auch ein Berechtigungsnachweis und ein Nachweis, aus dem das Ableben der Person hervorgeht, wie etwa eine Todesanzeige oder Trauerkarte. Für das Beantragen des Gedenkzustandes hingegen ist nur ein Nachweis über den Tod der Person erforderlich, etwa in Form der Sterbeurkunde oder der Traueranzeige.[549] Und auch bei den anderen Plattformen sind in meist die Sterbeurkunde sowie ggf. Angaben zur Beziehung zum Verstorbenen oder einen Nachweis über die Berechtigung der beantragenden Person erforderlich.

Allen Plattformen gemein ist, dass nicht auf die Erben abgestellt wird, sondern auf die Familienangehörigen oder auf sogenannte „Berechtigte“. Dies hat auch zur Folge, dass nicht etwa ein Erbschein zur Legitimation vorgelegt werden muss, sondern die oben genannten Dokumente.

Diese Klauseln, die nur auf Familienangehörige und nicht auf Erben abstellen, sind als rechtswidrig einzuordnen.[550] Weder Traueranzeigen noch Sterbeurkunden beweisen die Erbenstellung,[551] die Plattformbetreiber sorgen dafür, dass nicht sichergestellt wird, dass der Erbe die Entscheidungshoheit über den

549 *Facebook,* Wie beantrage ich die Entfernung des Facebook-Kontos eines verstorbenen Familienangehörigen?, https://www.facebook.com/help/1518259735093203.

550 *Herzog,* NJW 2013, 3745, 3751; *Herzog/Pruns,* digitale, § 6 Rn. 10; *Kutscher,* Der digitale Nachlass; *S. Gloser,* MittBayNot 2016, 12, 18–19; a.A. *Seidler,* Digitaler Nachlass, S. 149; als „kulant“ einordnend: *Dopatka,* NJW-aktuell 49/2010, 14; als „rechtliche Grauzone“ einordnend: *Hoeren,* NJW 2005, 2113.

551 *Seidler,* Digitaler Nachlass, S. 149.

Account erhält.[552] Die Anbieter müssten aber wenigstens aufgrund eines Erbscheins, Europäischen Nachlasszeugnisses oder eines öffentlichen Testaments davon ausgehen dürfen, dass es sich bei denjenigen, die die Löschung oder den Zugriff zum Konto beantragen, um die Erben handelt.[553]

Auch im Gesetz gibt es zwar keine Regel, wonach der Nachlassschuldner seine Leistung nur dem Erben gegenüber erbringen darf, wenn dessen Stellung durch Erbschein nachgewiesen wird,[554] aber der Provider, der auf Traueranzeigen oder Sterbeurkunden vertraut, die keinen tauglichen Nachweis über die Erbfolge liefern, nimmt billigend in Kauf, seine vertraglichen Pflichten gegenüber dem wahren Erben zu verletzen. Wenn der Provider unbefugten Dritten Zugang zu den Daten verschaffen würde, entzieht er dem Erben unzulässig den Zugriff auf Account und Inhalte.[555] Dadurch gefährdet der Provider sowohl Leistungserfolg als auch Vertragszweck, woraus sich ein Verstoß gegen die Leistungstreuepflichten ergibt. Das gilt auch, wenn der Account aufgrund solcher Nachweise gelöscht wird und dem Erben so der Zugriff entzogen wird. Eine unangemessene Benachteiligung gemäß § 307 Abs. 1 und 2 Nr. 1 BGB der Nutzer und ihrer Erben, die nach dem Tod des Erblassers selbst die Nutzer sind, liegt in solchen Fällen also vor.[556]

In der analogen Welt wäre es ebenfalls kaum denkbar, dass Vertragspartner, beispielsweise Banken, selbst in ihren AGB beschließen würde, dass Rechtspositionen nur durch die Familienangehörigen geltend gemacht werden dürften. Die rechtliche Trennung von Erben und Familienangehörigen, die zwar oft, aber nicht immer identisch sind, würde damit aufgehoben und der Wille des Erblassers ignoriert, sodass auch seine letztwillige Verfügung zumindest bezogen auf diese konkreten Accounts nicht zählen würde.

Mithin sind die Klauseln solange als unwirksam zu werten, wie nicht auf die Erben abgestellt wird.

---

552 *Herzog*, NJW 2013, 3745, 3751; so auch: *Kutscher*, Der digitale Nachlass, S. 125; Redeker, in: *Deutscher Anwaltsverein*, Stellungnahme zum digitalen Nachlass, S. 63.

553 *Herzog/Pruns*, digitale, § 6 Rn. 10.

554 *Seidler*, Digitaler Nachlass, S. 149.

555 *Herzog/Pruns*, digitale, § 6 Rn. 10; *LG Berlin 20. Zivilkammer*, Urt. v. 17.12.2015 – 20 O 172/15 (erhältlich in MDR 2016, 165).

556 *Herzog/Pruns*, digitale, § 6 Rn. 10.

hh) Zusammenfassung

Auffällig ist, dass die Nutzungsbedingungen zu einem großen Teil zum Versterben der Nutzer schweigen. Dies ist insofern bemerkenswert, als dass es bei diesem Thema nicht um eine Eventualität geht: Jeder der zahlreichen Social Media Nutzer wird eines Tages versterben, sein Profil hingegen wird zurückbleiben, sofern er es nicht zuvor gelöscht hat. Die Angaben in den Hilfebereichen der jeweiligen Plattformen thematisieren das Problem zwar, gehen dabei aber vor allem auf die Löschung des Profils ein.

Problematisch ist daneben, dass die wenigen Regelungen, die es gibt, einer rechtlichen Überprüfung zumeist nicht standhalten. Sowohl die mangelnde Einbeziehung sämtlicher Informationen aus den Hilfebereichen als auch die inhaltliche Aushöhlung des Erbrechts sowie die Intransparenz mancher Klauseln sorgen für die rechtliche Unwirksamkeit der Regelungen.

Kritisch zu sehen ist ferner, dass lediglich Google/Youtube und Facebook überhaupt eine Art der Vorsorge in Gestalt des Kontoinaktivität-Managers und des Nachlasskontaktes vorsehen. Problematisch ist dabei aber ebenfalls, dass sich diese Option nicht mehr unmittelbar auf die erbrechtlichen Vorschriften des BGB bezieht, sondern Lösungen „am Erbrecht vorbei" schafft.[557]

Eine Erbschaft oder die Weiternutzung des Profils wird ebenfalls an keiner Stelle thematisiert, dies erweckt den Anschein, als ob die sozialen Netzwerke die erbrechtlichen Möglichkeiten und das Grundsatzurteil des BGH völlig ausblenden. Insbesondere Facebook, als Beklagter, hat noch immer keine Möglichkeiten geschaffen, um den Erben regulär Zugang zum Profil von Verstorbenen zu gewähren. An dieser Stelle besteht Nachholbedarf, schließlich haben die Nutzer ein Interesse an Rechtssicherheit.

Die AGB und die Informationen auf den Hilfe-Bereich-Seiten der Plattformen lassen auch bezüglich der aktiven Weiternutzung nur den Schluss zu, dass diese durch die Erben nicht erwünscht ist. Wenn die Plattformbetreiber entgegen der höchstrichterlichen Rechtsprechung nicht einmal den Zugriff auf die Daten im Profil erlauben, lässt sich aus dieser Handhabung schließen, dass ein weitergehender Zugriff durch die Erben grundsätzlich nicht erwünscht ist.

II. Möglichkeiten der Betreiber zum Ausschluss der Vererblichkeit

Grundsätzlich gewährleistet die Vertragsfreiheit, dass Parteien innerhalb der rechtlichen Grenzen eigene Vereinbarungen treffen können. Für die AGB gilt

557 *Raude*, RNotZ 2017, 17, 23.

dies eingeschränkt durch die §§ 305 ff. BGB grundsätzlich ebenfalls. Zwar sind aktuell die meisten der Regelungen zum digitalen Nachlass unwirksam, allerdings können die Plattformbetreiber die Nutzungsbedingungen jederzeit verändern. Insofern ist zu untersuchen, welche Möglichkeiten für sie bestehen, um den digitalen Nachlass alternativ zum rechtlichen Standard zu regeln, ihn letztlich also einzuschränken.

Dabei ist zunächst die wirksame Einbeziehung der Klauseln Voraussetzung. Diesbezüglich sollten die Plattformbetreiber die grundsätzlichen Informationen zum digitalen Nachlass verständlich und übersichtlich in ihre Nutzungsbedingungen aufnehmen. Ein Problem kann sein, dass die Informationen zu umfangreich werden, um sie umfassend in den Nutzungsbedingungen darzustellen. Dann können Verlinkungen zu weiteren Details ein hilfreiches Instrument sein. Facebook verfolgt derzeit dieses Konzept, indem der Nachlasskontakt in den Nutzungsbedingungen erwähnt und dann durch eine Verlinkung ausführlicher erläutert wird. Bei Facebook allerdings scheitert die Übersichtlichkeit und damit auch die wirksame Einbeziehung an den vielen weiteren Links, durch die ein Nutzer sich klicken kann und muss, um sämtliche Informationen über die Handhabung des digitalen Nachlasses zur Kenntnis zu nehmen. Das System mit den einzelnen Fragen und Links unter den weiteren Informationen lässt insbesondere das Ende der notwendigen Informationen offen. Damit die Nutzungsbedingungen nicht zu unübersichtlich und damit verbraucherunfreundlich werden, könnte ein Konzept für eine Einbeziehung eine prägnante Beschreibung der einzelnen Punkte in den Nutzungsbedingungen sein, die dann durch eine einzige Verlinkung zu einer Übersichtsseite mit den detaillierten Erläuterungen führt. Diese näheren Informationen könnten etwa auch durch Klicks auf einzelne Aspekte eingeblendet werden, um die Übersichtlichkeit der Seite zu gewährleisten.

1. Grundsätzlicher Ausschluss der Vererblichkeit

Ein grundsätzlicher Ausschluss der Vererblichkeit wird von der Literatur zum größten Teil für unwirksam gehalten.[558] Hintergrund dessen ist, dass

558 *Fußeder,* Soziale Netzwerke im Nachlass, S. 235 *Gloser,* MittBayNot 2016, 101, 19; *Herzog,* NJW 2013, 3745, 3751; *Herzog/Pruns,* digitale, § 5 Rn. 31; *Leipold,* in: MüKo-BGB, § 1922 Rn. 46 *Fußeder,* Soziale Netzwerke im Nachlass, S. 235; *Kutscher,* Der digitale Nachlass, S. 126 ff; *Seidler,* Digitaler Nachlass, S. 145; *Preuß,* NJW 2018, 3148; *Willems,* ZfPW 2016, 494, 507.

grundsätzlich jede Rechtsposition erblich ist, ein genereller Ausschluss der Vererblichkeit stellt einen Verstoß gegen dieses Leitbild dar.[559]

Zwar ist § 1922 BGB nicht in dem Maße unabdingbar, dass die Vererblichkeit nicht individualvertraglich ausgeschlossen werden kann, sodass die Einschränkung der Vererblichkeit selbst nicht das einzige Problem hinsichtlich der Wirksamkeit einer solchen Klausel darstellt,[560] vielmehr ist entscheidend, ob diese unzulässig die Gestaltungs- und Verfügungsbefugnis des Erblassers beschränkt.[561]

Bei dem generellen Ausschluss der Vererblichkeit seitens des Verwenders verliert der Nutzer jegliche Verfügungs- und Gestaltungsoptionen hinsichtlich seines digitalen Nachlasses bei der konkreten Plattform. Er kann nicht nur nicht mehr entscheiden, ob er seinen Account vererben will, sondern hat, daraus folgend, auch keine Möglichkeit mehr, die erbrechtlichen Instrumente zur Gestaltung der letztwilligen Verfügung zu nutzen. Wird die Vererblichkeit durch Individualvereinbarung ausgeschlossen, ist dies insoweit unproblematisch, als dass sich der Inhaber bewusst im Rahmen der Privatautonomie (wenn auch z.T. nach Verhandlungen) entscheidet, die Position unvererblich zu stellen. Insofern macht er dann auch von seiner Gestaltungsfreiheit Gebrauch. Die einseitige Festlegung durch den Verwender beschränkt die Vererblichkeit unangemessen, weil er in der Regel keine Möglichkeit hat, andere individualvertragliche Regelungen mit dem Plattformbetreiber zu treffen.[562]

Es lässt sich somit festhalten, dass der komplette Ausschluss der Vererbbarkeit als Aushöhlung des § 1922 Abs. 1 BGB zu verstehen ist, die Beschränkung der Gestaltungs- und Verfügungsbefugnis aber ebenso schwer wiegt, sodass in jedem Fall bei einem pauschalen Ausschluss von der Unwirksamkeit der Klausel auszugehen ist. Schließlich sind praktisch keine Fälle denkbar, in denen die Vererbbarkeit einseitig von Seiten des Plattformbetreibers abgelehnt wird, der Erblasser aber gleichzeitig genügend Gestaltungsspielraum hat.

Eine andere Beurteilung ist dann vorzunehmen, wenn das Löschen des Accounts vom Verstreichen einer bestimmten Frist, während der sich kein Erbe gemeldet hat, abhängig ist.[563] In einem solchen Fall hätte der Erbe schließlich die Möglichkeit gehabt, seine Rechtsnachfolge anzutreten. Solch eine Lösung

---

559 *Kutscher*, Der digitale Nachlass, S. 126 f.

560 *Lange/Holtwiesche*, ZErb 2016, 125, 128.

561 Ebd., 129.

562 *Kunz*, in: Staudinger, § 1922 Rn. 636.

563 *Lieder/Berneith*, FamRZ 2018, 1486, 1488; *Leipold*, in: MüKo-BGB, § 1922 Rn. 47.

würde ferner auch das Entstehen von „Accountleichen“ verhindern, da sich vermutlich nicht bei jedem Account jedes sozialen Netzwerkes auch ein Erbe melden würde und könnte so die Interessen von Plattformbetreiber, Erblasser und Erbe gleichermaßen wahren.[564] Allerdings dürfte die Frist nicht zu kurz angesetzt werden, schließlich braucht es regelmäßig einige Zeit bis Erben gefunden und legitimiert sind.[565] Somit sollte die Frist lieber einige Monate betragen, um sicherzugehen, dass der mögliche Erbe auch von seiner Erbschaft erfahren hat und gegebenenfalls Schritte zur Legitimation unternehmen konnte.

Mithin muss ein Plattformbetreiber, der die Vererblichkeit des Accounts einschränken will, dem Erblasser oder den Erben zumindest ein gewisses Maß an Gestaltungsfreiheit zugestehen.

2. Ausschluss der Weiternutzungsmöglichkeit

Im Vergleich zur generellen Festlegung der Unvererblichkeit des Accounts erscheint eine Einschränkung, die lediglich die aktive Weiternutzung durch den Erben hindert, als weniger einschneidend. Dennoch handelt es sich um die einseitige Entscheidung des Verwenders, welche Rechte aus dem Schuldverhältnis auf den Erben übergehen. Somit liegen auch dabei Einschränkungen hinsichtlich der Vererblichkeit und mittelbar auch Einschränkungen der Gestaltungsfreiheit des Erblassers vor.

Zwar könnte die Einschränkung der Vererblichkeit unter Verweis auf die Höchstpersönlichkeit der Nutzung sowie die Tatsache, dass § 1922 BGB grundsätzlich dispositiv ist, eventuell noch einer Inhaltskontrolle standhalten, gewichtig ist aber auch bei diesem Aspekt, dass die Verfügungs- und Gestaltungsbefugnis des Erblassers erheblich eingeschränkt wird. Er könnte dann nicht in vollem Umfang über den Verbleib seines Accounts entscheiden, während der Plattformbetreiber durch solch eine Klausel die entsprechende Gestaltungsbefugnis für sich beanspruchen würde.[566]

Hinzukommt, dass solch eine Gestaltung verhindern würde, dass der Teil des Accounts, dem in der Regel der größte Vermögenswert zukommen würde, vererbt werden könnte. Damit würde sich eine solche Klausel genau entgegen dem § 1922 Abs. 1 BGB stellen, wonach das Vermögen übergeht. Insofern würde der Kern des erbrechtlichen Übergangs ausgeschlossen, dem Erbe bliebe nur

564 *Herzog/Pruns*, digitale, § 5 Rn. 14.

565 Ebd., § 5 Rn. 14–15.

566 Andere Ansicht zur Zulässigkeit des Ausschlusses der aktiven Weiternutzung: *Willkomm*, DRiZ 2020, 12.

der entwertete Account. Auch insofern lässt sich eine Aushöhlung des § 1922 Abs. 1 BGB bejahen.

Wird nur auf den Vermögensaspekt abgestellt, könnte naheliegend sein, eine unangemessene Benachteiligung der Klausel nur bei solchen Konten anzunehmen, die tatsächlich gewerblich genutzt werden, weil nur in diesen Fällen das Interesse des Nutzers an der Weiternutzung gegenüber dem Interesse des Anbieters an einer sauberen Trennung der Konten überwiegen könnte.[567] Diese Überlegung verkennt zum einen allerdings die Möglichkeit gewerblicher Nutzung auch von solchen Konten, die durch den Erblassers nur privat genutzt wurden sowie den Wert des einzelnen Followers, zum anderen würden jegliche ideellen Interessen am Erhalt eines Accounts keine Berücksichtigung finden.

In letzter Konsequenz ist wohl auch bei solch einer Klausel von einer unangemessenen Benachteiligung auszugehen, weil die Gestaltungsfreiheit des Erblassers immer stark eingeschränkt wird, sodass sie einer Inhaltskontrolle nach § 307 BGB grundsätzlich nicht standhält.

3. *Ausschluss der passiven Zugangsmöglichkeit*

Als dritte Alternative zur Regelung über AGB ist denkbar, dass die Plattformbetreiber den Account nur hinsichtlich der aktiven Weiternutzungsmöglichkeit vererblich stellen, der passive Zugriff auf die Daten im Account jedoch verhindert wird.

Bei einem pauschalen Ausschluss würden wiederum ebenfalls sowohl das Erbrecht selbst, als auch die Gestaltungsbefugnis des Erblassers erheblich eingeschränkt. In solch einem Fall würde sich der Plattformbetreiber strikt weigern, auch sensible Datensätze des Erblassers rauszugeben.

Interessen am Datenschutz des Erblassers dürften kaum bestehen, weil die DSGVO die Daten Verstorbener nicht schützt. Zudem erscheint zweifelhaft, welche Interessen der Plattformbetreiber diesbezüglich überhaupt geltend gemacht werden könnten. Diese würden aber zumindest nicht pauschal die grobe Einschränkung des Erbrechts rechtfertigen.

4. *Fazit hinsichtlich möglicher AGB*

Generelle Ausschlüsse der Vererblichkeit, aber auch hinsichtlich der aktiven oder passiven Accountnutzung werden einer Inhaltskontrolle kaum standhalten.

567 *Fußeder*, Soziale Netzwerke im Nachlass, S. 232.

Damit dürfte die größte Gefahr für Plattformbetreiber, die solche Klauseln in ihre Nutzungsbedingungen aufnehmen, sein, dass diese aufgrund zu geringer Differenzierung als unangemessene Benachteiligung des Nutzers zu werten wären, mit der Folge ihrer Unwirksamkeit. Dann würden gemäß § 306 Abs. 2 BGB nicht mehr die Nutzungsbedingungen gelten, sondern das Gesetzesrecht, sodass in letzter Konsequenz der Account komplett erblich wäre.

Insofern wäre den Plattformbetreibern zu raten, nicht pauschal das Erbrecht zu beschränken, sondern nuancierte Bestimmungen zu treffen, beispielsweise in Gestalt der Löschungsanordnung nach Ablauf einer gewissen Frist, in der sich kein Erbe gemeldet hat.

Zu achten wäre ferner auf eine möglichst eindeutige Formulierung, da Unklarheiten gemäß § 305c Abs. 2 BGB stets zu Lasten des Verwenders gehen.

B. Vorsorge des Erblassers

Die praktische Vorsorge rund um den digitalen Nachlass dürfte zu den größten Herausforderungen für Erblasser, Erben und Berater zählen. Schließlich ist zu bedenken, dass der Erblasser durch die eigene Auseinandersetzung mit seinen Erbangelegenheiten den Erben bei der späteren Abwicklung des Nachlasses die Arbeit erleichtern kann. Schon eine Art Notfallakte, in der etwa eine Auflistung wichtiger Accounts und Daten mitsamt Speicherort erfolgt, kann den Erben die Auseinandersetzung mit dem Nachlass erleichtern.[568]

Das erste Problem, welches sich in der Praxis für den Erben, der seine Ansprüche durchsetzen will, stellt, ist der mangelnde Überblick über die vorhandenen Accounts. Die wenigsten Erben werden von sämtlichen Accounts des Erblassers wissen. Aber für einen Account, den der Erbe nicht kennt, kann er kaum den Zugriff beantragen und es ist wohl nicht selten, dass Personen mit einem Social Media Account noch Nutzer weiterer Plattformen sind.

Dieses Problem kann im Idealfall durch eine umfassende Vorsorge des Erblassers umgangen werden. Dabei sollte der Erblasser dafür Sorge tragen, dass die Erben Kenntnis über die einzelnen Accounts erlangen.[569]

---

568 *Herzog/Pruns*, digitale, § 9 Rn. 1.

569 *Leipold*, in: MüKo-BGB, § 1922 Rn. 50.

I. Hinterlegung der Zugangsdaten

Für die Informierung der Erben über die verschiedenen Accounts inklusive ihrer Zugangsdaten gibt es verschiedene Möglichkeiten für den Erblasser, die aber nicht alle gleich geeignet sind.

1. Analoge Liste mit Zugangsdaten

Zunächst erscheint möglich, dass der Erblasser eine schlichte analoge Liste mit seinen Accounts und deren Zugangsdaten verfasst und bei sich zuhause verwahrt. Dies erscheint zunächst als simpelste und günstigste Lösung, da der Erblasser nicht mehr als einen Zettel und einen Stift braucht und eine Liste zudem jederzeit ändern kann.[570] Diese Option birgt aber ein erhebliches Gefahrenpotenzial. Nicht nur, dass damit eventuell gegen die Nutzungsbedingungen der Plattformen verstoßen wird, schwerwiegender ist die Missbrauchsgefahr bei Erstellen einer solchen Liste einzuordnen.[571]

Sollten diese Informationen in falsche Hände geraten und missbraucht werden, bestünde ein erhebliches Haftungsrisiko für den Accountinhaber für rechtswidrige Handlungen, die mit oder in seinem Account vorgenommen werden. Dabei kann jedenfalls nicht ausgeschlossen werden, dass diese dem Accountinhaber zugerechnet werden können.[572] Daneben besteht ferner die Gefahr, dass die Liste aufgrund von Brand- oder Wasserschäden vernichtet wird oder verloren geht.[573]

Dem Erblasser, der diesen Weg wählt, wäre in jedem Fall zu raten, die Liste auch im eigenen Zuhause nicht offen herumliegen zu lassen, sondern an einem möglichst versteckten Ort zu verwahren.

2. Zugangsdaten im Testament

Daneben besteht aber auch die Möglichkeit, solch eine Liste der Zugangsdaten dem eigenen Testament beizufügen. Problematisch daran ist, dass Passwörter aus Sicherheitsgründen regelmäßig aktualisiert werden sollten und demnach auch das Testament regelmäßig überarbeitet werden müsste. Insbesondere bei notariell beurkundeten letztwilligen Verfügungen wäre dieses Vorgehen mit weiteren Kosten verbunden.[574] Zudem bestünde aber auch hierbei

570 Vgl. *Gloser*, MittBayNot 2016, 101, 105.
571 Ebd.
572 Ebd., 105; *Salomon*, NotBZ 2016, 324, 328.
573 *Gloser*, MittBayNot 2016, 101, 105.
574 *Biermann*, in: MAH Erbrecht, § 50 Rn. 74.

ein erhebliches Missbrauchspotenzial, weil im Laufe des Nachlassverfahrens vor Gericht ein größerer Personenkreis Kenntnis vom Testament erlangt und somit auch von etwaigen Passwörtern.[575] Damit ist von einer solchen Liste eher abzuraten.[576]

3. *Verwaltung durch kommerzielle Dienstleister*

Die Verwaltung seines digitalen Nachlasses muss der Erblasser nicht alleine übernehmen, Hilfe bieten dabei auch die Anbieter kommerzieller Dienste an.[577] Dabei gibt es sowohl Dienste, die sich im Erbfall für den Erben gegen Entgelt um Ermittlung und Auflösung des digitalen Erbes kümmern, als auch solche Dienste, die der Erblasser bereits zu Lebzeiten in Anspruch nehmen kann. Dabei kann er seine Passwörter etwa bei diesen Dienstleistern hinterlegen.[578]

Allerdings besteht auch bei diesen Dienstleistern die Gefahr, dass der Datenschutz nicht gewährleistet ist. Daneben ist für eine sichere Verwaltung erforderlich, dass der digitale Dienstleister auch zukünftig wirtschaftlich leistungsfähig ist, also überhaupt noch existiert, wenn der Erbfall eintritt.[579] Insbesondere, wenn der Erblasser solche Dienstleister in jungen Jahren in Anspruch nimmt und noch lange lebt, müsste der Dienstleister mehrere Jahrzehnte lang existieren. Mithin sollte bei der Inanspruchnahme solcher Dienstleister also größte Vorsicht gelten.[580] Zudem gibt es bisher keine Kontrollmöglichkeit dahingehend, ob die Dienstleister im Todesfall die gespeicherten Informationen auch tatsächlich herausgeben.[581]

4. *Hinterlegung der Zugangsdaten beim Notar*

Wegen der dargelegten Probleme kann es eine Lösung sein, die Passwörter bei einem Notar zu hinterlegen und detaillierte Anweisungen zu geben, an wen diese Daten wann herauszugeben sind.[582] Aufgrund der

---

575 *Gloser*, DNotZ 2015, 4, 9; *Biermann*, in: MAH Erbrecht, § 50 Rn. 73.
576 *Kubis et al.*, Der digitale Nachlass, S. 194.
577 ZB *memoresa*, Nachlass digital planen, https://memoresa.de/de/digitaler-nachlass/ oder; *Pacem Digital*, Digitalen Nachlass online regeln, https://www.pacem-digital.com//.
578 *Raude*, RNotZ 2017, 17, 23.
579 *Deusch*, ZEV 2014, 2, 7.
580 *Brinkert/Stolze/Heidrich*, ZD 2013, 153, 156.
581 *Raude*, RNotZ 2017, 17, 23.
582 *Gloser*, DNotZ 2015, 4, 11.

notariellen Schweigepflicht bestünde bei dieser Praktik grundsätzlich keine Missbrauchsgefahr.[583]

Allerdings müsste bei dieser Herangehensweise bei jeder Änderung der Zugangsdaten eine Erneuerung der Liste beim Notar erfolgen, was wohl wenig praktikabel ist[584] und kostenintensiv sein kann.[585]

Stattdessen wird eine andere Herangehensweise unter Einbezug des Notars vorgeschlagen, die sogenannte „digitale Vorsorgeurkunde", bei der die Vorsorgevollmacht durch eine notarielle Vorsorgeurkunde ergänzt wird.[586] In einem solchen Fall erstellt der Vollmachtgeber eine Liste mit sämtlichen Passwörtern und Zugangsdaten, die er idealerweise auf einem lokalen Speichermedium aufbewahrt, welches er mit einem sog. Masterpasswort verschlüsselt. Nur dieses einzelne Masterpasswort soll dann, zusammen mit genaueren Anweisungen, unter welchen Voraussetzungen es herausgegeben werden soll, beim Notar hinterlegt werden. Allerdings wäre zu empfehlen, dieses Passwort nicht in der notariellen Urkunde selbst niederzuschreiben, sondern lediglich als Anlage, da es ansonsten entsprechend in der EDV niedergelegt und somit anderen zugänglich wäre.[587] Diese Herangehensweise ermöglicht es dem Erblasser, seine Passwörter regelmäßig zuhause zu aktualisieren, ohne dass ein erneuter Gang zum Notar notwendig wird.[588] Das Masterpasswort selbst müsste nicht so häufig erneuert werden, da auch nach dem Erbfall der Zugriff zu dem jeweiligen Speichermedium und damit zum Masterpasswort nur einem begrenzten Personenkreis möglich sein wird.[589]

Für den möglichen Fall, dass der Erblasser die Zugänge zu verschiedenen Accounts verschiedenen Personen ermöglichen will, können der Vorsorgeurkunde verschiedene Anlagen mit verschiedenen Masterpasswörtern beigefügt werden.[590]

Der Datenträger selbst, also beispielsweise der USB-Stick sollte an einem sicheren, aber für den Bevollmächtigten zugänglichen Ort aufbewahrt werden.[591] Dabei besteht natürlich auch die Gefahr von Brand- und Wasserschaden

583 *Gloser*, DNotZ 2015, 4, 11.
584 *Kubis et al.*, Der digitale Nachlass, S. 194.
585 *Biermann*, in: MAH Erbrecht, § 50 Rn. 95.
586 *Raude*, RNotZ 2017, 17, 25; *Gloser*, DNotZ 2015, 4, 13; *Salomon*, NotBZ 2016, 324, 329.
587 *Raude*, RNotZ 2017, 17, 25.
588 *Salomon*, NotBZ 2016, 324, 329.
589 *Biermann*, in: MAH Erbrecht, § 50 Rn. 76.
590 *Salomon*, NotBZ 2016, 324, 329.
591 *Raude*, RNotZ 2017, 17, 25.

sowie die Gefahr der technischen Veralterung. Insofern kann es geboten sein, den USB-Stick im Laufe der Zeit durch ein anderes Speichermedium auszutauschen.

Die Information darüber, wo sich das Speichermedium befindet, kann ebenfalls in die Vorsorgeurkunde aufgenommen werden.[592]

Ein Hemmnis für diese Art der Vorsorge könnten die Notarkosten sein.[593] Allerdings bestünde immerhin die Möglichkeit, die Kosten dadurch gering zu halten, dass bezüglich des Masterpasswortes keine Niederschrift nach §§ 36 ff. BeurkG erfolgt, stattdessen kann das Passwort auf einem Zettel mit vom Notar beglaubigter Unterschrift in dessen Unterlagen hinterlegt werden.[594] Außerdem ist zu beachten, dass die Kosten, die beim Notar entstehen, zumindest insofern transparent sind, als dass diese auf der Gebührenordnung für Notare beruhen.[595]

Dennoch kann angezweifelt werden, ob ein Erblasser, der in seinem digitalen Nachlass keinen oder nur einen geringen Vermögenswert sieht, tatsächlich zur Vorsorge den notariellen Weg einschlägt und nicht doch auf einen eigenen Zettel bei sich zuhause zurückgreift.

II. Erbrechtliche Gestaltungsmöglichkeiten des Erblassers

Neben der Hinterlegung der Informationen darüber, welche Accounts überhaupt existieren und wie die Zugangsdaten lauten, kann der Erblasser hinsichtlich seines digitalen Nachlasses von den erbrechtlichen Gestaltungsoptionen Gebrauch machen. Möglich wäre etwa, nur bestimmten Personen Zugang zu verschaffen oder aber auch eine Verhinderung des Zugangs.[596]

1. Verhinderung des Zugangs

Zwar wurde bisher in dieser Arbeit die umfassende Vererbbarkeit des Accounts begründet, denkbar ist dennoch, dass der Erblasser genau diese umfassende Vererbbarkeit verhindern möchte. Bezogen auf den analogen Nachlass ist dies vergleichbar mit einem Erblasser, der verhindern will, dass seine Tagebücher in die Hände des Erben fallen.

---

592 *Kubis et al.*, Der digitale Nachlass, S. 219; *Steiner/Holzer*, ZEV 2015, 262, 266.
593 *Kubis et al.*, Der digitale Nachlass, S. 219.
594 *Herzog/Pruns*, digitale, § 9 Rn. 15.
595 *Kubis et al.*, Der digitale Nachlass, S. 219.
596 Ebd., S. 182.

Das bloße Geheimhalten der Zugangsdaten ist wohl nicht ausreichend, schließlich könnten die Erben mit Nachweis ihrer Erbenstellung den Zugang durch die Plattformbetreiber selbst beantragen.[597] Damit könnten sie auch einen entgegenstehenden Erblasserwillen umgehen.[598] Empfehlenswerter, wenn es dem Erblasser um den Schutz der Daten in einem Account geht, wäre es hingegen, sämtliche brisanten Daten in einer gesonderten und sorgfältig verschlüsselten Datei abzuspeichern und die Zugangsdaten zu dieser Datei nirgends zu hinterlegen. Falls diese Datei in die Hände des Erben gelangen sollte, könnten sie nicht darauf zugreifen, da das Wissen um die Zugangsdaten zu dieser Datei mit dem Ableben des Erblassers untergegangen ist.[599]

Diese Lösung eignet sich aber nur in Bezug auf die Daten, nicht bezogen auf den Account selbst. Eine Weiternutzung des Accounts kann der Erblasser so jedenfalls nicht ausschließen, schließlich könnten die Erben immer noch den Zugang zum Account beim Provider fordern und somit den Account benutzen.

Eine Alternative stellt eine Auflage in der letztwilligen Verfügung dar, die den Erben zur Kündigung von Vertragsbeziehungen verpflichtet sowie zur Unterlassung einer vorherigen Einsichtnahme in die Daten.[600] Eine mögliche Formulierung einer solchen Auflage ist: „Meine Erben beschwere ich mit der Auflage, mein Vertragsverhältnis mit dem (konkreten) Internetdienstanbieter nach meinem Ableben unverzüglich zu kündigen, ohne vorher Einsicht zu nehmen."[601]

Das Problem an solchen Auflagen ist, dass der Erblasser die Einhaltung nicht mehr kontrollieren kann, sodass weitere Absicherungen von Vorteil sind, wenn er nicht nur auf die Integrität seiner Erben setzen möchte.[602] Auch der zeitliche Aspekt kann dabei eine Rolle spielen, wenn die Zugangsdaten bereits beim Erben vorliegen, bevor sie Kenntnis vom Testament erlangen, ist es zu spät für die Einhaltung der Auflage.

Möglich wäre etwa, dass der Erblasser zudem eine Testamentsvollstreckung nach §§ 2197 ff. BGB anordnet.[603] Eine solche kann der Erblasser zu verschiedenen Zwecken anordnen, in der Regel dient sie aber der Beschränkung der Erben.[604] Ein Testamentsvollstrecker nimmt bezüglich des Nachlasses die

597 *Gloser*, MittBayNot 2016, 101, 107.
598 *Kubis et al.*, Der digitale Nachlass, S. 182.
599 *Gloser*, MittBayNot 2016, 101, 107 f.
600 *Seidler*, Digitaler Nachlass, S. 153.
601 *Naczinsky*, ZEV 2020, 665, 666.
602 *Kubis et al.*, Der digitale Nachlass, S. 182.
603 *Arbeitsgruppe „Digitaler Neustart"*, Bericht, S. 366.
604 *Muscheler*, ZEV 2011, 230.

Stellung des Verstorbenen ein und führt dessen Geschäfte auf Anordnung des Erblassers weiter.[605] Diese Anordnung einer Testamentsvollstreckung könnte hier sowohl derart geschehen, dass der Testamentsvollstrecker kontrolliert, ob die Erben den Vertrag tatsächlich kündigen ohne Einsicht zunehmen, als auch derart, dass der Testamentsvollstrecker die Kündigung des Vertragsverhältnisses selbst vollzieht, um sicher zu gewährleisten, dass die Erben auch tatsächlich keinen Zugriff erlangen.[606] Letzteres erscheint praxistauglicher, da eine Kontrolle, ob die Erben tatsächlich keine Einsicht genommen haben, schwer möglich ist.

Der Testamentsvollstrecker selbst kann ebenfalls dazu verpflichtet werden, keine Einsicht in die betreffenden Daten zu nehmen, allerdings sollte aus Sicherheitsgründen eine integre Person zum Testamentsvollstrecker bestimmt werden. In Betracht kommt entweder ein Berufsträger, wie z. B. ein Rechtsanwalt, oder aber auch eine vertrauenswürdige Person, die der Erblasser persönlich kennt.[607]

Falls der Erblasser den Zugang zu Accounts anderweitig verhindern will, bietet sich die eigenhändige Löschung des gesamten Kontos vor dem Tod an. Allerdings kann dabei der genaue Zeitpunkt ebenso ein Problem darstellen wie die eventuelle emotionale Belastung durch diesen Akt.[608] Auch hier kann der Vergleich zum „analogen Nachlass" gezogen werden: Ein Erblasser, der etwa verhindern möchte, dass seine Erben Tagebücher oder Briefe lesen, kann dies ebenfalls am besten durch Zerstörung dieser Gegenstände vor seinem Tod erreichen. Macht er dies nicht, muss auch der Erblasser analoger Gegenstände auf die Integrität seiner Erben vertrauen.

Daneben könnte er alternativ eine Vertrauensperson oder einen digitalen Nachlassdienst zum Löschen nach seinem Tode beantragen, auch da besteht allerdings die Ungewissheit, ob der Account tatsächlich entfernt wird.[609]

2. *Vererbung nur an bestimmte Personen*

Will der Erblasser hingegen, dass seine Accounts vererbt werden, hat er die Möglichkeit, eine oder mehrere Personen als seine Erben einzusetzen.

605 *Schmoeckel,* Erbrecht, § 39 Rn. 1.
606 *Kubis et al.,* Der digitale Nachlass, S. 183.
607 Ebd.
608 Ebd., S. 184.
609 Ebd., S. 183 f.

Ernennt er mehrere Personen zu seinen Erben, bilden diese eine Erbengemeinschaft nach § 2032 BGB. Dann sind alle Erben berechtigt, gemeinsam Einsicht in die Accounts zu nehmen und diese (weiter-) zu benutzen.[610]

Der digitale Nachlass ist kein gesonderter Nachlass, sondern schlicht Teil des gesamten Erbes, sodass ein besonderer Hinweis auf diesen in der letztwilligen Verfügung des Erblassers nicht erforderlich ist. Dennoch wird aus Klarstellungsgründen empfohlen, den digitalen Nachlass in der letztwilligen Verfügung explizit zu erwähnen.[611]

Es sind auch Fälle denkbar, in denen es zwar mehrere Erben gibt, aber der gesamte digitale Nachlass oder sogar nur bestimmte Accounts, nur einem der Erben überlassen werden sollen. Auch hier kann wieder ein Vergleich zur analogen Welt gezogen werden: Ein erfolgreicher Unternehmer will nach seinem Tod sein Unternehmen, oft sein Lebenswerk, auch in fähigen Händen wissen und wird seinen Nachfolger aus diesem Grund sorgfältig auswählen.[612] Einem erfolgreichen Influencer, der seinen Account jahrelang aufgebaut hat, wird es ähnlich ergehen.

Diesbezüglich gilt es zunächst den Typenzwang des Erbrechts zu beachten, wonach eine Erbeinsetzung auf bestimmte Gegenstände im BGB nicht vorgesehen ist.[613] Nichtsdestotrotz kann eine solche Erbschaft bestimmter Teile des Nachlasses, auch bezogen auf den digitalen Nachlass, durch andere Instrumente des Erbrechts ermöglicht werden, nämlich durch die Teilungsanordnung nach § 2048 BGB mit schuldrechtlicher Wirkung oder durch das (Voraus-) Vermächtnis nach §§ 1939, 2147 ff. BGB.[614]

a) Die Teilungsanordnung nach § 2048 BGB

Gemäß § 2048 BGB kann der Erblasser durch letztwillige Verfügung Anordnungen für die Auseinandersetzung treffen. Diese Regelung ist Konsequenz der Testierfreiheit des Erblassers und gibt dem Erblasser die Möglichkeit, bestimmte Gegenstände den einzelnen Erben zuzuteilen.[615] Die Teilungsanordnung entfaltet nur schuldrechtliche, nicht aber dingliche Wirkung,[616] sodass

---

610 *Kubis et al.*, Der digitale Nachlass, S. 185.

611 *Pruns*, ErbR 2018, 614, 621.

612 Vgl. *Staake*, NJW 2019, 631, 633.

613 *Große-Boymann*, in: Burandt/Rojahn Erbrecht, § 1937 Rn. 11.

614 *Arbeitsgruppe „Digitaler Neustart“*, Bericht, S. 365; *Kubis et al.*, Der digitale Nachlass, S. 186 f.

615 *Flechtner*, in: Burandt/Rojahn Erbrecht, § 2048 Rn. 1.

616 *Gottschalk*, in: Troll/Gebel/Jülicher/Gottschalk, ErbStG, § 3 Erwerb von Todes wegen Rn. 114.

sich die Miterben auch einvernehmlich über die Teilungsanordnung hinwegsetzen könnten.[617] Falls also die Miterben den Zugang zum Account jemand anderem überlassen wollen, wäre das rechtlich möglich, obwohl der Erblasser dies anders verfügt hatte.

Der Begünstigte der Teilungsanordnung erhält die Rechtsposition erst im Rahmen der Erbauseinandersetzung, weil sein Anspruch aus § 2048 erst dann geltend gemacht werden kann.[618] Übertragen auf den digitalen Nachlass würde das bedeuten, dass die Erben erst im Rahmen der Erbauseinandersetzung den Zugang zum Account erhalten würden.

b) Das Vorausvermächtnis nach §§ 1939, 2147 ff. BGB

Allerdings ist anzunehmen, dass der Erblasser in der Regel schon vor der Erbauseinandersetzung eine Übertragung der einzelnen Rechtspositionen erreichen möchte. Für diesen Fall verbleibt als Möglichkeit das Vorausvermächtnis.[619]

Der Unterschied zwischen der Teilungsanordnung und dem Vorausvermächtnis, die beide eine Aufteilung zwischen den Erben ermöglichen, besteht darin, dass bei der Teilungsanordnung die Zuweisung des Erbes innerhalb der Erbteile geregelt wird, während ein Vorausvermächtnis zusätzlich zum Erbe den Erben gewährt und damit auch nicht auf das Erbe angerechnet wird.[620] Weil der Begünstigte des Vorausvermächtnisses diesbezüglich Nachlassgläubiger ist, kann er die Erfüllung bereits vor der Nachlassauseinandersetzung verlangen.[621] Dadurch könnte der Begünstigte also früher den Zugang zum Account erlangen als dies bei der Teilungsanordnung der Fall wäre.

Möglich wäre daneben auch, dass der Erblasser durch eine Auflage die Erbengemeinschaft verpflichtet, die Rechtspositionen hinsichtlich des digitalen Erbes an die von ihm bestimmte Person zu übertragen, allerdings ist die Auflage mangels Anspruchs des Begünstigten nicht besonders wirkungsvoll.[622]

Aus diesen Gründen ist wohl bezüglich des digitalen Nachlasses das Vorausvermächtnis vorzuziehen. Um dabei allerdings zu verhindern, dass die Miterben vor der rechtsgeschäftlichen Übertragung auf den Vermächtnisnehmer Einsicht in die Accounts des Erblassers nehmen, bietet es sich an, das

617 *Fest*, in: MüKo-BGB, § 2048 Rn. 9.

618 *Kubis et al.*, Der digitale Nachlass, S. 187.

619 *Seidler*, Digitaler Nachlass, S. 152.

620 *Steinhauer*, in: MAH Erbrecht, § 16 Rn. 12.

621 *Rudy*, in: MüKo-BGB, § 2150 Rn. 9 *Lange/Kuchinke*, Erbrecht, § 29 S. 640.

622 *Seidler*, Digitaler Nachlass, S. 152 mit Verweis auf; *Leipold*, in: MüKo-BGB, § 1922 Rn. 2.

Vorausvermächtnis mit einer Auflage zu kombinieren, die eine solche Einsichtnahme untersagt. Nach § 2194 S. 1 BGB kann der zugangsberechtigte Miterbe die Vollziehung der Auflage verlangen.[623]

Für den Fall, dass der Erblasser die Accounts Personen überlassen möchte, die nicht seine Erben sind, kann er dies mithilfe eines Vermächtnisses nach § 1939 BGB veranlassen.[624] Nach § 2174 BGB kann der Begünstigte durch dieses die Leistung einfordern. Auch in diesem Fall ist für den Erblasser zu empfehlen, durch eine Auflage sicherzustellen, dass die Erbengemeinschaft die Einsichtnahme in den Account unterlässt.[625]

Mithin gibt es also für den Erblasser viele Möglichkeiten, um auch nur den digitalen Nachlass oder sogar einzelne Accounts nur bestimmten Personen zu vermachen, die begünstigte Person muss nicht einmal Erbe sein.[626]

3. *Weitere Gestaltungsoptionen*

Allerdings enden die Gestaltungsmöglichkeiten des Erblassers noch nicht bei der Auswahl der entsprechenden Personen. Die bisher dargestellten Optionen haben dem Erben nur die Möglichkeit gegeben, die entsprechenden Erben für seine konkreten Accounts auswählen. Allerdings gibt dies den Erben bisher nur die Möglichkeit, den Account sowohl passiv als auch aktiv zu nutzen. Denkbar ist aber, dass der Erblasser eine bestimmte Art der Nutzung des Accounts wünscht. Auch dafür gibt es erbrechtliche Möglichkeiten.

a) Festlegung der Art der zukünftigen Nutzung

Möglich ist etwa, dass der Erblasser die Fortführung des Accounts durch eine Person und in einer von ihm festgelegten Weise bestimmen möchte.

Etwa könnte er eine Weiternutzung seines Accounts nur dergestalt anordnen, dass dort nur noch „Online-Nachrufe" von vorher festgelegten Erben über ihn gepostet werden, eine darüberhinausgehende Nutzung aber nicht erwünscht ist.[627] Ebenso möglich wären aber auch Anordnungen in der letztwilligen Verfügung, wonach noch offene Kommunikationsprozesse unter Hinweis auf das

---

623 *Seidler,* Digitaler Nachlass, S. 152 f.

624 Vgl. *Arbeitsgruppe „Digitaler Neustart",* Bericht, S. 365.

625 *Seidler,* Digitaler Nachlass, S. 153.

626 Problematisch könnte lediglich noch sein, ob der Begünstigte eines Vermächtnisses oder einer Teilungsanordnung Dritte sind und eine Weitergabe der Zugangsdaten daher gegen die AGB der Plattformbetreiber verstößt, ausführlich. *Herzog/Pruns,* digitale, § 10 Rn. 8–9.

627 *Naczinsky,* ZEV 2020, 665, 667.

Versterben des Erblassers beendet werden sollen.[628] Sicher ist auch denkbar, dass er eine Weiternutzung des Accounts in ähnlicher Führung wie von ihm selbst wünscht.[629] Jemand, der jahrelang einen erfolgreichen Account zu einer bestimmten Thematik geführt hat, könnte sicherlich im Wege der letztwilligen Verfügung einen Erben oder einen Vermächtnisnehmer bestimmen wollen, der diesen Account, der für manch einen vielleicht sogar das „Lebenswerk" darstellt, in der gleichen Art fortführt, wie der Erblasser es selbst getan hat.

Diese könnte in Gestalt einer Auflage geschehen, dann wäre die Anordnung einer Testamentsvollstreckung sinnvoll.[630]

b) Verhinderung der Nutzung durch eine Auflage

Nicht zuletzt ist auch der umgekehrte Fall denkbar, dass der Erblasser nämlich gar keine Nutzung seines Accounts mehr wünscht.

Dieses Ergebnis könnte der Erblasser mithilfe der Auflage nach § 1940 BGB erreichen, bei der dem Verpflichteten ein Tun oder Unterlassen auferlegt wird.[631]

aa) Auflösende Bedingung der Erbeneinsetzung

Um zu kontrollieren, dass der Erbe diese Anordnungen des Erblassers auch tatsächlich erfüllt, können die Anordnungen über die Auflage hinaus durch eine auflösende Bedingung der Erbeneinsetzung im Sinne des § 158 Abs. 2, 2075 BGB abgesichert werden. Dadurch kann erwirkt werden, dass die Erben, die nicht im Sinne der jeweiligen Auflage ein dauerhaftes Tun oder Unterlassen leisten, ihr Erbrecht verlieren.[632] Mithin ist bei einer solchen Bedingung das geforderte Verhalten Voraussetzung für das Behaltendürfen des Erbes.[633]

Der Erbe müsste also den Account im Sinne der Bedingung des Erblassers fortführen, andernfalls würde er sein Erbe verlieren. Entscheidend für diese auflösende Bedingung nach § 2075 BGB ist allerdings die Dauerhaftigkeit des Tuns oder Unterlassens, welches verlangt wird. Einmalige Handlungen fallen nicht darunter.[634] Ein einmaliges Posting, welches der Erblasser verlangt, würde also nicht unter diese Norm fallen, die Forderung einer dauerhaften

---

628 *Biermann*, in: MAH Erbrecht, § 50 Rn. 81.
629 Ebd., Rn. 82.
630 Vgl. *Steiner/Holzer*, ZEV 2015, 262, 266.
631 *Leipold*, in: MüKo-BGB, § 1940 Rn. 4.
632 *Kubis et al.*, Der digitale Nachlass, S. 189.
633 *Otte*, in: Staudinger, § 2075 Rn. 1.
634 Ebd., Rn. 2.

Fortführung oder Unterlassung dieser Fortführung aber schon. Bei dieser Konstruktion ist der Bedachte Vorerbe.[635] Die Nacherben sind, wenn der Erblasser dies nicht anders verfügt hat, die gesetzlichen Erben des Erblassers zum Zeitpunkt des Bedingungseintritts.[636] Tritt die auflösende Bedingung ein, hört also der Erbe auf, den Account zu pflegen (oder beginnt, bei geforderter Unterlassung, damit), verliert der Vorerbe die Erbschaft und sie fällt dem Nacherben zu.[637] War hingegen ein Vermächtnis bedingt, kommt es nur dann zu einem Nachvermächtnis, wenn der Erblasser dies explizit angeordnet hat.[638]

Die Zulässigkeit solcher Bedingungen resultiert aus der Testierfreiheit des Erblassers, begrenzt werden sie allerdings durch § 134 und § 138 BGB, die Zuwendung darf also weder von verbotenem noch von sittenwidrigem Verhalten abhängig gemacht werden.[639]

bb) Keine Sittenwidrigkeit der Bedingung

Eine Bedingung kann schon dann gegen die guten Sitten verstoßen, wenn der Erblasser durch Einsatz seines Vermögens versucht, Einfluss auf gewisse Entscheidungen des Begünstigten zu nehmen, da schließlich solch eine Bedingung die Freiheitsrechte des Bedachten unangemessen stark beschränken kann.[640] Solche Bedingungen, die sich auf die Verwaltung des vererbten Vermögens beziehen und einer besonnenen Sorge für die Nutzung und Bewahrung des Vermögens entspringen, sind wohl zulässig.[641] Anders kann es zu beurteilen sein, wenn die zu treffenden Entscheidungen des Begünstigten in keinem Verhältnis zum zugewandten Vermögen stehen.[642]

Auch bei der Erbschaft von Accounts und der Bedingung zur Fortführung des Accounts wird die Sittenwidrigkeit im jeweiligen Einzelfall zu beurteilen sein. Eine Bedingung, wonach der Account vom Erblasser fortgeführt werden soll, wird sicherlich zulässig sein, wenn es sich beispielsweise um einen erfolgreichen Account handelt und das darüber hinaus vererbte Vermögen zumindest zum Teil aus diesem Account resultiert. Problematischer könnte es hingegen

---

635 Ebd., Rn. 1.

636 Kössinger/Zintl, in: *Nieder et al.*, Handbuch der Testamentsgestaltung, § 15 Rn. 177.

637 *Otte*, in: Staudinger, § 2075 Rn. 4.

638 *Leipold*, in: MüKo-BGB, § 2075 Rn. 9.

639 *Lange/Kuchinke*, Erbrecht, § 27 S. 558.

640 *Leipold*, in: MüKo-BGB, § 2074 Rn. 18.

641 *Leipold*, in: MüKo-BGB, § 2074 Rn. 2323.

642 *Czubayko*, in: Burandt/Rojahn Erbrecht, § 2075 Rn. 13.

zu beurteilen sein, wenn bei der Erbschaft die aufwendige Pflege eines wenig erfolgreichen Accounts die Bedingung für den Erhalt der Erbschaft ist. Ebenso gut könnte Sittenwidrigkeit anzunehmen sein, wenn der Erblasser den Erben verpflichtet, einen Account mit freizügigen Fotos fortzuführen.

Rechtsfolge der Sittenwidrigkeit ist, dass die gesamte Verfügung unwirksam wird.[643]

cc) Praktikabilität der Auflage

Für den Erblasser kann das Erbrecht mit seinen Gestaltungsmöglichkeiten also ein praktikables Instrument sein, um auch die Weiternutzung seines Accounts vorab festzulegen. Somit könnte er verhindern, dass der Account und dessen Reichweite für Zwecke genutzt werden, die ihm nicht gefallen. In jedem Fall ist es empfehlenswert, wenn der Erblasser seine Wünsche möglichst konkret formuliert, um Konflikte und Unsicherheiten im Erbfall zu vermeiden.[644] Das bedeutet auch, dass der Sachverhalt, durch den die auflösende Bedingung eintreten soll, möglichst konkret und eindeutig bestimmt werden muss,[645] für Accounts bedeutet das, dass nur die eindeutige Nutzung oder Nichtnutzung als Bedingung Rechtssicherheit bietet. Bei einer bestimmten Nutzung als festgelegter Bedingung könnte es zu Konflikten kommen, da diese Festlegung in den seltensten Fällen eindeutig sein würde. Kontrolliert werden kann die Einhaltung der Bedingung durch einen Testamentsvollstrecker.[646]

III. Trans- und postmortale Vollmachten

Zuletzt ist bezüglich der eigenen Vorsorge des Erblassers noch die Option einer trans- oder postmortalen Vollmacht zu erwähnen.[647] Weil eine Vollmacht nicht automatisch mit dem Ableben des Vollmachtgebers endet, kann sie sowohl über den Tod des Vollmachtgebers hinaus erteilt werden (transmortale Vollmacht) als auch für den Todesfall (postmortale Vollmacht).[648] Derartige Vollmachten

643 *Otte*, in: Staudinger, § 2074 Rn. 75.

644 *Steiner/Holzer*, ZEV 2015, 262, 266.

645 *Zacher-Röder*, ZEV 2008, 277, 279.

646 *KG Berlin 1. Zivilsenat*, FER 1998, 132.

647 *Deusch*, ZEV 2014, 2, 7; *Dopatka*, NJW-aktuell 49/2010, 14, 15; *Naczinsky*, ZEV 2020, 665; *Raude*, RNotZ 2017, 17, 24; *Seidler*, Digitaler Nachlass, S. 154 f.

648 *Maier-Reimer/Finkenauer*, in: Ermann BGB Kommentar, § 168 Rn. 66; *Schubert*, in: MüKo-BGB, § 168 Rn. 38; *Schilken*, in: Staudinger, § 168 Rn. 28 f.

können die Nachlassabwicklung erleichtern.[649] Besteht nämlich bereits vor Erhalt des Erbscheins Handlungsbedarf in Bezug auf den Nachlass, kann ein durch trans- oder postmortale Vollmacht legitimierter Stellvertreter schon tätig werden.[650]

a) Grundsätzliches zu Vollmachten

Eine Vollmacht ist auch für den digitalen Nachlass und dabei auch für die Abwicklung von Social Media Accounts möglich. Der Nutzer kann dabei eine Person bestimmen, die entweder unmittelbar nach dem Erbfall oder falls es dem Nutzer aus anderen Gründen wie Krankheit oder Alter nicht mehr möglich ist, seine Accounts zu pflegen, befugt ist, seine digitalen Angelegenheiten zu regeln.[651] Dies kann sich vor allem bei erfolgreichen Accounts anbieten, bei denen die Follower durch einen Stellvertreter über das Ableben des Erblassers informiert werden könnten; gegebenenfalls verbunden mit der Information, wie es mit dem Account weitergehen soll, sodass die Abonnenten eine freie Entscheidung treffen können, ob sie ihr Abonnement beenden wollen.

Die Bevollmächtigung kann als empfangsbedürftige Willenserklärung sowohl gegenüber dem Bevollmächtigten selbst als Innenvollmacht erklärt werden, als auch als Außenvollmacht gegenüber dem Dritten, dem gegenüber die Vertretung erfolgen soll.[652] Im Bereich des digitalen Nachlasses wird in aller Regel eine Innenvollmacht vorliegen, da kaum jemand großen Social Media Plattformen gegenüber die Vertretung erklären wird. Für eine wirksame Innenbevollmächtigung nach § 167 Abs. 1 Alt. 1 BGB wird es dann regelmäßig schon genügen, wenn der Nutzer seine Zugangsdaten einer bestimmten Person mitteilt.[653] Es ist allerdings nicht empfehlenswert, die Daten in der Vorsorgevollmacht einzeln aufzuführen, weil diese im Rechtsverkehr als Legitimationsgrundlage gegenüber Dritten gilt und so die Gefahr der Kenntnisnahme durch unbefugte Dritte stark erhöht ist. Aus diesem Grund sollten die Zugangsdaten gesondert aufbewahrt werden.[654]

Eine Vollmacht kann zwar grundsätzlich formfrei erteilt werden, aber aus Beweisgründen ist zu empfehlen, sie zumindest schriftlich zu erteilen.[655]

---

649 *Keim*, MittBayNot 2021, 207.
650 *Lange*, Erbrecht, § 19 Rn. 223.
651 *Raude*, RNotZ 2017, 17, 24.
652 *Lorz*, in: MAH Erbrecht, § 20 Rn. 21.
653 *Herzog/Pruns*, digitale, § 10 Rn. 19.
654 *Förster/Fast*, ZAP 2022, 227, 233.
655 *Herzog/Pruns*, digitale, § 10 Rn. 19, 21.

Sinnvoll auch für solch eine „digitale Vollmacht" ist die möglichst unbegrenzte Geltung im Außenverhältnis, im Innenverhältnis hingegen sollte eine möglichst detaillierte Auflistung zum Umgang mit den jeweiligen Accounts erfolgen.[656]

Rechte am Nachlass erwirbt der Bevollmächtigte auch durch die Vollmacht über den Tod hinaus nicht.[657]

b) Widerruf der Vollmacht

Ein Problem kann sein, dass die Erben eine Vollmacht grundsätzlich jederzeit widerrufen können mit der Konsequenz, dass sie so den Erblasserwillen vereiteln können.[658] Hinsichtlich eines Ausschlusses dieser Widerrufsmöglichkeit gelten die allgemeinen Grundsätze.[659] Demnach besteht grundsätzlich die Möglichkeit, den Widerruf durch Vertrag auszuschließen,[660] ein solcher Ausschluss des Widerrufs stellt allerdings einen erheblichen Eingriff in das Selbstbestimmungsrecht des Vollmachtgebers dar. Aus diesem Grund ist der Ausschluss nicht grenzenlos möglich.[661]

Nicht ausgeschlossen werden kann der Widerruf etwa bei der Generalvollmacht.[662] Auch ansonsten ist für die Zulässigkeit der Unwiderruflichkeit ein sachlicher Grund erforderlich, der den Verzicht auf die Widerrufsmöglichkeit rechtfertigt.[663] Demnach muss die Vollmacht den Interessen des Bevollmächtigten oder des Dritten dienen, und diese Interessen müssen denen des Vollmachtgebers zumindest gleichwertig sein.[664] Geht der Ausschluss der Widerrufsmöglichkeit einseitig zu Lasten der Erben, wird das zu verneinen sein.[665]

Bezogen auf die Stellvertretung für Accounts des digitalen Nachlasses erscheint es fraglich, ob sich ein entsprechendes Interesse für den Bevollmächtigten oder einen Dritten bejahen ließe.[666]

---

656 *Raude*, RNotZ 2017, 17, 24.

657 *Keim*, MittBayNot 2021, 207, 210.

658 *Naczinsky*, ZEV 2020, 665; *Schubert*, in: MüKo-BGB, § 168 Rn. 53; *Schilken*, in: Staudinger, § 168 Rn. 34.

659 *Schubert*, in: MüKo-BGB, § 168 Rn. 55.

660 *Schilken*, in: Staudinger, § 168 Rn. 8; *Schubert*, in: MüKo-BGB, § 168 Rn. 20.

661 *Bayer*, DNotZ 2020, 373, 374.

662 *Schilken*, in: Staudinger, § 168 Rn. 9.

663 *Bayer*, DNotZ 2020, 373, 376.

664 *Maier-Reimer/Finkenauer*, in: Ermann BGB Kommentar, § 168 Rn. 16; *Schilken*, in: Staudinger, § 168 Rn. 8.

665 *Röthle*, in: Hohloch/Hausmann, Handbuch Erbrecht, Kapitel 14 Rn. 138.

666 *Seidler*, Digitaler Nachlass, S. 156.

Selbst wenn der Widerruf wirksam ausgeschlossen wurde, verbleibt auch für die Erben die Möglichkeit, die Vollmacht aus wichtigem Grund zu widerrufen.[667] Daraus folgt, dass die Gefahr, dass die Stellvertretung durch die Erben beendet wird, nie gänzlich ausgeschlossen werden kann.[668] Daher ist eine Testamentsvollstreckung ohne Widerrufsmöglichkeit der Erben wohl im Vergleich als das wirkungsvollere Instrument zu beurteilen.[669]

Ein weiteres Problem der Vollmacht kann ferner sein, dass sie den Rechtskreis des Erben nicht einschränkt.[670] Konsequenz dessen ist, dass der Stellvertreter niemals ausschließliche Befugnisse erhält und die Erben weiterhin Einsicht in die Accounts nehmen oder die Verträge kündigen können.[671]

c) Eignung der Stellvertretung beim digitalen Nachlass

Die Stellvertretung eignet sich nicht als alleinige Lösung, um den digitalen Nachlass bei Accounts zu regeln, schließlich können die Erben sowohl die Vollmacht widerrufen als auch neben dem Stellvertreter tätig werden.

Will der Erblasser eine dauerhafte Nutzung seines Accounts durch eine andere Person erreichen, sollte eine Vollmacht eher nicht das Mittel seiner Wahl sein. Für den Übergang zwischen Erbfall und Ausstellung des Erbscheins, mithin also in der Überbrückungszeit, kann die Stellvertretung aber eine sinnvolle Möglichkeit sein, um auch die Accounts des Erblassers nicht verwahrlosen zu lassen und gegebenenfalls eine saubere Übergabe an die Erben zu ermöglichen.[672]

Weil oft im Voraus nicht absehbar ist, ob und in welchem Maß direkt nach dem Tod des Erblassers Handlungsbedarf in Bezug auf den Account besteht, kann es sich anbieten, immer sicherheitshalber einen Stellvertreter zu benennen.[673]

IV. Vorsorge durch vertragliche Regelungen

Die bisher dargestellten Optionen fußten einzig auf dem Entschluss des Erblassers, Vorsorgeregelungen zu treffen. Es kann aber praktikabler sein,

---

667 *Maier-Reimer/Finkenauer*, in: Ermann BGB Kommentar, § 168 Rn. 18; *Schilken*, in: Staudinger, § 168 Rn. 14.

668 *Kubis et al.*, Der digitale Nachlass, S. 181.

669 *Seidler*, Digitaler Nachlass, S. 156.

670 *Seif*, AcP 2000, 192, 209.

671 *Seidler*, Digitaler Nachlass, S. 157.

672 Ebd., S. 157.

673 Vgl. *Kubis et al.*, Der digitale Nachlass, S. 176.

wenn die Diensteanbieter zu individuellen vertraglichen Regelungen mit dem Nutzer bereit sind oder selbst Vorsorgemöglichkeiten, wie etwa den Kontoinaktivität-Manager zur Verfügung stellen. Zudem ist anzunehmen, dass solche Regelungen mit dem Plattformbetreiber die Wahrscheinlichkeit auf Rechtsstreitigkeiten im Erbfall verringern.[674]

1. Anordnung zur Löschung des eigenen Accounts

Will der Erblasser, dass sein eigener Account durch den Plattformbetreiber gelöscht wird, könnte dies in Gestalt einer postmortalen Vollmacht oder einer postmortalen Weisung im Rahmen seines Vertragsverhältnisses geschehen.[675] Möglich erscheint auch eine auflösende Bedingung nach §§ 163, 158 BGB, wonach das Vertragsverhältnis mit dem Versterben des Nutzers automatisch beendet werden soll.[676]

Vereinbaren Nutzer und Plattformbetreiber derartig die Löschung der Daten bei Todeseintritt des Nutzers, ist der Dienstanbieter verpflichtet, sie von seinen eigenen Servern zu löschen und sie nicht an Dritte herauszugeben. Die Kontrolle dieser Regelung müsste durch die Erben als Rechtsnachfolger erfolgen.[677] Problematisch sind dabei allerdings Konstellationen zu bewerten, in denen der Erbe selbst ein Interesse an den Daten des Accounts hat und der Dienstanbieter seinen Pflichten nicht angemessen nachkommt. In solchen Fällen ist eine wirksame Kontrolle post mortem wohl gänzlich ausgeschlossen. Lediglich, wenn dadurch eine postmortale Persönlichkeitsrechtsverletzung vorliegt, könnten die nächsten Angehörigen mithilfe der Unterlassungsklage tätig werden.[678]

Ein großer Vorteil der Konto- und Datenlöschung in dieser Form ist, dass lediglich der Dienstanbieter involviert ist, nicht hingegen jedoch außenstehende Dritte. Das verringert die Gefahr, dass Unbefugte Kenntnis von den Daten erlangen.[679]

Problematisch ist allerdings, dass die Daten des Verstorbenen auch nach seinem Tod noch einen Wert für den Plattformbetreiber haben, so dass eine Löschung des Accounts grundsätzlich nicht in dessen Interesse wäre. Damit erscheint fraglich, wer in solcherlei Fällen die Einhaltung des Willens des

674 Ebd., S. 292.
675 Ebd., S. 293.
676 *Kutscher,* Der digitale Nachlass, S. 157.
677 *Kubis et al.*, Der digitale Nachlass, S. 293.
678 *Herzog/Pruns,* digitale, § 10 Rn. 16.
679 *Kubis et al.*, Der digitale Nachlass, S. 108.

Verstorbenen kontrolliert.[680] Auch dafür kommen Erben oder Angehörige in Betracht, die aber lediglich durch eine Suche auf der entsprechenden Plattform feststellen könnten, ob der entsprechende Account noch existiert, die Löschung der gespeicherten Daten ist für sie praktisch nicht überprüfbar.

Wissen weder Erben noch Angehörige von dem betroffenen Account und würde der mutmaßliche Todesfall für den Plattformbetreiber etwa durch Inaktivität (dazu im Folgenden mehr) des Nutzers eintreten, so kann bereits keine Kontrolle über die Löschung des Accounts selbst erfolgen. Es erscheint auch kaum realisierbar, für solche Fälle ein externes Kontrollgremium einzusetzen. Mithin müsste also auf die Redlichkeit der Plattformbetreiber vertraut werden. Es erscheint zweifelhaft, ob ein Nutzer, dem wirklich etwas an der endgültigen Löschung seiner Daten liegt, den Plattformen, die nicht unbedingt für ihre Datensparsamkeit bekannt sind,[681] solch ein Vertrauen entgegenbringen wird.

2. Zugänglichmachen des Accounts

Aber es ist nicht nur denkbar, dass der Erblasser die Löschung seines Accounts begehrt, möglich ist auch, dass er möchte, dass sein Account im Todesfall einer bestimmten Person zugänglich gemacht wird. Solch eine Vereinbarung kann als Vertrag zugunsten Dritter auf den Todesfall nach §§ 2301, 328 BGB beurteilt werden.[682] Diese Rechtsfigur erlaubt es, Ansprüche aus schuldrechtlichen Vereinbarungen außerhalb des Erbrechts auf einen anderen übergehen zu lassen.[683]

Bezogen auf die Accounts des digitalen Nachlasses bedeutet das, dass der Nutzer mit dem Versprechenden, also vorliegend dem Plattformbetreiber, vereinbart, dass bei seinem Tod ein vorher benannter, begünstigter Dritter das Recht erwirbt, unmittelbar vom Versprechenden eine bestimmte Leistung, also den Zugang zum Account, zu fordern.[684] Bei diesem Rechtsgeschäft zwischen dem Plattformbetreiber und dem Nutzer handelt es sich um ein Rechtsgeschäft unter Lebenden, allerdings entspricht das Verhältnis zwischen dem Nutzer und dem Begünstigten in Zielen und Wirkungen einer Verfügung von Todes wegen. Aus diesem Grund wäre es naheliegend, auf dieses Verhältnis auch die

---

680 Kubis et. al, Der digitale Nachlass, S. 108.

681 Vgl. dazu *Englerth/Hermstrüwer,* RW Rechtswissenschaft 4 (2013), 326.

682 *Herzog/Pruns,* digitale, § 10 Rn. 15.

683 *Leipold,* in: MüKo-BGB, § 1922 Rn. 27.

684 *Kubis et al.,* Der digitale Nachlass, S. 293; *Kutscher,* Der digitale Nachlass, S. 152.

erbrechtlichen Vorschriften anzuwenden.[685] Dies wird allerdings abgelehnt, sodass die erbrechtlichen Formvorschriften nicht erforderlich sind.[686]

Auch wenn die erbrechtlichen Formvorschriften nicht gelten, kann dennoch der Formzwang des § 518 Abs. 1 BGB zu beachten sein, wonach die notarielle Beurkundung eines Schenkungsversprechens erforderlich ist.[687] Liegt eine Schenkung vor, kann der Formmangel aber nach § 518 Abs. 2 BGB durch Bewirken der Leistung geheilt werden.[688] Schenkungsgegenstand ist vorliegend nicht die Leistung selbst, sondern stattdessen der unmittelbare Anspruch gegen den Versprechenden,[689] vorliegend also der Anspruch gegen den Plattformbetreiber.

Vollzogen wird die Schenkung durch das Versterben des Nutzers durch den Erwerb des unmittelbaren Forderungsrechts gegenüber dem Versprechenden, sodass in diesem Zeitpunkt dann die Heilung nach § 518 Abs. 2 BGB eintritt.[690]

Dieses Angebot zum Vertragsschluss kann auch nicht mehr durch die Erben widerrufen werden.[691] Eine Widerrufsmöglichkeit besteht nur, wenn das Angebot dem Dritten noch nicht zugegangen ist, dann können die Erben das Entstehen eines wirksamen Rechtsgrundes noch verhindern.[692] Fehlt dieser Rechtsgrund, hat der Beschenkte keinen Anspruch mehr auf die Leistung und muss die Bereicherung gemäß § 812 ff. BGB herausgeben.[693] Es besteht keine Möglichkeit für den Erblasser, diese Widerrufsmöglichkeit der Erben auszuschließen.[694]

Diese Zufälligkeit bei der Frage, ob ein Widerruf noch möglich ist, die allein vom Zeitpunkt des Zugangs abhängt, kann vermieden werden, indem der Nutzer noch zu Lebzeiten dem Dritten das Vertragsangebot macht. Die Option besteht allerdings nur, wenn auch der Provider zustimmt.[695]

---

685 *Musielak*, in: MüKo-BGB, § 2301 Rn. 13.

686 *BGHZ* 41, 95, Vertrag zugunsten Dritter auf den Todesfall – Schuldrechtlicher Wertpapierübereignungsanspruch; *Musielak*, in: MüKo-BGB, § 2301 Rn. 32 ff.

687 *Kutscher*, Der digitale Nachlass, S. 154.

688 *Kubis et al.*, Der digitale Nachlass, S. 294.

689 *BGH*, 30.10.1974 – IV ZR 172/73 (erhältlich in NJW 1975).

690 *Litzenburger*, in: BeckOK BGB, § 2301 Rn. 18.

691 *OLG Düsseldorf*, 31.05.1996 – 22 U 236/95 (erhältlich in NJW-RR, 1996, 1329).

692 *BGH*, 30.10.1974 – IV ZR 172/73 (erhältlich in NJW 1975).

693 *Litzenburger*, in: BeckOK BGB, § 2301 Rn. 19.

694 *BGH 4. Zivilsenat*, WM 1976, 1130.

695 *Kutscher*, Der digitale Nachlass, S. 155.

Mithin kann dieser Vertrag zugunsten Dritter auf den Todesfall eine taugliche Lösung sein, um „am Erbrecht vorbei“[696] eine Nachfolgeregelung für den Account zu schaffen. Dies schließt die Weiternutzungsoption des Accounts mit ein. Das größte Problem in der Praxis dürfte aber die Zustimmung des Plattformbetreibers darstellen. Da diese schon in ihren AGB keine Weitergabe der Passwörter oder des Accounts im Todesfall vorsehen, dürfte auch diese vertragliche Regelung in der Praxis bei ihnen keinen Anklang finden. Diese Option mag in der juristischen Theorie eine solide Lösung darstellen, dem Nutzer in der Praxis wird sie allerdings nicht viel nützen, da aktuell nicht anzunehmen ist, dass die Plattformbetreiber sich zukünftig auf einen solchen Vertrag einlassen.

C. Vorschläge für Lösungen seitens der Betreiber

Aktuell erscheint es unwahrscheinlich, dass sich die Betreiber großer Social Media Plattformen bereit erklären, individualvertraglich mit einzelnen Nutzern solche Verträge über erbrechtliche Angelegenheiten zu klären. Bei der Vielzahl an Nutzern würde dies zu einem enormen Verwaltungsaufwand führen.[697]

Demnach ist es sinnvoller, Überlegungen zu treffen, inwiefern die Betreiber selbst Möglichkeiten zur Regelung des digitalen Nachlasses schaffen könnten und wie diese konkret aussehen könnten. Schließlich kann der Anbieter durch ordnungsgemäße AGB Vorsorge für den Todesfall des Nutzers leisten, oder zumindest eine Hilfestellung zur eigenen Vorsorge bieten.[698]

I. Aufklärung über den digitalen Nachlass

Für bessere, rechtskonformere AGB der Betreiber bezogen auf den digitalen Nachlass ist zunächst zu empfehlen, überhaupt transparente Regelungen zu schaffen und Informationen über die Handhabung nach dem Ableben der Nutzer nicht nur im Hilfebereich der Plattformen zu verstecken.

Letztlich wären transparente Regelungen und verschiedene Gestaltungsmöglichkeiten für den Nutzer im Interesse beider Parteien. Eine rechtskonforme Vorsorge erspart den Plattformbetreibern schließlich umfangreiche Auseinandersetzungen und Prüfungen nach dem Tod eines Nutzers, welche mit einigem Verwaltungsaufwand, und im schlimmsten Fall mit rechtlichen

---

696 Vgl. *Keim*, MittBayNot 2021, 207, 214.
697 *Kubis et al.*, Der digitale Nachlass, S. 293.
698 Vgl. *Podszun*, GWR 2016, 37.

Streitigkeiten und den entsprechenden Kosten, verbunden wären. Insbesondere wäre es dabei ratsam, die Nutzer eindeutig auf Vorsorgemöglichkeiten für ihren Tod hinzuweisen. Dies könnte etwa durch auftauchende Fenster bei Bearbeitung der eigenen Profilseite geschehen, sodass die Nutzer niedrigschwellig die Möglichkeit zur Kenntnisnahme der Möglichkeiten haben. Denn nur, wem die Problematik des digitalen Nachlasses bewusst ist, kann auch Vorsorgemaßnahmen treffen.[699]

Solch eine Lösung ist insbesondere aufgrund der Praktikabilität als verbraucherfreundlich einzustufen: Schließlich beschäftigen sich Verbraucher eher mit einer kurzen AGB-Klausel als mit den umfangreichen Möglichkeiten zur Erstellung eines Testaments.

II. Gestaltungsoptionen

Da individualvertragliche Regelungen mit den Nutzern über den digitalen Nachlass aufgrund des enormen Verwaltungsaufwandes kaum umzusetzen sind, müssen andere Wege zur individuellen Vorsorge gefunden werden.[700]

1. Auswahlmöglichkeiten für den Erblasser

Ein möglicher Ansatz wäre, dass der Nutzer gleich bei Registrierung per Klick festlegen könnte, ob und wer im Todesfall unter Nachweis durch eine Sterbeurkunde berechtigt wäre, den Zugang zum Account zu erhalten.[701]

Eine sinnvolle Erweiterung dieser Idee ist die Bereitstellung von Formularen durch den Plattformbetreiber mit entsprechenden Auswahlmöglichkeiten für die Nutzer, bei denen diese durch entsprechendes Setzen von Häkchen aussuchen können, was im Todesfall mit dem Account geschehen soll.[702] Diese Optionen müssten dann die erbrechtlichen Wahlmöglichkeiten abbilden, daher müsste etwa die Löschung des Kontos angeboten werden, eventuell auch das Versetzen in den Gedenkzustand und auch das Weiterführen des Accounts durch eine vorher festgelegte Person.[703] Diese vorher bestimmte Person könnte, sofern sie selbst einen Account bei der betroffenen Plattform hat, einfach verlinkt werden. Alternativ könnte der Nutzer auch die Kontaktdaten dieser Person hinterlegen.

699 So auch: *Kubis et al.*, Der digitale Nachlass, S. 107.
700 Ebd., S. 294.
701 *W. Litzenburger*, FD-ErbR 2016, 375286.
702 *Kubis et al.*, Der digitale Nachlass, S. 294.
703 Ebd., S. 295.

Der Vorteil solcher Auswahlmöglichkeiten über den digitalen Nachlass auf der Plattform selbst liegt für den Nutzer in der Einfachheit der Handhabung. Jeder Nutzer könnte jederzeit ohne Probleme oder zusätzliche Kosten oder großen Aufwand über seinen Nachlass entscheiden. Dies könnte auch Nutzer ansprechen, die den Gang zum Notar oder bereits das Aufsetzen eines Testaments scheuen. Problematisch an dieser einfachen Handhabung könnte wiederum sein, dass die Nutzer unüberlegte Entscheidungen fällen. Allerdings könnten die Nutzer auch zu einem späteren Zeitpunkt ihre Angaben korrigieren und so auch veränderten Wünschen anpassen.

Der Nutzer sollte darauf hingewiesen werden, dass diese Änderung jederzeit möglich ist, ferner sollte er aber auch nicht dazu gezwungen werden, eine solche Wahl zu treffen.[704] Auch in der analogen Welt steht es einem Erblasser frei, ob er überhaupt letztwillige Verfügungen treffen will.[705]

Zur Unterstützung des Nutzers sollte der Plattformbetreiber einfach zugängliche Informationen sowohl über die rechtliche Ausgangslage als auch über die Rechtsfolgen seiner jeweiligen Auswahl bereitstellen.[706] Die Informationen über die rechtliche Ausgangslage könnten dabei als Vorab-Informationen vor den Auswahlmöglichkeiten bereitstehen, die detaillierten Informationen zu den jeweiligen Rechtsfolgen könnten durch den Mouseover-Effekt eingeblendet werden, bei der der Mauszeiger über der jeweiligen Option verweilt, ohne dass ein Mausklick erforderlich ist. Dies wäre eine simple und benutzerfreundliche Informationsquelle.

2. *Eintritt des Vorsorgefalls*

Ebenfalls festgelegt werden müsste der Umstand, bei dem der Vorsorgefall eintritt. Möglich wäre, wie beim Kontoinaktivität-Manager von Google, die Folgen schlicht an die Inaktivität des Nutzers anzuknüpfen. Dabei könnte der Betreiber bei längerer Inaktivität Anfragen an den Nutzer oder an eine vorher benannte Vertrauensperson stellen.[707]

Allerdings stellt die Inaktivität an sich einen relativ unsicheren Faktor dar, sodass zu empfehlen ist, den Nachweis des Versterbens durch eine Sterbeurkunde erbringen zu lassen. Da dieser nicht mehr vom Erblasser selbst erbracht werden kann, ist eine vorher festgelegte Vertrauensperson erforderlich, die dem

---

704 *Kubis et al.*, Der digitale Nachlass, S. 295.

705 Vgl. zur Testierfreiheit *Leipold*, in: MüKo-BGB, Einl. ErbR Rn. 17.

706 *Kubis et al.*, Der digitale Nachlass, S. 295.

707 *Martini*, JZ 2012, 1145, 1155.

Dienstanbieter gegenüber den Nachweis des Versterbens erbringt. Dabei muss in Kauf genommen werden, dass die Vertrauensperson bereits vorab von ihrer Begünstigung erfährt, was bei Änderungen der letztwilligen Anordnungen zu Konflikten führen kann.[708]

Ist nicht gewollt, dass die Person von ihrer Begünstigung erfährt, kann die Rechtsfolge auch dann eintreten, wenn die Erben dem Plattformbetreiber den Tod des Nutzers anzeigen, sie könnten dann vom Dienstanbieter entsprechend über die jeweilige Vorsorgeregelung informiert werden.[709]

3. Rechtliche Beurteilung der Gestaltungsoptionen

Problematisch ist nun die Frage, ob solche Auswahlmöglichkeiten des Nutzers als Individualvereinbarung einzuordnen wären oder bereits AGB darstellen würden. Grundsätzlich genügt solch ein Anklicken bei einem Auswahlbutton nicht den Anforderungen an eine Individualvereinbarung.[710] Schließlich muss der Verwender ernsthaft dispositionsbereit sein, das bloße Eröffnen von Wahlmöglichkeiten genügt noch nicht für die Annahme einer Individualvereinbarung.[711]

Die Anforderungen an eine Individualvereinbarung sind also hoch.[712] Bei dem vorliegenden Vorschlag zur Vorsorge mithilfe von Auswahlmöglichkeiten könnte sie zu bejahen sein. Zumindest, wenn sie dem Verbraucher als echte Alternativmöglichkeiten angeboten werden, was bei den vorherigen Überlegungen der Fall war. Insbesondere, weil der Nutzer sich nicht für diese Art der Vorsorge entscheiden muss und somit die Einbeziehung der Klauseln selbst in seinem Ermessen steht.[713]

Das Hindernis für diese Beurteilung stellt die Tatsache dar, dass es sich bei dem Nutzer in der Regel um einen Verbraucher handeln wird und die AGB dann nach § 310 Abs. 3 Nr. 1 BGB als vom Unternehmer gestellt gelten, es sei denn, dass sie durch den Verbraucher in den Vertrag eingeführt wurden.[714]

Erforderlich, um eine Individualvereinbarung anzunehmen, wäre daher, dass der Verbraucher die Möglichkeit hat, eigene Vorschläge für den Text mit

708 *Kubis et al.*, Der digitale Nachlass, S. 295.
709 Ebd.
710 *Litzenburger*, FD-ErbR 2018, 407688.
711 *Miethaner*, NJW 2010, 3121, 3121 f.
712 *Kappus*, NJW 2016, 33.
713 *Kubis et al.*, Der digitale Nachlass, S. 296.
714 Ebd.

der realistischen Möglichkeit zur Durchsetzung einzubringen.[715] Dies ist bei sozialen Netzwerken aufgrund des enormen Verwaltungsaufwandes bei der Vielzahl an Nutzern kaum vorstellbar, sodass eine Auswahloption zur Vorsorge seitens des Nutzers als AGB zu werten und damit der AGB-Kontrolle unterworfen wäre.[716]

Allerdings spielt diese Einordnung im Ergebnis kaum eine Rolle, da solche Vorsorgeoptionen auch als AGB wirksam sein dürften.[717] Wichtig wäre in jedem Fall die Beachtung des Transparenzgebotes, so sollte die Klausel eindeutig und bestimmt sein, sodass dem Nutzer seine Vorsorgemöglichkeiten bekannt gemacht werden und er sie auch versteht. Ferner dürfte sich der Verwender keinen ungerechtfertigten Ermessensspielraum vorbehalten. Bei Klauseln, in denen die erbrechtlichen Wahlmöglichkeiten klar und verständlich dargestellt sind, dürfte das Transparenzgebot kein Problem darstellen.[718]

Ebenso wird auch keine Aushöhlung erbrechtlicher Grundsätze vorliegen, solange die erbrechtlichen Wahlmöglichkeiten korrekt abgebildet werden und die Auswahlmöglichkeiten dem Willen des Nutzers entsprechen und diese ihm also nicht durch den Plattformbetreiber aufgezwungen werden. Vielmehr wäre auch positiv zu beurteilen, dass solch eine Wahlmöglichkeit seitens der Plattformen dem Erblasser überhaupt die erbrechtlichen Möglichkeiten vor Augen führen.[719]

Zusammengefasst kann festgehalten werden, dass eine Auswahlmöglichkeit hinsichtlich der Nachlassoptionen rechtlich möglich und verbraucherfreundlich wäre. Solange die Plattformbetreiber die erbrechtlichen Möglichkeiten darstellen und das Transparenzgebot beachten, müssten die Klauseln auch wirksam sein.

---

715 *BGH*, 17.02.2010 – VIII ZR 67/09 (erhältlich in NJW 2010).

716 *Kubis et al.*, Der digitale Nachlass, S. 296; *Kutscher*, Der digitale Nachlass, S. 151 f.

717 *Kubis et al.*, Der digitale Nachlass, S. 297.

718 Ebd.

719 *Kubis et al.*, Der digitale Nachlass, S. 297.

Kapitel 6: Sonderfall: Account wird von mehreren Personen betrieben

Neben dem klassischen Fall, bei dem ein Account vor dem Erbfall auch nur von einer einzigen Person genutzt wird, gibt es auch Accounts, die von zwei oder mehr Personen betrieben werden.[720]

Verstirbt in solchen Fällen geteilter Accounts eine der nutzenden Personen, ist fraglich, wie es sich mit dem Nutzungsrecht am Account im Erbfall verhalten würde.

A. Private gemeinschaftliche Nutzung

Denkbar wären zunächst Fälle, in denen die gemeinschaftliche Accountnutzung inoffiziell und privat erfolgt, in denen sich also mehrere Personen einen Account geteilt haben. Dies könnte sowohl wider der Nutzungsbedingungen erfolgt sein als auch, etwa bei Youtube, gestattet vom Plattformbetreiber.[721]

Ausgangsfrage bei diesen Konstellationen ist, wem der Account vor dem Erbfall gehörte. Naheliegend ist diesbezüglich in erster Linie der Vertragspartner der Social Media Plattform,[722] das muss aber nicht immer der Fall sein, wie das Urteil des LG Frankfurt vom 24.07.2020 zeigt, wonach zu den Herausgabepflichten des Vereinsvorstandes auch die Administratorrechte zu einer Facebook-Seite gehörten, obgleich er diese (systembedingt) unter Nutzung seines privaten Accounts erstellt hatte.[723] Ob einer weiteren Person Nutzungsrechte (etwa aufgrund interner Vereinbarungen) zustehen, wird im Einzelfall entschieden werden müssen. War eine Mitnutzung eines Accounts, die in einigen Fällen den Nutzungsbedingungen widerspricht, lediglich als Gefälligkeit einzuordnen, liegt schon keine übergangsfähige Rechtsposition vor. Gab es

---

720 Das ist etwa bei den Influencerinnen Lisa und Lena der Fall, deren Impressum auf die Lisa und Lena GbR verweist, *Instagram,* Lisa und Lena, https://www.instagram.com/lisaandlena/?hl=de.

721 *Youtube-Hilfe,* Zugriffsrechte, https://support.google.com/youtube/answer/9481328?hl=de.

722 *Scheidung.de,* Wem gehört der Instagram-Kanal nach der Scheidung?, https://www.scheidung.de/scheidungsnews/wem-gehoert-der-instagram-kanal-nach-der-scheidung.html.

723 *LG Frankfurt 15. Zivilkammer,* NZG 2020, 1278.

hingegen eine (auch konkludente) vertragliche Vereinbarung, so können auch die vertraglichen Nutzungsrechte auf den Erben des Mitnutzers übergehen. Im umgekehrten Fall wäre auch der Erbe des Account-Inhabers verpflichtet, den anderen Nutzern die Mitnutzung des Accounts zu ermöglichen, auch wenn eine Kündigung aus wichtigem Grund möglich sein kann, weil das Vertrauensverhältnis mit dem Tod des Mitnutzers nicht mehr besteht und auch zum Erben in der Regel nicht auf gleicher Vertrauensebene bestehen dürfte.

B. Account-Nutzung durch GbR

Es ist davon auszugehen, dass hinter vielen Accounts, die von mehreren Personen betrieben werden, eine Gesellschaft bürgerlichen Rechts steht.[724]

Für die GbR bestimmt § 705 BGB, dass sich die Gesellschafter durch den Gesellschaftsvertrag gegenseitig zur Erreichung eines gemeinsamen Zweckes verpflichten. Ein solcher Vertrag kann formlos und konkludent geschlossen werden, sich also auch einfach aus den Umständen ergeben.[725] Die Parteien müssen sich nicht einmal bewusst sein, dass sie einen Gesellschaftsvertrag abschließen, solange die zwingenden Voraussetzungen einer GbR vorliegen.[726] Da keine gesetzliche Beschränkung dieses Zweckes stattfindet, kommen letztlich alle erlaubten Zwecke als Zielsetzung der GbR in Betracht.[727] Wenn sich zwei oder mehr Personen also zusammenschließen, um einen Account zu führen, kann auch dies einen tauglichen Zweck darstellen und eine GbR ist grundsätzlich denkbar. Entscheidend ist, dass es sich beim Pflegen des Accounts nicht nur um eine Gefälligkeit handelt, mithin muss ein Rechtsbindungswille vorliegen.[728] Diese Einordnung wird im konkreten Einzelfall getroffen werden müssen, allerdings kann ein Rechtsbindungswille sicher dann festgestellt werden, wenn der Account langfristig und/oder mit Aussicht auf Erfolg durch Werbewert angelegt ist.

Die Tätigkeiten, die im Zusammenhang mit der Accountnutzung entstehen, also das Veröffentlichen von Inhalten oder die Kommunikation mit

724 Vgl. *scheidung.de*, Wem gehört der Instagram-Kanal nach der Scheidung?, https://www.scheidung.de/scheidungsnews/wem-gehoert-der-instagram-kanal-nach-der-scheidung.html; vgl. Lisa und Lena, https://www.instagram.com/lisaandlena/?hl=de.

725 *Schäfer*, in: MüKo-BGB, § 705 Rn. 1.

726 *Saenger*, Gesellschaftsrecht, § 3 Rn. 67.

727 Ebd., § 3 Rn. 42.

728 *Westermann*, in: Ermann BGB Kommentar, § 705 Rn. 7.

Dritten, wohl auch das Akquirieren potenzieller Werbepartner fallen unter die Geschäftsführung der GbR. Diese Geschäftsführung (einschließlich des Widerspruchsrechts) gehört zu den Rechten der Gesellschafter.[729] Zur Geschäftsführung zählt jede für die Gesamthand vorgenommene Tätigkeit zur Förderung des Gesellschaftszweckes, davon sind sowohl Maßnahmen im Innenverhältnis als auch im Außenverhältnis umfasst.[730] Zu Lebzeiten sind also alle Gesellschafter zur Geschäftsführung befugt, mithin dürfen alle den Account nutzen und Inhalte posten. Fraglich ist aber, was im Todesfall der Gesellschafter gelten soll, wenn der Account mitsamt der Nutzungsbefugnis erblich ist.

I. Gesetzlicher Normfall

Für eine erste Einordnung sind die allgemeinen Regelungen für die Erbschaft der Gesellschaft bürgerlichen Rechts zu betrachten. Im Gesetz ist in § 727 Abs. 1 BGB jedoch nichts zur Erbschaft der Gesellschaftsanteile geregelt, stattdessen bestimmt die Norm, dass die Gesellschaft durch den Tod des Gesellschafters aufgelöst wird, wenn nicht der Gesellschaftsvertrag etwas anderes bestimmt. Haben die Parteien also nichts vereinbart, was insbesondere bei einem nur konkludenten Vertragsschluss wahrscheinlich der Fall sein wird, so ist Rechtsfolge bei Tod einer Partei zwingend die Auflösung der gesamten Gesellschaft. Wenn sich die den Account betreibende Gesellschaft aber auflöst, muss das auch Auswirkungen auf den Account haben.

Mit dem Tod des Gesellschafters verwandelt sich die GbR in eine Abwicklungsgesellschaft, die grundsätzlich nach den §§ 730 ff. BGB auseinanderzusetzen ist.[731] Der Erbe des verstorbenen Gesellschafters tritt an dessen Stelle und wird Mitglied dieser Abwicklungsgesellschaft, dies gilt sowohl bezüglich der Vermögens- als auch der Verwaltungsrechte.[732] Gibt es mehr als einen Erben, so wird die Erbengemeinschaft Mitglied dieser Abwicklungsgesellschaft.[733] Mit dem Tod des Gesellschafters hat sich auch der Zweck der GbR gewandelt, die ab diesem Zeitpunkt auf die Abwicklung gerichtet ist,[734] mithin wäre nun also Zweck der GbR nicht mehr die Pflege eines Accounts, sondern lediglich

729 *Saenger*, Gesellschaftsrecht, § 3 Rn. 114.
730 *Schöne*, in: BeckOK BGB, § 709 Rn. 3.
731 *Schäfer*, in: MüKo-BGB, § 727 Rn. 6.
732 *Habermeier*, in: Staudinger, § 727 Rn. 7; *Schäfer*, in: MüKo-BGB, § 727 Rn. 13.
733 *Habermeier*, in: Staudinger, § 727 Rn. 10.
734 *BGH 5. Zivilsenat*, Beschluss v. 19.11.2015 – V ZB 201/14 (erhältlich in NSW BGB § 727); *Kilian*, in: Henssler/Strohn Gesellschaftsrecht, § 730 Rn. 7.

die Abwicklung der Gesellschaft. Vollbeendigung der Gesellschaft tritt mit Abwicklung des Aktivvermögens ein.[735] Das durch einen Account eventuell erworbene Geld zählt unzweifelhaft zum Aktivvermögen und muss aufgeteilt werden.

Schwieriger zu beurteilen ist hingegen die Frage, wie es sich mit dem Account selbst verhält. Der dahinterstehende Vertrag, sofern wirksam für die GbR abgeschlossen, kann als durch die Geschäftsführung erworbenen Gegenstand zu werten sein, da die Gesellschaft dadurch einen Anspruch auf Bereitstellung der Kommunikationsplattform erworben hat und solch ein Forderungsrecht auch dem Aktivvermögen unterfällt.[736]

Wenn aber ein Account, beziehungsweise der dahinterstehende Vertrag, dem Aktivvermögen zuzurechnen ist und dieses bei Tod eines Gesellschafters abgewickelt werden muss, stellt sich die Frage, wie ein Accountvertrag abzuwickeln ist. Bei einem solchen handelt es sich um ein Dauerschuldverhältnis,[737] welches innerhalb der Abwicklung ordentlich zu kündigen ist.[738] Bei sozialen Netzwerken existieren in der Regel keine Kündigungsfristen, vielmehr kann der Account sofort gelöscht und der Vertrag beendet werden. Somit würde mit der GbR, deren Zweck die Führung eines gemeinsamen Accounts war, auch der Account schlicht wegfallen.

Bedauerlich könnte dies aus wirtschaftlicher Sicht sein, da der potenzielle Vermögenswert, der durch zukünftige Werbekooperationen zustande käme, ersatzlos wegfällt. Schließlich gibt es keine Möglichkeit, den Account selbst als Vermögenswert oder wenigstens die Abonnenten aufzuteilen. Auch die Übertragung eines Accounts auf Dritte gegen Geld lassen die Plattformen in der Regel nicht zu.[739] Mithin würde in einem solchen Fall also der Wert der Accounts verschwinden, auch ein überlebender Gesellschafter dürfte ihn nicht ohne Weiteres weiter nutzen. Dazu wäre nötig, dass der überlebende Gesellschafter ohne Liquidation das Gesellschaftsvermögen bei gleichzeitiger Abfindung der Erben übernimmt. Denkbar wären dafür individuelle Vereinbarungen mit dem oder den Erben. Insbesondere wenn es sich aber um eine

---

735 *BGHZ* 24, 91, Rn. 24, Streit über Parteifähigkeit – Annahmeverzug des Dienstberechtigten.

736 *Schöne*, in: BeckOK BGB, § 718 Rn. 5.

737 Kapitel 1: Social Media Accounts B III.

738 *Weiß*, in: MAH Personengesellschaftsrecht, § 25 Rn. 77.

739 *Scheidung.de,* Wem gehört der Instagram-Kanal nach der Scheidung?, https://www.scheidung.de/scheidungsnews/wem-gehoert-der-instagram-kanal-nach-der-scheidung.html.

größere Erbengemeinschaft handelt, könnte die Abwicklung schon aufgrund der Vielzahl von Personen konfliktreich ablaufen.

II. Fortsetzungsklauseln

Um den Eintritt des oder der Erben in die Gesellschaft zu erreichen, ist eine Fortsetzungsklausel notwendig, damit nicht die Rechtsfolge des § 727 BGB eintritt.[740] Dafür genügt allerdings keine sogenannte einfache Fortsetzungsklausel, da diese nur die Fortsetzung der Gesellschaft mit den überlebenden Gesellschaftern vorsieht,[741] und somit einen Ausschluss der Erben des Verstorbenen bewirkt.[742]

Erforderlich für den Eintritt des oder der Erben ist vielmehr eine erbrechtliche Nachfolgeklausel, durch die der Anteil des Gesellschafters für die Nachkommen vererblich gestellt wird.[743] Somit bewirkt solch eine Klausel Zweierlei: zum einen die Fortsetzung der Gesellschaft, zum anderen die Vererblichkeit der Gesellschafterstellung.[744]

Bei einer einfachen Nachfolgeklausel wird der Anteil generell vererblich gestellt, wohingegen bei einer qualifizierten Nachfolgeklausel die Möglichkeit der Anteilsvererbung auf einen bestimmten oder bestimmbaren Personenkreis beschränkt ist.[745] Diese Qualifizierung ist insbesondere dann sinnvoll, wenn eine Zersplitterung der Gesellschaftsanteile auf einen großen Erbenkreis vermieden werden soll.[746] Auch bei einem Account kann dies ein taugliches Instrument darstellen, um eine Fortsetzung der Accountnutzung durch einen zu großen Personenkreis zu verhindern, weil dies wenig praktikabel sein dürfte. Zu viele Leute mit unterschiedlichen Ideen zur Führung eines Accounts dürften ihn auf Dauer unübersichtlich machen und damit auch unattraktiv für die bisherigen Abonnenten, was nicht im Sinne der bisherigen Gesellschafter sein dürfte.

Die anderen Erben oder Pflichtteilsberechtigte, die vom Gesellschaftsvertrag nicht zugelassen wurden, haben dann nur noch Ausgleichsansprüche im Hinblick auf den Wert der Gesellschafterbeteiligung des Erblassers, in Höhe

---

740 *Saenger*, Gesellschaftsrecht, § 3 Rn. 224.
741 *Schöne*, in: BeckOK BGB, § 727 Rn. 12.
742 *Kögel*, in: MAH Erbrecht, § 40 Rn. 38.
743 *Schäfer*, in: MüKo-BGB, § 727 Rn. 29; *Schöne*, in: BeckOK BGB, § 727 Rn. 13.
744 *Kögel*, in: MAH Erbrecht, § 40 Rn. 39.
745 *Schäfer*, in: MüKo-BGB, § 727 Rn. 30.
746 *Kögel*, in: MAH Erbrecht, § 40 Rn. 42.

ihrer jeweiligen Erbquote. Allerdings können diese Ausgleichsansprüche eine erhebliche Belastung darstellen, weshalb sie testamentarisch geregelt und gegebenenfalls beschränkt oder ausgeschlossen werden sollten.[747]

Daneben besteht noch die Möglichkeit der rechtsgeschäftlichen Eintrittsklausel, bei der die Gesellschafter im Gesellschaftsvertrag für den Todesfall einer der Gesellschafter einer vorher festgelegten Person ein Eintrittsrecht in die Gesellschaft einräumen. Solch eine Eintrittsklausel verschafft dem Dritten einen schuldrechtlichen Anspruch auf Aufnahme in die Gesellschaft.[748] Wollen also zwei Accountbetreiber, dass im Todesfall eine gewisse dritte Person die Möglichkeit zum Eintritt in die Gesellschaft hat, kann diese rechtsgeschäftliche Eintrittsklausel ein taugliches Instrument darstellen, um den Gesellschafterwechsel im Todesfall zu erreichen.

Sie verhindert allerdings nicht die Abfindungsansprüche der Erben.[749] Dem Eintretenden wächst mit seinem Beitritt ein Gesellschaftsanteil zu, die Einzelheiten seiner Stellung ergeben sich aus dem jeweiligen Vertrag.[750] Falls der Begünstigte keinen Gebrauch von seinem Eintrittsrecht macht, hängt es vom Gesellschaftsvertrag ab, ob die Gesellschaft mit den übrigen Gesellschaftern fortgeführt wird und zugunsten der Erben ein Abfindungsanspruch nach §§ 736, 738 Abs. 1 BGB entsteht oder ob die Gesellschaft sich nach § 727 Abs. 1 BGB auflöst.[751]

Neben dieser Möglichkeit besteht ferner noch die Option der rechtsgeschäftlichen Nachfolgeklausel, bei der der Übergang des Gesellschaftsanteils direkt auf Grundlage der Nachfolgeregelung im Vertrag erfolgen soll.[752] Notwendig hierbei ist ein Beitrittsvertrag zwischen dem Nachfolger und den Gesellschaftern;[753] wurde der Nachfolger nicht beteiligt, handelt es sich um einen Vertrag zu Lasten Dritter und der Vertrag ist nichtig.[754] Der Begünstigte kann auch ein anderer Gesellschafter sein. Der Unterschied zu einer bloßen Fortsetzungsklausel zeigt sich darin, dass in diesem Fall wegen des Übergangs des Anteils ein Abfindungsanspruch der Erben nicht zur Entstehung gelangt und darin, dass die mit dem Anteil verbundenen Mitgliedschaftsrechte nicht einfach

747 *Kögel*, in: MAH Erbrecht, § 40 Rn. 45.
748 *Kögel*, in: MAH Erbrecht, § 40, Rn. 48.
749 Ebd., Rn. 49.
750 *Schöne*, in: BeckOK BGB, § 727 Rn. 23.
751 Ebd; *Westermann*, in: Ermann BGB Kommentar, § 727 Rn. 14.
752 *Kögel*, in: MAH Erbrecht, § 40 Rn. 52.
753 *Schöne*, in: BeckOK BGB, § 727 Rn. 20.
754 *Habermeier*, in: Staudinger, § 727 Rn. 23.

untergehen oder sämtlichen Gesellschaftern anwachsen, sondern dem begünstigten Gesellschafter zustehen.[755]

Den Gesellschaftern stehen also verschiedene Optionen offen, um den Eintritt von Erben oder Dritten in die Gesellschaft beim Todesfall eines Gesellschafters zuzulassen. Somit könnte auch für eine auf einen Account gerichtete GbR Möglichkeiten geschaffen werden, um den Account auch bei Tod eines Mitnutzers weiterzuführen. Dies ließe sich sowohl mithilfe der einfachen Nachfolgeklausel für alle Erben erreichen, als auch für einen begrenzten Kreis mithilfe der qualifizierten Nachfolgeklausel. Mithin kann schon im Gesellschaftsvertrag die zukünftige Richtung des Accounts durch Auswahl der Personen bestimmt werden. Selbst Dritte könnten im Todesfall durch die rechtsgeschäftliche Nachfolgeklausel den Account führen dürfen.

Problematisch könnte in der Praxis sicherlich sein, dass es zu Konflikten zwischen den Erben und den Gesellschaftern in Bezug auf die Pflege des Accounts kommt. Dabei handelt es sich aber um kein spezielles Problem bei der Nutzung von Social Media Accounts, sondern tritt vielmehr in vielen Gesellschaften bei der Nachfolge ein.[756] Nicht ohne Grund ist bei solch persönlich geprägten Gesellschaften wie der GbR der gesetzliche Regelfall die Auflösung der Gesellschaft im Todesfall eines Gesellschafters.[757]

Sind Bestimmungen bezüglich der Nachfolge im Gesellschaftsvertrag unklar geregelt, gelten die üblichen Auslegungsregeln, sodass es nicht nur auf den Wortlaut, sondern auch auf den Willen der Beteiligten ankommt.[758] Auch die allgemeine Lebenserfahrung sollte in die Auslegung mit einbezogen werden.[759] Dies führte in einigen Fällen dazu, dass die Rechtsprechung auch ohne ausdrückliche Vereinbarung einen Fortsetzungswillen der Beteiligten bei Ausscheiden eines Gesellschafters annahm.[760]

Da, wie bereits erläutert, bei erfolgreichen Accounts in der Abwicklung der GbR der Wert des Accounts praktisch ersatzlos verschwinden würde, spricht einiges dafür, einen grundsätzlichen Fortsetzungswillen der Gesellschafter nach den Grundsätzen der Vertragsauslegung anzunehmen. Schließlich kann

755 *Schäfer*, in: MüKo-BGB, § 727 Rn. 53.

756 Vgl. *Rosenbauer/Eichholz*, BC 2019, 223.

757 *Schäfer*, in: MüKo-BGB, § 727 Rn. 1.

758 *Habermeier*, in: Staudinger, § 727 Rn. 26.

759 Vgl. *BGHZ* 23, 17, Rn. 34, Aufrechnung und Schiedsgericht – Abschichtung und negatives Kapitalkonto.

760 *Habermeier*, in: Staudinger, § 705 Rn. 13 mit weiteren Nachweisen, z. B; *BGH 2. Zivilsenat*, BB 1973, 166. *BGH 2. Zivilsenat*, BB 1973, 166.

nach allgemeiner Lebenserfahrung angenommen werden, dass ein Weiterführen des Accounts gewünscht und lohnenswert ist, auch wenn einer der Betreiber verstorben ist. Dies kann insbesondere bei Seiten gelten, die weniger individuellen Personenbezug haben, aber je nach Sach- und Personenlage bei vielen GbRs Anwendung finden. Diese Annahme würde also zu einer Fortsetzung des Accounts führen, allerdings ohne Eintritt der Erben.

III. Empfehlungen zur Vorsorge für die Gesellschafter

Nichtsdestotrotz gilt bezüglich eines Accounts, der mit mehreren gemeinschaftlich geführt wird, das gleiche wie bei einem Account einer Einzelperson: Vorsorge ist grundsätzlich empfehlenswert, um Konflikten im Erbfall vorzugreifen, die sich auch bei der Frage der Vertragsauslegung stellen können. Insbesondere der Gesellschaftsvertrag kann aufgrund der Vertragsfreiheit sehr weit gestaltet werden,[761] sodass auch innerhalb der Gesellschaft vorab geklärt werden kann, was im Todesfall nicht nur mit der GbR selbst, sondern auch mit dem Account geschehen soll. Insbesondere bietet der Gesellschaftsvertrag so auch die Möglichkeit, eine Weiternutzung des Accounts für die Überlebenden oder die Erben überhaupt möglich zu machen, die im gesetzlichen Regelfall im Todesfall grundsätzlich nicht möglich wäre. Dabei kann der Gesellschaftsanteil mithilfe der qualifizierten Nachfolgeklausel auch gezielt einem Erben übertragen werden. Zu beachten ist allerdings, dass der Gesellschaftsvertrag eine letztwillige Verfügung des Erblassers nicht ersetzt, vielmehr muss der Erblasser dafür Sorge tragen, dass die vom Gesellschaftsvertrag zugelassenen Personen auch tatsächlich zu Erben werden, der Gesellschaftsvertrag selbst schafft dabei nur die gesellschaftsrechtliche Grundlage, erforderlich ist immer noch eine letztwillige Verfügung.[762]

Möglich erscheint auch, dass etwa nur der überlebende Gesellschafter den Account weiterführt, der Erbe des verstorbenen Gesellschafters aber wiederum eine gewisse finanzielle Entschädigung für die fehlende Nutzungsmöglichkeit erhält, dies könnte etwa mit einer einfachen Fortsetzungsklausel erreicht werden.

In den Grenzen der Vertragsfreiheit kann für die meisten Einzelfälle wohl eine für die Parteien sinnvolle Regelung getroffen werden. Es kann auch der Fall möglich sein, dass die Gesellschafter eine Weiternutzung im Todesfall nicht wünschen, nur dann wäre eine Regelung im Gesellschaftsvertrag nicht notwendig. Sinnvoll kann sie aber trotzdem sein, indem sie (auch gegenüber den Erben) eine Klarstellungsfunktion innehat.

---

761 Vgl. *Schäfer*, in: MüKo-BGB, § 705 Rn. 136.

762 *Kögel*, in: MAH Erbrecht, § 40 Rn. 44.

Kapitel 7: Bedarf nach einer gesetzlichen Regelung

Bisher existiert keine umfassende gesetzliche Regelung des digitalen Nachlasses, stattdessen wurde bisher auf die allgemeinen Normen des Bürgerlichen Rechts und insbesondere des Erbrechts verwiesen.

Fraglich ist insbesondere, ob eine gesetzliche Regulierung überhaupt notwendig ist oder ob sie zumindest hilfreich für die Durchsetzung der Verbraucherinteressen sein kann.

A. Bisherige Ansätze zur Regulierung

Die deutsche Politik hat sich mit dem digitalen Nachlass bereits zumindest teilweise befasst.

I. Antrag zur Regelung des digitalen Nachlasses 2019

Die FDP stellte 2019 einen Antrag beim Bundestag auf Regelung, weil sie Rechtsunsicherheiten in Bezug auf den digitalen Nachlass als Problem betrachteten.[763] Teil ihres Antrags war die Forderung nach Aufnahme einer Regelung in den § 309 BGB (Klauselverbot ohne Wertungsmöglichkeit), wonach eine Bestimmung in den AGB für Online-Dienste unwirksam sein soll, welche die Beendigung des Vertragsverhältnisses mit dem Tod des Account-Inhabers vorsieht oder den Eintritt des Erben oder der Erbengemeinschaft in das Rechtsverhältnis ausschließt. Die Möglichkeit der aktiven Weiternutzung sollte jedoch zum größten Teil ausschließbar sein.[764]

So sinnvoll der Ansatz zur Schaffung von mehr Rechtssicherheit ist, so fraglich erscheint es doch, ob ein Klauselverbot das wirksamste Mittel sein sollte, welches zum gleichen Ergebnis kommt wie die Inhaltskontrolle nach § 307 BGB. Zudem stellt ein Klauselverbot ohne Wertungsmöglichkeit einen tiefen Eingriff in die Vertragsfreiheit dar und würde verhindern, dass den Besonderheiten des Einzelfalls ausreichend Rechnung getragen werden kann.[765]

---

763 *Deutscher Bundestag*, Drucksache 19/13275.

764 Ebd., S. 4 Nr. 1.

765 *Lieder/Berneith*, ZRP 2020, 87, 88.

Dazu käme außerdem, dass durch ein Klauselverbot Sonderrecht für den digitalen Nachlass geschaffen wird, was zu einer faktischen Aufspaltung von digitalem und analogem Nachlass führen würde, die das Grundsatzurteil des BGH nicht hergibt. Auch könnten als Konsequenz Abgrenzungsschwierigkeiten zwischen analogem und digitalem Nachlass entstehen, die durch den Verzicht einer solchen Klausel vermieden werden könnten.[766]

Daneben erscheint es zweifelhaft, dass der Ausschluss der Weiternutzungsfunktion grundsätzlich möglich sein soll. Es entspricht nicht der Dogmatik des deutschen Erbrechts, dass die Erben einen Vertrag nur bedingt, mit weniger Rechten, erben;[767] auch ein schutzwürdiges Interesse der Betreiber ist erst einmal nicht anzuerkennen.

All das spricht gegen den Vorschlag der FDP. Daneben ist aber insbesondere problematisch, dass es an der Praxis der Rechtsdurchsetzung nichts ändern würde. Zwar könnte so in der Theorie mehr Rechtssicherheit geschaffen werden, für die Nutzer würde sich nichts ändern, solange die Plattformbetreiber nicht mit den Erben und Erblassern kooperieren. Insofern käme einer solchen gesetzlichen Regelung lediglich Symbolcharakter zu.

Die FDP führte in der Begründung ihres Antrags an, dass eine solche klare gesetzliche Regelung Verständnisprobleme mit den in der Regel im Ausland ansässigen Betreibern der Plattformen beseitigen würden, welche bestimmte Urteile aufgrund der inter-partes-Wirkung nicht gegen sich gelten lassen wollen. Diese Verständnisprobleme werden angeführt, weil „nicht unterstellt werden kann, dass dieses Verhalten auf einer bloßen Missachtung der deutschen Rechtsgepflogenheiten beruht".[768] Zumindest das Verhalten von Facebook im Verfahren vor dem BGH und die Aushändigung der PDF-Datei anstelle der Zugangsverschaffung[769] kann als Indiz gewertet werden, dass Facebook nicht unbedingt alles daran setzt, die Vorgaben der deutschen Rechtsprechung nutzerfreundlich umzusetzen. Dafür spricht auch, dass die Nutzungsbedingungen seit dem Urteil nicht entscheidend geändert wurden. Es ist nicht ausgeschlossen, dass dies auch für deutsche Gesetzgebung gelten würde. Mithin stünde hinter festen gesetzlichen Regelungen zum digitalen Nachlass lediglich die Hoffnung, dass die großen Plattformbetreiber im Sinne dieser Gesetze handeln.

---

766 *Lieder/Berneith*, ZRP 2020, 87, 88.

767 *Leipold*, in: MüKo-BGB, § 1922 Rn. 25.

768 *Deutscher Bundestag*, Drucksache 19/13275, S. 5.

769 Einleitung C II.

Zu den Vorschlägen der FDP gehört ferner auch, dass die Politik veranlassen sollte, dass die Betreiber der Plattformen nutzerfreundliche technische Lösungen bereitstellen sollen, damit die Nutzer ihren digitalen Nachlass einfach individuell regeln können und angemessen über ihre Möglichkeiten informiert werden.[770] Solch eine Informationsverpflichtung stellt nur einen geringen Eingriff in die Freiheit der Plattformbetreiber zugunsten der Nutzer dar.[771] Da die Vorsorge der Nutzer Grundlage für eine geordnete Auseinandersetzung im Erbfall ist und eine umfassende Vorsorge aber auf Informiertheit der Nutzer basiert, könnte solch eine Maßnahme in der Praxis eine verhältnismäßig große Wirkung entfalten, sofern die Nutzer von ihren Vorsorgeoptionen dann auch Gebrauch machen würden.

II. Aktueller Stand

Der Antrag der FDP ist von 2019 und wurde nicht angenommen. Er war der letzte politische Vorschlag zur umfassenderen Regelung des digitalen Nachlasses. Im aktuellen Koalitionsvertrag von 2021 findet sich die Problematik des digitalen Nachlasses nicht wieder.[772]

Bezüglich der Problematik der Geheimhaltepflicht wurde in § 4 TTDSG inzwischen normiert, dass das Fernmeldegeheimnis der Wahrnehmung von Rechten gegenüber dem Anbieter des Telekommunikationsdienstes nicht entgegensteht, wenn diese Rechte statt durch den betroffenen Endnutzer durch seinen Erben oder eine andere berechtigte Person, die zur Wahrnehmung der Rechte des Endnutzers befugt ist, wahrgenommen werden.

Die Norm soll klarstellen, dass die Erben im Hinblick auf das Fernmeldegeheimnis auch auf Daten zugreifen können, die nicht beim Endnutzer gespeichert waren. Die Regelung soll sicherstellen, dass das Fernmeldegeheimnis nicht den Endnutzer oder solche Personen, die an seine Stelle treten, beeinträchtigt.[773]

§ 4 TTDSG schafft also die Grundlage für eine rechtssichere Zugangsermöglichung seitens der Dienstanbieter[774] und stellt somit eine Kodifizierung als Reaktion auf die Diskussionen um den digitalen Nachlass dar.[775]

770 *Deutscher Bundestag*, Drucksache 19/13275, 4 Nr. 4.
771 *Lieder/Berneith*, ZRP 2020, 87, 89.
772 *SPD, BÜNDNIS 90/DIE GRÜNEN & FDP*, Koalitionsvertrag 2021.
773 *Deutscher Bundestag*, Drucksache 19/27441, S. 34.
774 *Bernzen*, in: Taeger/Gabel DSGVO – BDSG – TTDSG, § 4 TTDSG Rn. 1.
775 Ebd., Rn. 5.

B. Bedarf

Wie dargestellt,[776] kann eine ausreichende Vorsorge des Erblassers helfen, Unsicherheiten zu überwinden und Rechtssicherheit für die Erben zu schaffen.

Rechtssicherheit kann aber andererseits auch durch eine möglichst umfassende gesetzliche Regulierung des Komplexes geschaffen werden. Fraglich ist nur, wie dies sinnvoll ausgestaltet werden kann. Der § 4 TTDSG ist als erster Ansatz zur Klarstellung bezüglich des digitalen Nachlasses zu werten.

Ähnlich sinnvoll erscheint eine, wie von der FDP 2019 in ihrem Antrag vorgeschlagen, rechtliche Verpflichtung der Plattformbetreiber zur Informationsbereitstellung für die Nutzer sowie zum Angebot einfacher technischer Lösungen zur Vorsorge. Dadurch könnte die Informiertheit der Nutzer ebenso erhöht werden wie die Zahl derjenigen, die Vorsorge bezüglich ihres digitalen Nachlasses treffen. Solch eine Maßnahme könnte einen realen Effekt haben auf die zahlreichen Nutzer haben.

Problematisch ist hierbei, dass die Rechtslage nach dem Urteil des BGH zumindest bezogen auf die passive Nutzung des Accounts, nicht sonderlich unklar ist. Somit müsste sowohl den Nutzern als auch den Plattformbetreibern bekannt sein, dass Accounts erblich sind.

Ein viel größeres Problem ist, dass die Durchsetzbarkeit der Rechte der Erben von den Plattformbetreibern abhängt. Wenn sie nicht kooperieren, bleibt den Erben nur der Rechtsweg. Eine Kooperationsbereitschaft der großen Plattformen erscheint angesichts der Gestaltung ihrer Nutzungsbedingungen zum jetzigen Zeitpunkt zumindest fraglich, da kein einziger Passus der Nutzungsbedingungen der großen Plattformen zum jetzigen Zeitpunkt dem Urteil des BGHs entspricht. Daher kann die Durchsetzung des Zugangsanspruchs durchaus als „Zentrum der zukünftigen Rechtsberatung“ bezeichnet werden.[777]

Dass eine rechtliche Klarstellung auch eine tatsächliche Verbesserung für die Nutzer bringt, kann nur erreicht werden, indem die Plattformbetreiber zur Kooperation, also konkret zur Bereitstellung des Zugangs an die Erben, gebracht werden. Dies kann am ehesten durch hohe (Straf-)Zahlungen erreicht werden. Hierbei bietet sich ein Vergleich mit dem Datenschutzrecht an. In Art. 82 DSGVO ist die Haftung und das Recht auf Schadensersatz normiert, sowohl für materielle als auch für immaterielle Schäden. Eine solche Schadensersatzregelung wäre für den Komplex um den digitalen Nachlass sinnvoll. Zum einen könnten materielle Schäden, beispielsweise in Form von entgangenem

---

776 Kapitel 5 B.

777 *Wüsthof*, ErbR 2018, 579, 581.

Gewinn, weil ein Account nicht kommerziell genutzt werden konnte, geltend gemacht werden, zum anderen könnte auch immaterieller Schadensersatz aufgrund auf Persönlichkeitsrechtsverletzungen aufgrund des verhinderten Zugangs geltend gemacht werden können.[778]

Zudem könnten, ebenfalls ähnlich wie im Datenschutzrecht in Art. 83 und 84 DSGVO,[779] hohe Bußgelder verhängt werden, um die Plattformbetreiber zum gewünschten Verhalten zu motivieren.

Zusammengefasst sollte der digitale Nachlass derart normiert werden, dass zunächst klargestellt wird, dass auch Accountverträge vererblich sind. Feststellt sollten zudem die Rechte und Pflichten der Erben, wonach sie den Zugang von den Plattformbetreibern fordern und den Account danach weiternutzen können. Daneben sollte eine Verpflichtung der Plattformbetreiber zur Informationsbereitstellung für ihre Nutzer geschaffen werden. Zuletzt könnten dann zum einen die Schadenersatzansprüche der Erben geregelt werden bei Pflichtverletzungen der Plattformbetreiber sowie allgemeine Bußgelder.

---

778 Zum Schadensbegriff des Art. 82 DSGVO siehe *Bergt*, in: Kühling/Buchner DSGVO BDSG, Art. 82 Rn. 17 ff.

779 Vgl. zu den Bußgeldern im Datenschutzrecht als Abschreckung: *Meyer*, ZVertriebsR 2021, 1.

Zusammenfassung der Ergebnisse

1. Rechtlich betrachtet sind die Nutzerkonten sozialer Netzwerke, also Accounts, schlichte Immaterialgüter. Lediglich an den Inhalten von Accounts kann immaterialgüterrechtlicher Schutz, insbesondere in Form des Urheberrechtsschutzes, bestehen. Für eine etwaige Vererblichkeit von Accounts ist auf den dahinterstehenden Nutzungsvertrag zwischen Anbieter und Plattformbetreiber abzustellen, der rechtlich als Dauerschuldverhältnis mit miet- und werkvertraglichen Elementen zu qualifizieren ist. Eine Übertragung von Accounts wäre im Wege der rechtsgeschäftlichen Vertragsübernahme nach §§ 241, 311 Abs. 1 BGB möglich, erforderlich dafür ist allerdings die Zustimmung des Plattformbetreibers.
2. Grundnorm des Erbrechts in Deutschland ist § 1922 Abs. 1 BGB, wonach das Vermögen als Ganzes auf den Erben übergeht. Dies gilt auch für den Account-Vertrag als Dauerschuldverhältnis. Dieser hat aufgrund der Daten im Account sowie der Follower und Reichweite einen Vermögenswert. Ferner ist die Rechtsbeziehung zwischen Erblasser und Plattformbetreiber nicht derart personenbezogen, dass eine Unvererblichkeit aufgrund von Höchstpersönlichkeit angenommen werden kann. Schließlich kann der Provider seine Leistung unverändert gegenüber dem Erben erbringen und er erhält auch weiterhin, sofern die Einwilligung des Erben vorliegt, seine Gegenleistung in Form personenbezogener Daten. Der Account selbst als Immaterialgut ist bereits mangels Rechten des Erblassers daran nicht vererblich. Die im Account befindlichen Urheberrechte an beispielsweise Fotos oder Videos hingegen sind als Immaterialgüterrechte erblich. Ein Zugang zum Account lässt sich darüber allerdings nicht konstruieren, weil der Erbe für den Anspruch aus § 25 UrhG konkrete Kenntnis der im Account befindlichen Werke haben müsste. Diese Kenntnis wird in der Regel nicht vorliegen.
3. Das allgemeine Persönlichkeitsrecht schützt die Persönlichkeit und ihre Entfaltung. Auch in Accounts ist das Persönlichkeitsrecht betroffen, schließlich kann der Inhaber eines Accounts in sozialen Netzwerken eine „virtuelle Persönlichkeit“ schaffen. Der Schutzgrad richtet sich auch online nach der Sphäre, in der sich der Nutzer bewegt. Das Persönlichkeitsrecht besteht aus einer ideellen und einer vermögenswerten Komponente. Nach dem Tod einer Person spaltet sich das allgemeine Persönlichkeitsrecht in die vermögenswerten Bestandteile, die auf die Erben übergehen und die

ideellen Bestandteile, die durch die Angehörigen/Ermächtigten wahrgenommen werden können, auf. Der Account lässt sich ebenfalls zu den vermögenswerten Bestandteilen des Persönlichkeitsrechts zählen, weil in ihm die Persönlichkeitsdarstellung Grund des Vermögenswertes ist. Neben den Vermarkungsrechten an den Persönlichkeitsmerkmalen geht somit auch der Account selbst als Plattform auf den Erben über. Eine Einschränkung des Nutzungsrechts stellt das postmortale Persönlichkeitsrecht des Erblassers dar, welches von den Angehörigen/Ermächtigten wahrgenommen wird. Eine Verletzung wäre insbesondere dann anzunehmen, wenn der Erbe sich als Erblasser ausgibt. Konfliktfälle kann es vor allem dann geben, wenn Erben und Angehörige nicht identisch sind. Die Vererblichkeit über das allgemeine Persönlichkeitsrecht führt dazu, dass der Accountvertrag auf zweierlei Weise auf den Erben übergeht: Einmal über § 1922 Abs. 1 BGB aufgrund der Universalsukzession und einmal aufgrund des Persönlichkeitsrechts. Letzteres kann auch geeignet sein, um eine Vererblichkeit eines „faktischen" Accounts, der existiert und betrieben wurde, sich aber auf einen nichtigen Vertrag stützt, zu begründen.

4. Während der Kauf von Followern als unlautere geschäftliche Handlung zu qualifizieren ist, gilt dies grundsätzlich nicht für das Erben von Followern. Solange der Erbe transparent macht, dass ein Inhaberwechsel des Accounts stattgefunden hat und die Follower somit nicht getäuscht werden, kann eine Spitzenstellungsberühmung nicht angenommen werden. Die Follower haben schließlich jederzeit und unkompliziert die Möglichkeit, ihr Abonnement für einen bestimmten Account zu beenden. Das Datenschutzrecht, welches schon dem Einsichtsrecht in dem Account nicht entgegenstand, hindert auch die aktive Weiternutzung nicht. Die Interessenabwägung nach Art. 6 Abs. 1 S. 1 lit. f DSGVO kann allerdings im Einzelfall auch zu Gunsten der Kommunikationspartner des Erblassers ausfallen. Zu prüfen ist grundsätzlich auch, ob der Anwendungsbereich der DSGVO im konkreten Fall überhaupt eröffnet ist, oder ob die Ausnahme nach Art. 2 Abs. 2 lit. c DSGVO greift, wonach die Verordnung keine Anwendung bei natürlichen Personen zur Ausübung ausschließlich familiärer oder persönlicher Tätigkeiten findet. Bestehende datenschutzrechtliche Pflichten des Erblassers gehen ansonsten auf den Erben über. Will der Plattformbetreiber auch die Daten des Erben verarbeiten, sollte er schnellst möglichst die datenschutzrechtliche Einwilligung einholen. Das Nutzen der Plattform stellt noch keine konkludente Einwilligung dar.
5. Die Nutzungsbedingungen der großen Social Media Plattformen stellen AGB im Sinne der §§ 305 ff. BGB dar und sind auch hinsichtlich dieses

Maßstabs auf ihre Wirksamkeit hin zu untersuchen. Viele Angaben zum Umgang der Plattformen beim Tod der Nutzer finden sich allerdings lediglich in den Hilfebereichen der Plattformen, welche nicht wirksam in den Vertrag einbezogen wurden und somit unwirksam sind. Insbesondere ist im Rahmen der Inhaltskontrolle bei Bestimmungen zum digitalen Nachlass zu untersuchen, ob der Grundgedanke des § 1922 BGB gewahrt wird. Sowohl die Facebook-Klausel zum Nachlasskontakt als auch die über den Gedenkzustand sind aus diesem Grund als unwirksam einzuordnen. Legitimationsklauseln der Plattformen, die im Todesfall nur einen Nachweis über den Todesfall von Familienangehörigen und nicht von den Erben fordern, können als rechtswidrig eingeordnet werden, da so der Zugang der Erben zum Account vereitelt werden könnte. Aufgrund eines Verstoßes gegen das Transparenzgebot kann auch die Unwirksamkeit der Klausel von Google angenommen werden, wonach Google sich im Todesfall des Nutzers einen großen Entscheidungsspielraum für den Umgang mit dem Account und die Herausgabe der Daten vorbehält. Nach herrschender Meinung ist es nicht möglich, dass die Plattformbetreiber die Vererbung des Accounts generell ausschließen, da dies einen Verstoß gegen das erbrechtliche Leitbild, wonach grundsätzlich jede Rechtsposition erblich ist, darstelle. Ähnliches gilt für einen Ausschluss lediglich der passiven oder aktiven Nutzungsoption, da auch dadurch die Gestaltungsbefugnis des Erblassers eklatant eingeschränkt wird.

6. Viele Probleme für die Erben könnten vorab durch eine umfassende Vorsorge des Erblassers verhindert werden, dies gilt auch für den digitalen Nachlass. Zunächst sollte der Erblasser in jedem Fall eine Liste sämtlicher Accounts anfertigen, damit die Erben zumindest den Überblick haben. Für die Hinterlegung der Zugangsdaten wird aus Sicherheitsgründen vorgeschlagen, eine Liste mit den aktuellen Passwörtern auf einem Datenträger anzulegen, diese mit einem Masterpasswort zu sichern und dieses Passwort beim Notar zu hinterlegen, sodass die Erben im Todesfall Zugriff darauf haben. Will der Erblasser verhindern, dass die Erben auf den Account zugreifen, bietet sich neben der Löschung vor dem Tod an, der letztwilligen Verfügung eine Auflage beizufügen, die die Erben zur Kündigung der Vertragsbeziehungen und zur Unterlassung einer vorherigen Einsichtnahme in die Daten verpflichtet. Abgesichert werden könnte diese Auflage durch einen Testamentsvollstrecker. Soll nur ein bestimmter von mehreren Erben den Account erben, bieten sich die Teilungsanordnung nach § 2048 BGB oder das (Voraus-) Vermächtnis nach §§ 1939, 214 ff. BGB an. Ein Vermächtnis ist auch das passende Instrument, falls der Account einer

Person hinterlassen werden soll, die nicht Erbe ist. Für den Erblasser gibt es noch weitere Gestaltungsoptionen bezüglich des digitalen Nachlasses, so kann er etwa die Fortführung des Accounts in einer bestimmten Weise anordnen, dies kann etwa mithilfe der Auflage geschehen, alternativ kann als stärkere Option die Anordnung durch eine auflösende Bedingung im Sinne der §§ 158 Abs. 2, 2075 BGB abgesichert werden. In solch einem Fall würden die Erben bei abweichender Handlung ihr Erbe verlieren. Für den Zeitraum zwischen Tod und Erhalt des Erbscheins kann es sich anbieten, dass der Erblasser eine trans- oder postmortale Vollmacht erteilt, sodass auch in diesem Zwischenzeitraum digitale Angelegenheiten durch den Stellvertreter wahrgenommen werden können. Praktischer könnten auch vertragliche Regelungen mit den Plattformbetreibern selbst sein, dabei könnte sich etwa der Vertrag zu Gunsten Dritter auf den Todesfall als Rechtsfigur anbieten. Allerdings ist aufgrund des Verwaltungsaufwandes eher unwahrscheinlich, dass die Plattformbetreiber zu solchen individualvertraglichen Regelungen bereit wären. Anbieten würden sich Auswahlmöglichkeiten, die der Plattformbetreiber dem Nutzer bietet, bei denen dieser durch Häkchen eine Entscheidung für das Schicksal seines Accounts im Todesfall treffen kann. Wichtig wäre eine angemessene Informiertheit des Nutzers sowie Transparenz bezüglich der Rechtsfolgen. Solange dies gewahrt ist und die erbrechtlichen Möglichkeiten abgebildet sind, dürften solcherlei Regelungen auch einer AGB-Kontrolle standhalten.

7. Bezüglich des Sonderfalls des gemeinschaftlichen Accounts ist zwischen Accounts, die von Privatpersonen genutzt werden und Accounts, die von einer GbR genutzt werden, zu unterscheiden. Für die Vererbbarkeit ist im ersten Fall zu untersuchen, wer Inhaber des Accounts ist und ob eine übergangsfähige Rechtsposition vorliegt. Bei einer GbR wäre der gesetzliche Normfall die Auflösung der Gesellschaft, durch Regelungen im Gesellschaftsvertrag kann aber auch die Vererblichkeit der Gesellschaftsanteile erreicht werden. Empfehlenswert ist im Hinblick auf den Account immer eine Vorsorge der Nutzer, auch im Gesellschaftsvertrag.
8. Bezüglich einer gesetzlichen Regulierung des digitalen Nachlasses gab es bis auf einen umfassenden Antrag der FDP 2019, der viele Probleme allerdings nicht gelöst hätte, sowie die Änderung des § 4 TTDSG, keine weiteren Ansätze zur Schaffung eines Gesetzes. Sinnvoll wäre eine gesetzliche Normierung bereits aus Klarstellungsgründen, für eine effektive Rechtsdurchsetzung sollte sie durch Schadensersatzregelungen und Bußgeldern ergänzt werden.

Literaturverzeichnis

Ahrens, Hans-Jürgen/Brüning, Hermann/Bruhn, Dirk, Gesetz gegen den unlauteren Wettbewerb (UWG), Mit Preisangabenverordnung und Geschäftsgeheimnisgesetz: Kommentar, 5. Aufl., hrsg. von Henning Harte-Bavendamm, Frauke Henning-Bodewig, Michael Goldmann u.a., München 2021 (zit. als H.-J. Ahrens/Brüning/Bruhn-*Bearbeiter*).

Ahrens, Sönke, Geistiges Eigentum und Wettbewerbsrecht, Wiesbaden 2016 (zit. als *S. Ahrens*, Geistiges Eigentum und Wettbewerb).

Albrecht, Das neue EU-Datenschutzrecht – von der Richtlinie zur Verordnung, CR 2016, 88–98 (zit. als Albrecht, CR 2016).

Albrecht, Datenschutzrecht, DSGVO mit BDSG, hrsg. von Spiros Simitis, Gerrit Hornung, Indra Spiecker Döhmann, Baden-Baden 2019 (zit. als Albrecht-*Bearbeiter*).

Albrecht/ Jotzo, Das neue Datenschutzrecht der EU, Grundlagen, Gesetzgebungsverfahren, Synopse, NomosPraxis, Baden-Baden 2017 (zit. als Albrecht/ *Jotzo*, Das neue Datenschutzrecht der EU).

Arbeitsgruppe „Digitaler Neustart“, Bericht des Justizministeriums des Landes Nordrhein-Westfalen, 2017.

Armbrüster, Christian, Das Transparenzgebot für Allgemeine Geschäftsbedingungen nach der Schuldrechtsmodernisierung, DNotZ 2004, 437 (zit. als *Armbrüster*, DNotZ 2004).

Armbrüster, Christian/Bayreuther, Frank/Busche, Jan/Einsele, Dorothee/Stresemann, Christina/Westermann, Harm Peter, Münchener Kommentar zum Bürgerlichen Gesetzbuch, 9. Aufl., hrsg. von Claudia Schubert, München 2021 (zit. als Armbrüster/Bayreuther/J. Busche/Einsele/Stresemann/H. Peter Westermann-*Bearbeiter*).

Arning, Marian/Bernzen, Anna K./Braun, Martin/Ettig, Diana, DSGVO – BDSG – TTDSG, Kommentar, 4. Aufl., hrsg. von Jürgen Taeger, Detlev Gabel, Frankfurt am Main 2022 (zit. als Arning/A. K. Bernzen/M. Braun/Ettig-*Bearbeiter*).

Artz, Marcus, Schuldrechtsmodernisierung 2001/2002 – Integration der Nebengesetze in das BGB, JuS 2002, 528 (zit. als *Artz*, JuS 2002).

Avenarius, Martin, J. von Staudingers Kommentar zum Bürgerlichen Gesetzbuch, Mit Einführungsgesetz und Nebengesetzen, 2019. Aufl., hrsg. von Gerhard Otte, Julius von Staudinger, Berlin 2019 (zit. als Avenarius-*Bearbeiter*).

Bäcker, Matthias/Kühling, Jürgen/Bange, Mirko Andreas/Buchner, Benedikt/Bergt, Matthias/Boehm, Franziska, Datenschutz-Grundverordnung BDSG, Kommentar, 3. Aufl., hrsg. von Kühling/Buchner, München 2020 (zit. als Bäcker/Kühling/Bange/Buchner/M. Bergt/Boehm-*Bearbeiter*).

Bär, Christian/Grädler, Thomas/Mayr, Robert, Digitalisierung im Spannungsfeld von Politik, Wirtschaft, Wissenschaft und Recht, 2. Band: Wissenschaft und Recht, Berlin, Heidelberg 2018 (zit. als *Bär/Grädler/Mayr*, Digitalisierung).

Baur, Jürgen F./Hopt, Klaus J./Mailänder, K. Peter, Festschrift für Ernst Steindorff zum 70. Geburtstag am 13. März 1990, Berlin 1990 (zit. als *Baur/Hopt/Mailänder*, FS Steindorff).

Bayer, Walter, Zur Dogmatik der unwiderruflichen Vollmacht, DNotZ 2020, 373 (zit. als *Bayer*, DNotZ 2020).

Beck, Freundschaft im Dienst sozialer Netzwerke, ZRP 2019, 112 (zit. als Beck, ZRP 2019).

BeckOK Datenschutzrecht, 41. Aufl., hrsg. von Brink/Wolff, 01.08.2022 (zit. als BeckOK Datenschutzrecht-*Bearbeiter*).

BeckOK Urheberrecht, 33. Aufl., hrsg. von Ahlberg/Götting/Lauber-Rönsberg, 2022 (zit. als BeckOK Urheberrecht-*Bearbeiter*).

Beck'scher Online-Kommentar BGB, 63. Aufl., hrsg. von Hau/Poseck, München 01.08.2022 (zit. als BeckOK BGB-*Bearbeiter*).

Bender, Albrecht W., Das postmortale allgemeine Persönlichkeitsrecht: Dogmatik und Schutzbereich, VersR 2001, 815 (zit. als *Bender*, VersR 2001).

Benz/Kohler, Mein Freund, der Influencer? Haftung von Influencern nach §§ BGB § 311 Abs. BGB § 311 Absatz 3, BGB § 311 Absatz 280 Abs. BGB § 311 Absatz 1, BGB § 311 Absatz 241 Abs. BGB § 311 Absatz 2 BGB, ZfPW 2020, 490 (zit. als Benz/Kohler, ZfPW 2020).

BGB-Kommentar, Mit Rom-I-, Rom-II-VO, EuUnthVO/HUntProt und EuErbVO, 18. Aufl., hrsg. von Jauernig, München 2020 (zit. als Jauernig BGB-*Bearbeiter*).

Biallaß, Digitaler Nachlass – Titelauslegung betreffend Benutzerkontenzugang, m. Anm. Biallaß, NJW 2021, 160 (zit. als Biallaß, NJW 2021).

Bock, Merle, Juristische Implikationen des digitalen Nachlasses, AcP 217 (2017), 370 (zit. als *Bock*, AcP 217 2017).

Bohlen, Marc, Der zivilrechtliche Auskunftsanspruch bei der Bekämpfung von Hass im Internet, NJW 2020, 1999 (zit. als *Bohlen*, NJW 2020).

Braehmer, Warum Sie auf Twitter im Recruiting nicht verzichten dürfen, in: Ralph Dannhäuser (Hrsg.), Praxishandbuch Social Media Recruiting, Wiesbaden 2015, S. 283–314 (zit. als Braehmer, Twitter).

Braun, Torsten, Geschichte und Entwicklung des Internets, Informatik Spektrum 33 (2010), 201–207 (zit. als *T. Braun*, Informatik Spektrum 33 2010).

Bräutigam, Das Nutzungsverhältnis bei sozialen Netzwerken – Zivilrechtlicher Austausch von IT-Leistung gegen personenbezogene Daten, MMR 2012, 635, https://beck-online.beck.de/Dokument?vpath=bibdata%2Fzeits%2Fmmr%2F2012%2Fcont%2Fmmr.2012.635.1.htm&pos=1&hlwords=on (zugegriffen am 18.11.2020) (zit. als *Bräutigam*, MMR 2012).

Breckheimer, Elisaveta, Verkauf von Social Media Accounts, IPRB 2020, 230–233 (zit. als *Breckheimer*, IPRB 2020).

Brinkert/Stolze/Heidrich, Der Tod und das soziale Netzwerk – Digitaler Nachlass in Theorie und Praxis, ZD 2013, 153 (zit. als Brinkert/Stolze/Heidrich, ZD 2013).

Brost/Hassel, Der Anspruch auf Geldentschädigung bei Persönlichkeitsrechtsverletzungen, NJW 2020, 2214 (zit. als Brost/Hassel, NJW 2020).

Buchner, Benedikt, Von der Wiege bis zur Bahre? – Datenschutz im Familienrecht unter der DS-GVO, FamRZ 2019, 665–671 (zit. als *Buchner*, FamRZ 2019).

Budzikiewicz, Christine, Digitaler Nachlass, AcP 218 (2018), 558 (zit. als *Budzikiewicz*, AcP 218 2018).

Bull, Hans Peter, Wieviel sind „meine Daten" wert?, CR 2018, 425–432 (zit. als *Bull*, CR 2018).

Caroline Daur (@carodaur) – Instagram-Fotos und -Videos 20.09.2022, https://www.instagram.com/carodaur/?hl=de (zugegriffen am 20.09.2022).

Claus, Sabine, Postmortaler Persönlichkeitsschutz im Zeichen allgemeiner Kommerzialisierung, Zugl.: Hamburg, Univ., FB Rechtswiss., Diss., 2004, Schriftenreihe des Archivs für Urheber- und Medienrecht (UFITA) 226, Baden-Baden 2004 (zit. als *Claus*, Postmortaler).

Coester-Waltjen, Dagmar/Mäsch, Gerald/Piekenbrock, Andreas/Wendland, Matthias/Albrecht, Karl-Dieter, J. von Staudingers Kommentar zum Bürgerlichen Gesetzbuch mit Einführungsgesetz und Nebengesetzen, 2019. Aufl., bearb. von Julius von Staudinger, Berlin 2019 (zit. als Coester-Waltjen/G. Mäsch/Piekenbrock/M. Wendland/K.-D. Albrecht-*Bearbeiter*).

Dada, Maria, Wie tief Netzwerk ist Deine Liebe?, Sexuologie Zeitschrift für Sexualmedizin, Sexualtherapie und Sexualwissenschaft 2019 (zit. als *Dada*, Sexuologie Zeitschrift für Sexualmedizin, Sexualtherapie und Sexualwissenschaft 2019).

DataReportal.com, Ranking der größten Social Networks und Messenger nach der Anzahl der Nutzer im Januar 2022, Januar 2022, https://de.statista.com/statistik/daten/studie/181086/umfrage/die-weltweit-groessten-social-networks-nach-anzahl-der-user/.

Deusch, Florian, Digitales Sterben: Das Erbe im Web 2.0 – beck-online, ZEV 2014, 2 (zit. als *Deusch*, ZEV 2014).

Deutscher Anwaltsverein, Stellungnahme zum Digitalen Nachlass zum Digitalen Nachlass, Nr. 34, Pressemitteilung vom 2013.

Deutscher Bundestag, Drucksache 19/13275.

Deutscher Bundestag, Drucksache 19/27441.

Deutscher Bundestag, Drucksache 19/27653.

Deutscher Bundestag, Drucksache 14/6040 (Nachdruck 14.05.2001).

Dietzel, Andreas, Untergang statt Fortbestand – zur Abgrenzung der unvererblichen Rechtsbeziehungen im Schuldrecht, Zugl.: Freiburg (Breisgau), Univ., Diss., 1991, Reihe Rechtswissenschaft 118, Pfaffenweiler 1991 (zit. als *Dietzel*, Untergang).

Digitaler Nachlass – Vererbbarkeit von Nutzerkonten in sozialen Netzwerken, ZEV 2016, 189 (zit. als ZEV 2016).

Dopatka, Karsten, Digitaler Nachlass – Der Umgang mit elektronischen Daten nach dem Tod., NJW-aktuell 49/2010, 14 (zit. als *Dopatka*, NJW-aktuell 49/2010).

Dreier, Thomas/Schulze, Gernot/Specht-Riemenschneider, Louisa, Urheberrechtsgesetz, Verwertungsgesellschaftengesetz, Kunsturhebergesetz: Kommentar, 7. Aufl., München 2022 (zit. als Dreier/G. Schulze/ Specht-Riemenschneider-*Bearbeiter*).

Duden, Account 20.09.2022, https://www.duden.de/rechtschreibung/Account (zugegriffen am 20.09.2022).

Dürig/Herzog/Scholz, Bundesverfassungsgerichtsgesetz, Kommentar, 2022. Aufl., München 2022 (zit. als Dürig/Herzog/Scholz-*Bearbeiter*).

Echte Follower, Echte Follower – Alles für Instagram – Follower, Likes und Video Aufrufe 30.12.2021, https://www.echtefollower.de/ (zugegriffen am 19.09.2022).

Ehmann, Horst, ÖR Das Allgemeine Persönlichkeitsrecht, JURA 2011, 437 (zit. als *Ehmann*, JURA 2011).

Eichler, Carolyn/Franck, Lorenz/Klug, Christoph, Datenschutz-Grundverordnung, VO (EU) 2016/679: Kommentar, 2. Aufl., hrsg. von Peter Gola, München 2018 (zit. als Eichler/Franck/Klug-*Bearbeiter*).

Elizabeth Taylors (@elizabethtaylor) Instagram-Profil – 863 Fotos und Video 04.08.2021, https://www.instagram.com/elizabethtaylor/?hl=de (zugegriffen am 19.09.2021).

Elvis Presley (@elvis) – Instagram-Fotos und -Videos 04.08.2021, https://www.instagram.com/elvis/?hl=de (zugegriffen am 19.09.2021).

eMarketer, Anzahl der Nutzer von Twitter weltweit in den Jahren 2019 bis 2021 sowie eine Prognose bis 2026, Mai 2022, https://de.statista.com/statistik/daten/studie/318483/umfrage/twitter-nutzerzahlen-weltweit-prognose/.

Engel, Ruben, Achtung und Ansehen über den Tod hinaus – Das postmortale Persönlichkeitsrecht, IPRB 2017, 257–259 (zit. als *Engel*, IPRB 2017).

Englerth, Markus/Hermstrüwer, Yoan, Die Datenkrake als Nutztier der Strafverfolgung, RW Rechtswissenschaft 4 (2013), 326–359, https://www.nomos-elibrary.de/10.5771/1868-8098-2013-3-326/die-datenkrake-als-nutztier-der-strafverfolgung-jahrgang-4-2013-heft-3?page=1 (zit. als *Englerth/Hermstrüwer*, RW Rechtswissenschaft 4 2013).

Erbrecht, 3. Aufl., hrsg. von Wolfgang Burandt, Dieter Rojahn, München 2019 (zit. als Burandt/Rojahn Erbrecht-*Bearbeiter*).

Ermann BGB Kommentar, Handkommentar mit AGG, EGBGB (Auszug), ErbbauRG, LPartG, ProdHaftG, UKlaG, VBVG, VersAusglG und WEG, 16. Aufl., hrsg. von Grunewald/Maier-Reimer/Westermann, Münster, Köln 2020 (zit. als Ermann BGB Kommentar-*Bearbeiter*).

Facebook, Antrag auf Herstellung des Gedenkzustands – Facebook 19.09.2022, https://de-de.facebook.com/help/contact/651319028315841 (zugegriffen am 04.10.2022).

Facebook, Einen Nachlasskontakt auswählen – Facebook-Hilfebereich 08.03.2022, https://www.facebook.com/help/1506822589577997?ref=tos (zugegriffen am 04.10.2022).

Facebook, Facebook – Anmelden oder Registrieren 21.09.2022, https://www.facebook.com/ (zugegriffen am 21.09.2022).

Facebook, Info zu Konten im Gedenkzustand – Facebook-Hilfebereich – Facebook 04.10.2022, https://de-de.facebook.com/help/mobile-touch/1017717331640041/1111566045566400 (zugegriffen am 04.10.2022).

Facebook, Nutzungsbedingungen 20.09.2022, https://de-de.facebook.com/terms (zugegriffen am 20.09.2022).

Facebook, Was passiert nach meinem Tod mit meinem Facebook-Konto? – Facebook-Hilfebereich 18.03.2021, https://de-de.facebook.com/help/103897939701143?helpref=faq_content (zugegriffen am 04.10.2022).

Facebook, Wie beantrage ich die Entfernung des Facebook-Kontos eines verstorbenen Familienangehörigen? – Facebook-Hilfebereich 15.03.2022, https://www.facebook.com/help/1518259735093203 (zugegriffen am 04.10.2022).

Facebook, Wie fordere ich Inhalte des Facebook-Kontos eines verstorbenen Nutzers an? – Facebook-Hilfebereich 08.03.2022, https://de-de.facebook.com/help/123355624495297/?helpref=related_articles (zugegriffen am 04.10.2022).

Facebook, Wie melde ich einen verstorbenen Nutzer oder ein Facebook-Konto, das in den Gedenkzustand versetzt werden muss? – Facebook-Hilfebereich 08.03.2022, https://www.facebook.com/help/150486848354038 (zugegriffen am 04.10.2022).

Facebook-Hilfebereich, Benachrichtigungen zu unbekannten Anmeldungen bei Facebook erhalten 22.09.2022, https://www.facebook.com/help/162968940433354 (zugegriffen am 22.09.2022).

Facebook-Hilfebereich, Wie kann ich herausfinden, wie mein Profil für Personen auf Facebook aussieht, mit denen ich nicht befreundet bin? 26.09.2022, https://de-de.facebook.com/help/288066747875915 (zugegriffen am 26.09.2022).

Faßmann, Manuel/Moss, Christoph, Instagram als Marketing-Kanal, Wiesbaden 2016 (zit. als *Faßmann/Moss*, Instagram).

Fikentscher, Wolfgang/Heinemann, Andreas, Schuldrecht, Allgemeiner und Besonderer Teil, 11. Aufl., De Gruyter Studium, Berlin 2017 (zit. als *Fikentscher/Heinemann*, Schuldrecht).

Follower24.de – Partner für Ihren Erfolg in Social-Media 17.08.2022, https://www.follower24.de/ (zugegriffen am 19.09.2022).

Followerfabrik 10.04.2022, https://followerfabrik.de/ (zugegriffen am 19.09.2022).

FollowerPilot, Social Media Reichweite kaufen 02.08.2021, https://www.followerpilot.de/ (zugegriffen am 19.09.2022).

Forbes, The Entrepreneur Keeping Marilyn Monroe Alive 2018, https://www.forbes.com/video/5855494792001/the-entrepreneur-keeping-marilyn-monroe-alive/?sh=2f80c5f64242 (zugegriffen am 19.09.2021).

Forst, Gerrit, Bewerberauswahl über soziale Netzwerke im Internet?, NZA 2010, 427 (zit. als *Forst*, NZA 2010).

Förster/Fast, Digitaler Nachlass – Update 2022, ZAP 2022, 227–236 (zit. als Förster/Fast, ZAP 2022).

Förster/Fast, Vererbbarkeit von Daten und digitalen Rechten, ZAP 2020, 1011 (zit. als Förster/Fast, ZAP 2020).

Freigabe der Übernahme von Kustomer durch Meta (vormals Facebook), NZKart 2022, 422 (zit. als NZKart 2022).

Freudenberg, Schutz vermögenswerter Bestandteile des postmortalen Persönlichkeitsrechts bis zehn Jahre nach Tod des Rechtsträgers („kinski-klaus.de“), EWiR 2008, 29–30 (zit. als Freudenberg, EWiR 2008).

Fuchs, Maximilian, Deliktsrecht, Berlin, Heidelberg 2009 (zit. als *Fuchs*, Deliktsrecht).

Funk, Stephanie, Das Erbe im Netz, Wiesbaden 2017 (zit. als *Funk*, Das Erbe im Netz).

Fußeder, Florian, Soziale Netzwerke im Nachlass, Eine Untersuchung zum postmortalen Geheimnisschutz, Recht der Informationsgesellschaft Band 41, Baden-Baden 2019 (zit. als *Fußeder*, Soziale Netzwerke im Nachlass).

Gabriel, Roland/Röhrs, Heinz-Peter, Social Media, Berlin, Heidelberg 2017 (zit. als *Gabriel/Röhrs*, Social).

Germany, PwC, Global Top 100 companies by market capitalisation 2021 – PwC.

Gilden, Andrew, Endorsing After Death Submission Draft., William & Mary Law Review 2021 (zit. als *Gilden*, William & Mary Law Review 2021).

Glöckner, Jochen, Lauterkeitsrechtliche Schranken für Influencer in sozialen Medien, NJW 2021, 3427 (zit. als *Glöckner*, NJW 2021).

Gloser, „Digitale Erblasser" und „digitale Vorsorgefälle" – Herausforderungen der Online-Welt in der notariellen Praxis – Teil II, MittBayNot 2016, 101 (zit. als Gloser, MittBayNot 2016).

Gloser, „Digitale Vorsorge" in der notariellen Praxis, DNotZ 2015, 4 (zit. als Gloser, DNotZ 2015).

Gloser, Stefan, Digitale Erblasser" und „digitale Vorsorgefälle" – Herausforderungen der Online-Welt in der notariellen Praxis – Teil I, MittBayNot 2016, 12 (zit. als *S. Gloser*, MittBayNot 2016).

Google-Konto-Hilfe, Anfrage bezüglich des Kontos eines verstorbenen Nutzers senden 20.05.2021, https://support.google.com/accounts/troubleshooter/6357590?hl=de (zugegriffen am 04.10.2022).

Google-Konto-Hilfe, Kontoinaktivität-Manager 18.02.2022, https://support.google.com/accounts/answer/3036546?hl=de (zugegriffen am 04.10.2022).

Götting, Horst-Peter, Die Vererblichkeit der vermögenswerten Bestandteile des Persönlichkeitsrechts – ein Meilenstein in der Rechtsprechung des BGH zur Fussnote *, NJW 2001, 585 (zit. als *Götting*, NJW 2001).

Götting, Horst-Peter, Persönlichkeitsmerkmale von verstorbenen Personen der Zeitgeschichte als Marke, GRUR 2001, 615 (zit. als *Götting*, GRUR 2001).

Götting, Horst-Peter, Persönlichkeitsrechte als Vermögensrechte, Jus privatum 7, Tübingen 2020 (zit. als *Götting*, Persönlichkeitsrechte).

Gräber, Tobias, Rechte an Accounts und virtuellen Gütern, Eine Untersuchung zu Fragen der Rechtsbeziehungen zu Accounts und virtuellen Gütern in Online-Computerspielen am Beispiel des Browserspiels OGame, Zugl.: Hagen, Fernuniv., Diss., 2009, Norderstedt 2009 (zit. als *Gräber*, Rechte an Accounts und virtuellen Gütern).

Gräbig, Johannes, Werbung mit Bewertungen, Rezensionen und Erfahrungsberichten, GRUR-Prax 2019, 197 (zit. als *Gräbig*, GRUR-Prax 2019).

Graf v. Westphalen, Friedrich, AGB-Recht ins BGB – Eine erste „Bestandsaufnahme", NJW 2002, 12 (zit. als *Graf v. Westphalen*, NJW 2002).

Gregoritza, Anna, Die Kommerzialisierung von Persönlichkeitsrechten Verstorbener, Eine Untersuchung der Rechtsfortbildung durch den Bundesgerichtshof in den Marlene-Dietrich- Urteilen vom 1. Dezember 1999, Zugl.: Münster, Univ., Diss., 2002, Münsterische Beiträge zur Rechtswissenschaft 146, Berlin 2003 (zit. als *Gregoritza*, Kommerzialisierung).

Gummert, Hans, Münchener Anwaltshandbuch Personengesellschaftsrecht, 3. Aufl., München 2019 (zit. als Gummert-*Bearbeiter*).

Hager/Staudinger, J. von Staudingers Kommentar zum Bürgerlichen Gesetzbuch, Staudinger BGB – Buch 2: Recht der Schuldverhältnisse: §§ 823 A–D (Unerlaubte Handlungen 1 – Rechtsgüter und Rechte; Persönlichkeitsrecht; Gewerbebetrieb), Otto Schmidt / De Gruyter Verlag OHG, Berlin 2017 (zit. als Hager/Staudinger-*Bearbeiter*).

Handbuch des Erbrechts, 2. Aufl., hrsg. von Gerhard Hohloch, Rainer Hausmann, Berlin 2010 (zit. als Hohloch/Hausmann, Handbuch Erbrecht-*Bearbeiter*).

Henning-Bodewig, Frauke, Influencer-Marketing – der „Wilde Westen des Werbens"?, WRP 2017, 1415–1421 (zit. als *Henning-Bodewig*, WRP 2017).

Henssler/Strohn, Gesellschaftsrecht, 5. Aufl., München 2021 (zit. als Henssler/Strohn-*Bearbeiter*).

Herberger, Marie, Der gemeinsame Social-Media-Account im Fall einer Scheidung, FamRZ 2021, 1603–1607 (zit. als *Herberger*, FamRZ 2021).

Herzog, Der digitale Nachlass – ein bisher kaum gesehenes und häufig missverstandenes Problem, NJW 2013, 3745 (zit. als Herzog, NJW 2013).

Herzog, Stellungnahme DAV Nr. 34/2013.

Herzog/Pruns, Der digitale Nachlass in der Vorsorge- und Erbrechtspraxis, Notarpraxis, Bonn 2018 (zit. als *Herzog/Pruns*, digitale).

Heydn, Truiken J., Schuldrechtsreform 2.0: Das neue Gewährleistungsrecht für digitale Produkte in der Praxis, CR 2021, 709–716 (zit. als *Heydn*, CR 2021).

Hoeren, Thomas, BGH: Übergang eines Facebook-Nutzungsvertrags beim Tod des Kontoinhabers, MMR 2018, 740 (zit. als *Hoeren*, MMR 2018).

Hoeren, Thomas, Der Tod und das Internet – Rechtliche Fragen zur Verwendung von E-Mail- und WWW-Accounts nach dem Tode des Inhabers, NJW 2005, 2113 (zit. als *Hoeren*, NJW 2005).

Hoeren/Sieber/Holznagel, Handbuch Multimedia-Recht, Rechtsfragen des elektronischen Geschäftsverkehrs, hrsg. von Bernd Holznagel, Thomas Hoeren, Ulrich Sieber, 53. Aufl., München 2022.

Hubmann, Heinrich, Das Persönlichkeitsrecht, 2. Aufl., Köln, Graz 1967 (zit. als *Hubmann*, Persönlichkeitsrecht).

Ilzhöfer, Volker/Engels, Rainer, Patent-, Marken- und Urheberrecht, Lehrbuch für Ausbildung und Praxis, 11. Aufl., Vahlen Jura Lehrbuch, München 2020 (zit. als *Ilzhöfer/Engels*, Patent).

Instagram, Lisa and Lena – Germany® (@lisaandlena) – Instagram-Fotos und -Videos 07.10.2022, https://www.instagram.com/lisaandlena/?hl=de (zugegriffen am 07.10.2022).

Instagram, Nutzungsbedingungen – Instagram-Hilfebereich 21.09.2022, https://de-de.facebook.com/help/instagram/581066165581870 (zugegriffen am 21.09.2022).

Instagram-Hilfebereich, Wie melde ich ein Instagram-Konto, dessen Inhaber verstorben ist? 11.01.2021, https://de-de.facebook.com/help/instagram/264154560391256 (zugegriffen am 04.10.2022).

J. von Staudingers Kommentar zum Bürgerlichen Gesetzbuch mit Einführungsgesetz…/ [Set: AGB-Recht 1+2], hrsg. von Gerald Mäsch, Matthias Wendland, Dagmar Coester-Waltjen u.a., Berlin 2019 (zit. als Staudinger-*Bearbeiter*).

Jacoby, Florian/Klumpp, Steffen/Peters, Frank/Repgen, Tilman/Schilken, Eberhard, J. von Staudingers Kommentar zum Bürgerlichen Gesetzbuch mit Einführungsgesetz und Nebengesetzen, 2019. Aufl., bearb. von Julius von Staudinger, Berlin 2019 (zit. als Jacoby/Klumpp/Peters/Repgen/E. Schilken-*Bearbeiter*).

Jahnke, Marlis, Influencer Marketing, Wiesbaden 2018 (zit. als *Jahnke*, Influencer).

Jahnke, Marlis, Influencer Marketing, Wiesbaden 2018 (zit. als *Jahnke*, Influencer).

Jandt/Roßnagel, Social Networks für Kinder und Jugendliche Besteht ein ausreichender Datenschutz?, MMR 2011, 637, https://beck-online.beck.de/Dokument?vpath=bibdata%2Fzeits%2Fmmr%2F2011%2Fcont%2Fmmr.2011.637.1.htm&pos=2&hlwords=on#FN24 (zugegriffen am 19.11.2020) (zit. als Jandt/Roßnagel, MMR 2011).

Jentzsch, Nicola, Monetarisierung der Privatsphäre: Welchen Preis haben persönliche Daten?, DIW Wochenbericht 2014, 793–798 (zit. als *Jentzsch*, DIW Wochenbericht 2014).

John Lennon (@johnlennon) – Instagram-Fotos und -Videos 13.09.2022, https://www.instagram.com/johnlennon/?hl=de (zugegriffen am 19.09.2022).

Kappus, Andreas, Der „steinige Weg“ des AGB-Verwenders zur Individualvereinbarung, NJW 2016, 33 (zit. als *Kappus*, NJW 2016).

Kärcher, Youtube, in: Ralph Dannhäuser (Hrsg.), Praxishandbuch Social Media Recruiting, Wiesbaden 2015, S. 399–406 (zit. als *Kärcher*, Youtube).

Keim, Christopher, Nachlassabwicklung mit Vollmachten über den Tod hinaus – Chancen und Risiken, MittBayNot 2021, 207 (zit. als *Keim*, MittBayNot 2021).

Kemp, Simon, Digital 2021: Global Overview Report, DataReportal – Global Digital Insights vom 27.01.2021, https://datareportal.com/reports/digital-2021-global-overview-report (zugegriffen am 15.03.2021).

Klas/Möhrke-Sobolewski, Digitaler Nachlass – Erbenschutz trotz Datenschutz, NJW 2015, 3473 (zit. als *Klas/Möhrke-Sobolewski*, NJW 2015).

Kläver, Magdalena, Vermögensrechtliche Aspekte des zivilrechtlichen allgemeinen Persönlichkeitsrechts, ZUM 2002, 205 (zit. als *Kläver*, ZUM 2002).

Klüber, Rüdiger, Persönlichkeitsschutz und Kommerzialisierung, Die juristisch-ökonomischen Grundlagen des Schutzes der vermögenswerten Bestandteile des allgemeinen Persönlichkeitsrechts, Tübingen 2012 (zit. als *Klüber*, Persönlichkeitsschutz).

Knoop, Martina, Digitaler Nachlass – Vererbbarkeit von Konten (minderjähriger) Nutzer in Sozialen Netzwerken, NZFam 2016, 966 (zit. als *Knoop*, NZFam 2016).

Köndgen, Johannes, Grund und Grenzen des Transparenzgebots im AGB-Recht Bemerkungen zum „Hypothekenzins-“ und zum „Wertstellungs-Urt.“ des BGH, NJW 1989, 943 (zit. als *Köndgen*, NJW 1989).

Kubis et al., Der digitale Nachlass, Eine Untersuchung aus rechtlicher und technischer Sicht (zit. als *Kubis et al.*, Der digitale Nachlass).

Kuck/Rolf Schwartmann, Praxishandbuch Medien-, IT- und Urheberrecht, 4. Aufl., C.F. Müller GmbH, Heidelberg 2017 (zit. als Kuck/Rolf Schwartmann, Praxishandbuch Medien-, IT- und Urheberrecht).

Kühling, Jürgen, „Fake News“ und „Hate Speech“ – Die Verantwortung der Medienintermediäre zwischen neuen NetzDG, MStV und Digital Services Act, ZUM 2021, 461 (zit. als *Kühling*, ZUM 2021).

Kunz, Lena/Mešina, Tanja/Werner, Olaf, J. von Staudingers Kommentar zum Bürgerlichen Gesetzbuch, Mit Einführungsgesetz und Nebengesetzen, 2017. Aufl., hrsg. von Gerhard Otte, Julius von Staudinger, Berlin, Saarbrücken 2017 (zit. als L. Kunz/Mešina/Werner-*Bearbeiter*).

Kunz/Staudinger, Staudinger, BGB, Otto Schmidt / De Gruyter Verlag OHG, Berlin 2017 (zit. als Kunz/Staudinger, Staudinger).

Kutscher, Antonia, Der digitale Nachlass, Dissertation, Göttingen.

Lange, Knut Werner, Erbrecht, 2. Aufl., München 2017 (zit. als *Lange*, Erbrecht).

Lange, Knut Werner, Rechtsgeschäftliche Vertragsübernahme und Insolvenz, ZIP 1999, 1373–1381 (zit. als *Lange*, ZIP 1999).

Lange, Knut Werner/Holtwiesche, Marian, Digitaler Nachlass – eine Herausforderung für Wissenschaft und Praxis (Teil 1), ZErb 2016, 125 (zit. als *Lange/Holtwiesche*, ZErb 2016).

Lange/Kuchinke, Erbrecht, Ein Lehrbuch, 5. Aufl., München 2001 (zit. als Lange/Kuchinke, Erbrecht).

Lauterkeitsrecht, Kommentar zum Gesetz gegen den unlauteren Wettbewerb (UWG), 3. Aufl., hrsg. von Karl-Heinz Fezer, Wolfgang Büscher, Eva Inés Obergfell, München 2016 (zit. als Fezer/Büscher/Obergfell, Lauterkeitsrecht: UWG-*Bearbeiter*).

Leeb/Maisch, Social-Media-Stars und -Sternchen im rechtsfreien Raum?, ZUM 2019, 29 (zit. als Leeb/Maisch, ZUM 2019).

Lettmann, Sabine, Schleichwerbung durch Influencer Marketing – Das Erscheinungsbild der Influencer, GRUR 2018, 1206 (zit. als *Lettmann*, GRUR 2018).

Lichtenstein, Falk, Der Idealwert und der Geldwert des zivilrechtlichen Persönlichkeitsrechts vor und nach dem Tode, Grundlage für die Verwertung individueller Erkennbarkeit, Zugl.: Freiburg, Univ., Diss., 2004, Schriftenreihe des Archivs für Urheber- und Medienrecht (UFITA) 232, Baden-Baden 2005 (zit. als *Lichtenstein*, Idealwert).

Lichtnecker, Florian, Ausgewählte Werbeformen im Internet unter Berücksichtigung der neueren Rechtsprechung, GRUR 2014, 523 (zit. als *Lichtnecker*, GRUR 2014).

Lichtnecker, Florian, Die Werbung in sozialen Netzwerken und mögliche hierbei auftretende Probleme, GRUR 2013, 135 (zit. als *Lichtnecker*, GRUR 2013).

Lichtnecker, Florian, Neues aus dem Social Media-Marketing Aktuelle wettbewerbs-, urheber- und markenrechtliche Problemstellungen, MMR 2018, 512 (zit. als *Lichtnecker*, MMR 2018).

Lieder/Berneith, Digitaler Nachlass – Sollte der Gesetzgeber tätig werden?, ZRP 2020, 87 (zit. als Lieder/Berneith, ZRP 2020).

Lieder/Berneith, Digitaler Nachlass: Das Facebook-Urt. des BGH, FamRZ 2018, 1486–1488 (zit. als Lieder/Berneith, FamRZ 2018).

LinkedIn, LinkedIn: Einloggen oder anmelden 11.01.2021, https://www.linkedin.com/home (zugegriffen am 04.10.2022).

LinkedIn, Nutzervereinbarung – LinkedIn 21.09.2022, https://de.linkedin.com/legal/user-agreement (zugegriffen am 21.09.2022).

LinkedIn, Nutzervereinbarung – LinkedIn 04.10.2022, https://de.linkedin.com/legal/user-agreement (zugegriffen am 04.10.2022).

LinkedIn, Verstorbenes LinkedIn Mitglied – LinkedIn Hilfe 21.05.2021, https://www.linkedin.com/help/linkedin/answer/6010/verstorbenes-linkedin-mitglied?lang=de (zugegriffen am 04.10.2022).

LinkedIn Hilfe, Verstorbenes LinkedIn Mitglied 11.01.2021, https://www.linkedin.com/help/linkedin/answer/6010/verstorbenes-linkedin-mitglied?lang=de (zugegriffen am 04.10.2022).

Lisa and Lena – Germany® (@lisaandlena) – Instagram-Fotos und -Videos 20.09.2022, https://www.instagram.com/lisaandlena/?hl=de (zugegriffen am 20.09.2022).

Litzenburger, BGH: Digitale Benutzerkonten sind vererblich, FD-ErbR 2018, 407688 (zit. als Litzenburger, FD-ErbR 2018).

Litzenburger, Wolfgang, LG Berlin: Digitaler Nachlass – Vererbbarkeit des Zugangs zu sozialen Netzwerken (hier: Facebook), FD-ErbR 2016, 375286 (zit. als *W. Litzenburger*, FD-ErbR 2016).

Mackenrodt, Marc-Oliver, Der „digitale Nachlass" und die Verweigerung des Zugangs zu einem Internetaccount gegenüber den Erben – Anmerkung zu KG ZUM-RD 2017, ZUM-RD Jahr 2017 Seite 524, ZUM-RD 2017, 540 (zit. als *Mackenrodt*, ZUM-RD 2017).

Maier, Henrike, Meme und Urheberrecht, GRUR-Prax 2016, 397 (zit. als *Maier*, GRUR-Prax 2016).

Marilyn Monroe (@marilynmonroe) – Instagram-Fotos und -Videos 03.05.2021, https://www.instagram.com/p/CA77kVmgF6t/ (zugegriffen am 19.09.2021).

Marilyn Monroe (@marilynmonroe) – Instagram-Fotos und -Videos 19.09.2022, https://www.instagram.com/marilynmonroe/?hl=de (zugegriffen am 19.09.2022).

Marly, Jochen, Praxishandbuch Softwarerecht, Rechtsschutz und Vertragsgestaltung: Urheberrecht, Patentrecht, Pflichtverletzungen, Vertragsgestaltung, Allgemeine Geschäftsbedingungen: Musterverträge zum Download, 7. Aufl., München 2018 (zit. als *Marly*, Praxishandbuch).

Martin, Klaus, Das allgemeine Persönlichkeitsrecht in seiner historischen Entwicklung, Zugl.: Göttingen, Univ., Diss., 2007, Schriftenreihe Schriften zum Persönlichkeitsrecht 2, Hamburg 2007 (zit. als *Martin*, Das allgemeine Persönlichkeitsrecht).

Martini, Mario, Der digitale Nachlass und die Herausforderung postmortalen Persönlichkeitsschutzes im Internet, JZ 2012, 1145 (zit. als *Martini*, JZ 2012).

Meincke, Die Auswirkungen der Rechtsnachfolge auf das Steuerrechtsverhältnis, in: Joachim Schulze-Osterloh (Hrsg.), Rechtsnachfolge im Steuerrecht, Veröffentlichungen der Deutschen Steuerjuristischen Gesellschaft e.V. Bd. 10, Köln 1987, S. 19–44 (zit. als Meincke, Auswirkungen).

memoresa, memoresa – Nachlass digital planen für Übersicht und Klarheit 05.07.2022, https://memoresa.de/de/digitaler-nachlass/ (zugegriffen am 05.10.2022).

Meyer, Sebastian, Bußgelder bei Datenschutzverstößen: Alles nur halb so schlimm?, ZVertriebsR 2021, 1 (zit. als *Meyer*, ZVertriebsR 2021).

Miethaner, Tobias, AGB oder Individualvereinbarung – die gesetzliche Schlüsselstelle „im Einzelnen ausgehandelt", NJW 2010, 3121 (zit. als *Miethaner*, NJW 2010).

Milz, Aniko, Instagram Top 10: Das sind Deutschlands beliebteste Instagrammer 05.12.2019, https://onlinemarketing.de/social-media-marketing/instagram-top-10-deutschland-instagrammer (zugegriffen am 19.09.2022).

Muer, Benedikt R., Die Vererblichkeit von Vermögenswerten in der digitalen Welt, 2021 (zit. als *Muer*, Vererblichkeit).

Müller, Johannes, Pegasus und Smartphone: Formatierte Freiheit, ZD-Aktuell 2021, 5457 (zit. als *Müller*, ZD-Aktuell 2021).

Münchener Anwaltshandbuch Erbrecht, 5. Aufl., hrsg. von Stephan Scherer, Joerg Andres, Carl-Günther Benninghoven u.a., München 2018 (zit. als MAH Erbrecht-*Bearbeiter*).

Münchener Kommentar zum Bürgerlichen Gesetzbuch, 8. Aufl., München 2019 (zit. als MüKo-BGB-*Bearbeiter*).

Münchener Kommentar zum Lauterkeitsrecht, hrsg. von Peter W. Heermann, Jochen Schlingloff, München 2006 (zit. als MüKo-UWG-*Bearbeiter*).

Münchener Kommentar zum Strafgesetzbuch, 4. Aufl., hrsg. von Volker Erb, Jürgen Schäfer, München 2020 (zit. als MüKo-StGB-*Bearbeiter*).

Muscheler, Karlheinz, Testamentsvollstreckung und Vermächtnis, ZEV 2011, 230 (zit. als *Muscheler*, ZEV 2011).

Muscheler, Karlheinz, Universalsukzession und Vonselbsterwerb, Die rechtstechnischen Grundlagen des deutschen Erbrechts, Jus privatum 68, Tübingen 2002 (zit. als *Muscheler*, Universalsukzession).

Naczinsky, Magdalena, Die digitale Vorsorge des Erblassers, ZEV 2020, 665 (zit. als *Naczinsky*, ZEV 2020).

Nieder, Heinrich/Kössinger, Reinhard/Kössinger, Winfried/Najdecki, Damian/Zintl, Josef, Handbuch der Testamentsgestaltung, Grundlagen und Gestaltungsmittel für Verfügungen von Todes wegen und vorbereitende

Erbfolgemaßnahmen, 6. Aufl., [München] 2020 (zit. als *Nieder* et al., Handbuch der Testamentsgestaltung).

Notzon, Matthias, Arbeitsrecht meets Facebook, öAT 2013, 180 (zit. als *Notzon*, öAT 2013).

Paal, Boris P./Pauly, Daniel A.*/Ernst, Stefan/Frenzel, Eike Michael/Gräber, Tobias/Hennemann, Moritz,* Datenschutz-Grundverordnung, Bundesdatenschutzgesetz, 3. Aufl., München 2021 (zit. als Paal/Pauly/S. Ernst/Frenzel/Gräber/Hennemann-*Bearbeiter*).

Pacem Digital, Digitalen Nachlass online regeln – Pacem Digital 05.10.2022, https://www.pacem-digital.com/ (zugegriffen am 05.10.2022).

Pamela Reif (@pamela_rf) – Instagram-Fotos und -Videos 03.05.2021, https://www.instagram.com/pamela_rf/ (zugegriffen am 19.09.2021).

Papantoniou, Die soziale Funktion des Erbrechts, AcP 1973, 386–401 (zit. als *Papantoniou*, AcP 1973).

Peifer, Karl-Nikolaus, Influencer Marketing – Rechtlicher Rahmen und Regulierungsbedürfnis (Teil 2), GRUR 2018, 1218 (zit. als *Peifer*, GRUR 2018).

Peukert, Alexander, Güterzuordnung als Rechtsprinzip, Jus privatum 138, Tübingen 2008 (zit. als *Peukert*, Güterzuordnung).

Podszun, Rupprecht, Rechtsnachfolge beim digitalen Nachlass, GWR 2016, 37 (zit. als *Podszun*, GWR 2016).

Preuß, Nicola, Digitaler Nachlass – Vererbbarkeit eines Kontos bei einem sozialen Netzwerk, NJW 2018 (zit. als *Preuß*, NJW 2018).

Prof. Dr. Axel Nordemann/Prof. Dr. Jan Bernd Nordemann, LL.M./Prof. Dr. Christian Czychowski/Dr. Friedrich Karl Fromm und Prof. Dr. Wilhelm Nordemann/Prof. Dr. Wilhelm Nordemann, Dr. Kai Vinck und Prof. Dr. Paul W. Hertin/Axel Nordemann/Jan Bernd Nordemann/Christian Czychowski/Friedrich Karl Fromm/Wilhelm Nordemann, Fromm/Nordemann, Urheberrecht, 12. Aufl., Verlag W. Kohlhammer GmbH Stuttgart unbekannt (zit. als Prof. Dr. Axel Nordemann/Prof. Dr. Jan Bernd Nordemann, LL.M./Prof. Dr. Christian Czychowski/Dr. Friedrich Karl Fromm und Prof. Dr. Wilhelm Nordemann/Prof. Dr. Wilhelm Nordemann, Dr. Kai Vinck und Prof. Dr. Paul W. Hertin/Axel Nordemann/Jan Bernd Nordemann/Christian Czychowski/Friedrich Karl Fromm/Wilhelm Nordemann-*Bearbeiter*).

Pruns, Matthias, Der digitale Nachlass in der Beratungspraxis nach dem Facebook-Urt. des BGH, ErbR 2018, 614 (zit. als *Pruns*, ErbR 2018).

Raude, Karin, Der digitale Nachlass in der notariellen Praxis, RNotZ 2017, 17 (zit. als *Raude*, RNotZ 2017).

Recht der elektronischen Medien, 4. Aufl., hrsg. von Gerald Spindler, Fabian Schuster, München 2019 (zit. als Spindler/Schuster, Recht der elektronischen Medien-*Bearbeiter*).

Redeker, Helmut, IT-Recht, 7. Aufl., NJW Praxis Band 55, München 2020 (zit. als *Redeker*, IT-Recht).

Roos, Teil 12, Vertragsrecht für Internetdienste, in: Bernd Holznagel, Thomas Hoeren, Ulrich Sieber (Hrsg.), Handbuch Multimedia-Recht, Rechtsfragen des elektronischen Geschäftsverkehrs, 53. EL, München 2022, [Seiten von-bis fehlt!] (zit. als *Roos*, Til 12).

Rosenbauer/Eichholz, Konfliktmanagement in der Unternehmensnachfolge, BC 2019, 223 (zit. als *Rosenbauer/Eichholz*, BC 2019).

Rosenkranz, Frank, Spezifische Vorschriften zu Verträgen über die Bereitstellung digitaler Produkte im BGB, ZUM 2021, 195 (zit. als *Rosenkranz*, ZUM 2021).

Saenger, Ingo, Gesellschaftsrecht, 5. Aufl., 2020 (zit. als *Saenger*, Gesellschaftsrecht).

Salomon, Pascal, „Digitaler Nachlass" – Möglichkeiten der notariellen Vorsorge, NotBZ 2016, 324–331 (zit. als *Salomon*, NotBZ 2016).

Schack, Haimo, Das Persönlichkeitsrecht der Urheber und ausübenden Künstler nach dem Tode, GRUR 1985, 352 (zit. als *Schack*, GRUR 1985).

Schack, Haimo, Urheber- und Urhebervertragsrecht, 10. Aufl., Mohr Siebeck Lehrbuch, Tübingen 2021 (zit. als *Schack*, Urheber- und Urhebervertragsrecht).

Schack, Haimo, Weiterleben nach dem Tode – wie lange? Postmortale Begrenzungen subjektiver Rechte, JZ 74 (2019), 864 (zit. als *Schack*, JZ 74 2019).

Schantz, Peter/Wolff, Heinrich Amadeus, Das neue Datenschutzrecht, Datenschutz-Grundverordnung und Bundesdatenschutzgesetz in der Praxis, München 2017 (zit. als *Schantz/Wolff*, Das neue Datenschutzrecht).

scheidung.de, Wem gehört der Instagram-Kanal nach der Scheidung?, GEMEINSAMER INSTAGRAM-ACCOUNT – SCHEIDUNG.de 2021, https://www.scheidung.de/scheidungsnews/wem-gehoert-der-instagram-kanal-nach-der-scheidung.html (zugegriffen am 07.10.2022).

Schmidt, Jan-Hinrik, Social Media, Wiesbaden 2018 (zit. als *Schmidt*, Social).

Schmidt-Kessel/Grimm, Unentgeltlich oder entgeltlich? – Der vertragliche Austausch von digitalen Inhalten gegen personenbezogene Daten, ZfPW 2017, 84, https://beck-online.beck.de/Dokument?vpath=bibdata%2Fzeits%2Fzfpw%2F2017%2Fcont%2Fzfpw.2017.84.1.htm&anchor=Y-300-Z-ZFPW-B-2017-S-84-N-1 (zugegriffen am 10.12.2020) (zit. als *Schmidt-Kessel/Grimm*, ZfPW 2017).

Schmoeckel, Mathias, Erbrecht, 6. Aufl., NomosLehrbuch, 2021 (zit. als *Schmoeckel*, Erbrecht).

Schönke, Adolf/Eser, Albin/Perron, Walter/Sternberg-Lieben, Detlev/Eisele, Jörg/Hecker, Bernd/Kinzig, Jörg/Bosch, Nikolaus/Schuster, Frank/Weißer, Bettina/Schittenhelm, Ulrike, Strafgesetzbuch, Kommentar, 30. Aufl., hrsg. von Horst Schröder, München 2019 (zit. als Schönke/Eser/Perron/Sternberg-Lieben/Eisele/Hecker/Kinzig/Bosch/F. Schuster/Weißer/Schittenhelm-*Bearbeiter*).

Schrader, Paul, Verträge über digitale Produkte: „lediglich rechtlicher Vorteil" für den Minderjährigen?, JA 2021, 177 (zit. als *Schrader*, JA 2021).

Schreiber, Kristina, Ein neues Vertragsrecht für digitale Produkte, MMR 2021, 601 (zit. als *Schreiber*, MMR 2021).

Schricker/Loewenheim, Urheberrecht, UrhG, KUG, VGG: Kommentar, 6. Aufl., 2020 (zit. als Schricker/Loewenheim-*Bearbeiter*).

Schweers, Stefan Christian, Die vermögenswerten und ideellen Bestandteile des Persönlichkeitsrechts nach dem Tod des Trägers, Zugl.: Köln, Univ., Diss., 2006, Berlin 2006 (zit. als *Schweers*, Die vermögenswerten).

Seidler, Katharina, Digitaler Nachlass, Das postmortale Schicksal elektronischer Kommunikation, Schriften zum deutschen und ausländischen Familien- und Erbrecht Band 17, Frankfurt am Main 2016 (zit. als *Seidler*, Digitaler Nachlass).

Seidler, Katharina, Seidler: Der digitale Nachlass – ein Zwischenstand, NZFam 2020, NZFam 2020, 141 (zit. als *Seidler*, NZFam 2020).

Seif, Ulrike, Die postmortale Vollmacht, AcP 2000, 192 (zit. als *Seif*, AcP 2000).

Solmecke, Christian, Teil 21.1, Soziale Netzwerke, in: Bernd Holznagel, Thomas Hoeren, Ulrich Sieber (Hrsg.), Handbuch Multimedia-Recht, Rechtsfragen des elektronischen Geschäftsverkehrs, 53. EL, München 2022, **[Seiten von-bis fehlt!]** (zit. als *Solmecke*, Teil 21.1).

Sorge, Christoph, Digitaler Nachlass als Knäuel von Rechtsverhältnissen, MMR 2018, 372 (zit. als Sorge, MMR 2018).

SPD, BÜNDNIS 90/DIE GRÜNEN & FDP, Koalitionsvertrag, MEHR FORTSCHRITT WAGEN BÜNDNIS FÜR FREIHEIT, GERECHTIGKEIT UND NACHHALTIGKEIT, 2021.

Staake, Marco, Unternehmensnachfolge durch Adoption, NJW 2019, 631 (zit. als Staake, NJW 2019).

Statista, Instagram – Nutzung nach Altersgruppen in Deutschland 2022 – Statista 08.08.2022, https://de.statista.com/statistik/daten/studie/691584/umfrage/anteil-der-nutzer-von-instagram-nach-alter-in-deutschland/ (zugegriffen am 19.09.2022).

Statistisches Bundesamt, Private Haushalte in der Informationsgesellschaft – Nutzung von Informations- und Kommunikationstechnologien – Fachserie 15 Reihe 4, 2019.

Staudinger, J. von, Buch 2 Recht der Schuldverhältnisse §§ 705–740 (Gesellschaftsrecht) Kommentar zum Bürgerlichen Gesetzbuch und Nebengesetzen, s.l. 2003 (zit. als J. von Staudinger-Bearbeiter).

Steiner/Holzer, Praktische Empfehlungen zum digitalen Nachlass, ZEV 2015, 262 (zit. als *Steiner/Holzer*, ZEV 2015).

Stieper, Malte, BGH: kinski-klaus.de, MMR 2007, 106 (zit. als *Stieper*, MMR 2007).

Summers, Anthony, Goddess, London 2007 (zit. als *Summers*, Goddess).

Suwelack, Felix, Schleichwerbung als Boombranche? Geltung und Wirksamkeit werberechtlicher Grundsätze beim Influencer-Marketing, MMR 2017, 661 (zit. als Suwelack, MMR 2017).

Tariq, M. U., A Review of the Gaps and Opportunities of Nudity and Skin Detection Algorithmic Research for the Purpose of Combating Adolescent Sexting Behaviors, the 21st International Conference on Human-Computer Interaction (HCII 2019) 2019 (zit. als Tariq, the 21st International Conference on Human-Computer Interaction (HCII 2019) 2019).

The Real Life Guys – YouTube 09.08.2021, https://www.youtube.com/c/TheRealLifeGuys/about (zugegriffen am 19.09.2021).

Thiesen, Michael, Daten in der Erbmasse, Dissertation, Peter Lang GmbH.

Tinnefeld, Marie-Theres/Buchner, Benedikt/Petri, Thomas/Hof, Hans-Joachim, Einführung in das Datenschutzrecht, Datenschutz und Informationsfreiheit in europäischer Sicht, 7. Aufl., Berlin, Boston 2020 (zit. als Tinnefeld *et al.*, Einführung in das Datenschutzrecht).

Troll, Max/ Gebel, Dieter */Jülicher, Marc/* Gottschalk, *Paul* Richard, Erbschaftsteuer- und Schenkungsteuergesetz, Kommentar, 2022. Aufl., hrsg. von Dieter Gebel, Max Troll, Marc Jülicher, München 2015 (zit. als Troll/Gebel/Jülicher/P. Richard Gottschalk-*Bearbeiter*).

Twitter, Allgemeine Geschäftsbedingungen 21.09.2022, https://twitter.com/de/tos (zugegriffen am 21.09.2022).

Twitter, Twitter über einen Account eines verstorbenen Familienmitglieds informieren 05.10.2022, https://help.twitter.com/de/rules-and-policies/contact-twitter-about-a-deceased-family-members-account (zugegriffen am 05.10.2022).

Uecke, Alyssa, So ist der deutsche Influencer-Markt aufgebaut – effektor, effektor – Agentur für strategisches Online-Marketing vom 05.06.2020, https://effektor.de/blog/so-ist-der-deutsche-influencer-markt-aufgebaut/ (zugegriffen am 19.09.2022).

Ulbricht, Carsten, Praxishandbuch Social Media und Recht, Rechtssichere Kommunikation und Werbung in sozialen Netzwerken, 4. Aufl., Haufe Fachbuch v. 7932, München 2017 (zit. als Ulbricht, Praxishandbuch).

VermögenMagazin, Pamela Reif: Das Vermögen & Verdienst der Influencerin 2021 2020, https://www.vermoegenmagazin.de/pamela-reif-vermoegen/ (zugegriffen am 19.09.2022).

Vetter, Stefan, Das Recht am eigenen Bild Minderjähriger in den sozialen Netzwerken, AfP 2017, 127–132 (zit. als Vetter, AfP 2017).

Wandtke, Artur-Axel, Urheberrecht, 7. Aufl., 2019 (zit. als Wandtke, Urheberrecht).

we-are-social, digital-2020-global, https://wearesocial.com/de/digital-2020-deutschland.

Wemmer/Bodensiek, Virtueller Handel – Geld und Spiele, K&R 2004, 432 (zit. als *Wemmer/Bodensiek*, K&R 2004).

Wesche, Steffen, Influencer – ein neues Berufsbild im Fokus des Rechts, jM 2020, 2–7 (zit. als Wesche, jM 2020).

Willems, Constantin, Erben 2.0 – zur Beschränkbarkeit der Rechtsnachfolge in das „digitale Vermögen“, ZfPW 2016, 494 (zit. als Willems, ZfPW 2016).

Willems, Constantin, Influencer als Unternehmer, MMR 2018, 707 (zit. als Willems, MMR 2018).

Willkomm, Katharina, Nach dem BGH kommen die AGB, DRiZ 2020, 12–13 (zit. als Willkomm, DRiZ 2020).

Windel, Peter A., Über die Modi der Nachfolge in das Vermögen einer natürlichen Person beim Todesfall, Zugl.: Heidelberg, Univ., Habil.-Schr., 1996–1997, R. v. Deckers rechts- und sozialwissenschaftliche Abhandlungen 70, Heidelberg 1998 (zit. als Windel, Über die Modi der Nachfolge).

Wintermeier, Martin, Inanspruchnahme sozialer Netzwerke durch Minderjährige Datenschutz aus dem Blickwinkel des Vertragsrechts, ZD 2012, 210 (zit. als Wintermeier, ZD 2012).

Wüsthof, Lucas, Anmerkung zu einer Entscheidung des BGH, Urt. vom 12.07.2018, ErbR 2018, 579–582 (zit. als *Wüsthof*, ErbR 2018).

Youtube, Nutzungsbedingungen 20.09.2022, https://www.youtube.com/static?template=terms (zugegriffen am 20.09.2022).

Youtube-Hilfe, Dein Google-Konto für YouTube verwenden 11.01.2021, https://support.google.com/youtube/answer/69961?hl=de (zugegriffen am 04.10.2022).

Youtube-Hilfe, Konto auf YouTube erstellen – Computer – YouTube-Hilfe 11.01.2021, https://support.google.com/youtube/answer/161805?hl=de&ref_topic=9267674 (zugegriffen am 04.10.2022).

Youtube-Hilfe, Zugriffsrechte für deinen YouTube-Kanal hinzufügen oder entfernen 02.08.2021, https://support.google.com/youtube/answer/9481328?hl=de (zugegriffen am 07.10.2022).

Zacher-Röder, Hannelore, Die bedingte Erbeinsetzung als Alternative zum sog. „Drei-Zügel-Testament", ZEV 2008, 277 (zit. als *Zacher-Röder*, ZEV 2008).

Anhang: Nutzungsbedingungen

1. Facebook

Facebook Ireland Limited hat seinen Namen in Meta Platforms Ireland Limited geändert. Wir haben unsere Nutzungsbedingungen, Datenrichtlinie und Cookie-Richtlinie aktualisiert, sodass sie ab dem 4. Januar 2022 den neuen Namen berücksichtigen. Auch unter dem neuen Unternehmensnamen bieten wir weiterhin dieselben Produkte an, einschließlich der Facebook-App von Meta. Unsere Datenrichtlinie und unsere Nutzungsbedingungen gelten auch weiterhin, und die Namensänderung hat keine Auswirkungen darauf, wie wir Daten verwenden oder übermitteln. Erfahre mehr über Meta und unsere Vision für das Metaversum.

Nutzungsbedingungen

Für in Meta-Produkte integrierte Messaging-, Sprach- und Videoanrufdienste findest du hier eine Vertragszusammenfassung und hier weitere Informationen, die gemäß dem Europäischen Kodex für die elektronische Kommunikation vorgeschrieben sind.

Meta entwickelt Technologien und Dienste, mit deren Hilfe sich Menschen miteinander vernetzen, Gemeinschaften bilden und ihre Unternehmen stärken können. Diese Nutzungsbedingungen (die „Nutzungsbedingungen") regeln deine Nutzung von Facebook, Messenger und den anderen von uns angebotenen Produkten, Features, Apps, Diensten, Technologien sowie von uns angebotener Software (die Meta-Produkte oder Produkte), außer, wenn wir ausdrücklich erklären, dass gesonderte Nutzungsbedingungen (und nicht diese) gelten. Diese Produkte werden dir von Meta Platforms Ireland Limited bereitgestellt.

Für die Nutzung von Facebook und der anderen Produkte und Dienste, für die diese Nutzungsbedingungen gelten, erheben wir keine Gebühren, sofern wir nichts anderes angeben. Stattdessen bezahlen uns Unternehmen, Organisationen und andere Personen dafür, dass wir dir Werbeanzeigen für ihre Produkte und Dienstleistungen zeigen. Unsere Produkte und Dienste ermöglichen es dir, mit deinen Freunden und Gemeinschaften zu kommunizieren und personalisierte Inhalte und Werbeanzeigen zu erhalten, die nach unserer Ansicht relevant für dich sein und deinen Interessen entsprechen könnten. Durch Nutzung unserer Produkte erkennst du an, dass wir dir Werbeanzeigen zeigen, die nach unserer Ansicht relevant für dich sein und deinen Interessen entsprechen könnten. Wir verwenden deine personenbezogenen Daten, um festzulegen, welche personalisierten Werbeanzeigen wir dir zeigen.

Wir verkaufen deine personenbezogenen Daten nicht an Werbetreibende, und wir teilen keine Informationen, anhand derer du unmittelbar identifiziert werden kannst (wie z. B. dein Namen, deine E-Mail-Adresse oder andere Kontaktinformationen), nicht mit Werbetreibenden, es sei denn, du erteilst uns die ausdrückliche Genehmigung dazu. Dagegen können uns Werbetreibende beispielsweise mitteilen, welche Zielgruppe ihre Werbeanzeigen sehen soll. Wir zeigen diese Werbeanzeigen dann jenen Personen, die möglicherweise an ihnen interessiert sind. Wir stellen Werbetreibenden Berichte über die Performance ihrer Werbeanzeigen zur Verfügung, damit sie Erkenntnisse darüber erlangen, wie Personen mit ihrem Inhalt interagieren. In Abschnitt 2 unten erfährst du mehr darüber, wie personalisierte Werbung gemäß diesen Nutzungsbedingungen auf den Meta-Produkten funktioniert.

Unsere Datenrichtlinie erläutert, wie wir deine personenbezogenen Daten erheben und verwenden, um einige der dir gezeigten Werbeanzeigen festzulegen und alle anderen unten beschriebenen Dienste bereitzustellen. Auf deinen Einstellungen-Seiten des jeweiligen Meta-Produkts kannst du jederzeit die Privatsphäre-Optionen überprüfen, die dir hinsichtlich unserer Verwendung deiner Daten zur Verfügung stehen.

Netzwerkdurchsetzungsgesetz („NetzDG")

Weitere Informationen zum NetzDG erhältst du auf der NetzDG-Hilfebereich-Seite. Um uns über Inhalte zu informieren, die nach deiner Ansicht gemäß NetzDG rechtswidrig sind, klicke bitte auf Meldung einreichen. Mitarbeiter von Strafverfolgungsbehörden können Auskunftsersuchen nach dem NetzDG über das Online-Anfragesystem für Strafverfolgungsbehörden einreichen.

Der Zustellungsbevollmächtigte für Verwaltungsverfahren und zivilgerichtliche Verfahren gemäß § 5 (1) NetzDG ist: ARQIS Rechtsanwälte Partnerschaftsgesellschaft mbB, Breite Straße 28, 40213 Düsseldorf.

Urheberrechts-Diensteanbieter-Gesetz („UrhDaG")

Der Zustellungsbevollmächtigte gemäß § 20 UrhDaG für Zustellungen in Gerichtsverfahren ist: Freshfields Bruckhaus Deringer Rechtsanwälte Steuerberater PartG mbB (Düsseldorf), Feldmühleplatz 1, 40545 Düsseldorf.

Impressum

Die Websites unter www.facebook.com und die Dienste auf diesen Seiten werden dir angeboten von: Meta Platforms Ireland Limited, 4 Grand Canal Square, Dublin 2, Irland

Autorisierter Vertreter: Richard Kelley Eingetragen in Irland (Companies Registration Office) Handelsregisternummer 462932

Hier erhältst du Hilfe dazu bzw. Informationen dazu, wie du etwas melden kannst: Allgemeine Informationen darüber, wie du Facebook ein Problem melden kannst

Melden einer Urheberrechtsverletzung
Melden einer Markenrechtsverletzung
Informationen zum geistigen Eigentum
Herunterladen deiner personenbezogenen Daten
Ein nachahmendes Konto melden
Ein gehacktes Konto melden
Informationen zu Missbrauch und Belästigung
Informationen zu Datenschutzrechten

Funktionsfehler melden
Informationen zu Benutzernamen und Webadressen
Melden von Konten verstorbener Nutzer
Informationen zu Anmeldungs- und Passwortproblemen
Informationen zu Seiten
Informationen zu Seitenadministrator-Problemen

So erreichst du uns per E-Mail: impressum-support@support.facebook.com

Hinweis für die Landesmedienanstalten

Behördliche Zustellungen nach dem MStV für die Meta Platforms Ireland Ltd. können erfolgen an: Facebook Germany GmbH, c/o Freshfields Bruckhaus Deringer Rechtsanwälte Steuerberater PartG mbB, Hohe Bleichen 7, 20354 Hamburg.

Ranking der Inhalte

Hier haben wir Informationen zum Ranking der Inhalte bereitgestellt.

1. Von uns angebotene Dienste

Unsere Mission ist es, Personen die Möglichkeit zu geben, Gemeinschaften zu bilden, und die Welt näher zusammenzubringen. Um diese Mission voranzutreiben, stellen wir dir die nachfolgend beschriebenen Produkte und Dienste bereit:

Wir stellen dir ein personalisiertes Erlebnis bereit: Dein Erlebnis auf Facebook unterscheidet sich von dem aller anderen: Angefangen bei den Beiträgen, Stories, Veranstaltungen, Werbeanzeigen und sonstigen Inhalten, die du im Facebook-News Feed oder auf unserer Video-Plattform siehst, bis hin zu den Facebook-Seiten, denen du folgst, und sonstigen möglicherweise von dir genutzten Funktionen wie Facebook Marketplace und Suche. Beispielsweise verwenden wir Daten über die von dir hergestellten Verbindungen und die von dir ausgewählten Optionen und Einstellungen sowie dazu, was du auf unseren Produkten sowie außerhalb dieser tust, um dein Erlebnis zu personalisieren.

Wir verbinden dich mit Personen und Organisationen, die dir wichtig sind: Wir helfen dir dabei, Personen, Gruppen, Unternehmen, Organisationen und andere, die dir wichtig sind, auf den von dir genutzten Meta-Produkten zu finden und dich mit ihnen zu verbinden. Wir verwenden Daten, um dir und anderen Vorschläge zu unterbreiten – zum Beispiel Gruppen, denen du beitreten, Veranstaltungen, an denen du teilnehmen, Facebook-Seiten, denen du folgen oder Nachrichten senden, Shows, die du dir ansehen könntest und Personen, die du möglicherweise als Freund/in hinzufügen möchtest. Durch stärkere Bindungen entstehen bessere Gemeinschaften. Deshalb sind wir der Ansicht, dass unsere Dienste am nützlichsten sind, wenn Personen mit Personen, Gruppen und Organisationen verbunden sind, die sie interessieren.

Wir geben dir die Möglichkeit, dich auszudrücken und dich über dir wichtige Dinge auszutauschen: Du hast viele Möglichkeiten, um dich auf Facebook auszudrücken und mit Freunden, Familienmitgliedern und anderen über die Dinge auszutauschen, die dir wichtig sind – zum Beispiel indem du Status-Updates, Fotos, Videos und Stories auf den Meta-Produkten (im Einklang mit deinen Einstellungen) teilst, Nachrichten an eine/n Freund/in oder mehrere Personen sendest, Sprach- oder Videoanrufe mit ihnen tätigst, Veranstaltungen oder Gruppen erstellst oder Inhalte zu deinem Profil hinzufügst. Außerdem erhältst du Einblicke darin, wie andere mit deinen Inhalten interagieren. Wir haben außerdem neue Möglichkeiten geschaffen – und entwickeln weiter neue Lösungen – wie Menschen Technologien wie beispielsweise erweiterte Realität und 360°-Video nutzen können, um ausdrucksstärkere und ansprechendere Inhalte auf Meta-Produkten zu erstellen und zu teilen.

Wir helfen dir, Inhalte, Produkte und Dienste zu entdecken, die dich interessieren könnten: Wir zeigen dir personalisierte Werbeanzeigen, Angebote und sonstige gesponserte oder kommerzielle Inhalte, um dir dabei zu helfen, Inhalte, Produkte und Dienste zu entdecken, die von den vielen Unternehmen und Organisationen angeboten werden, die Facebook und andere Meta-Produkte nutzen. In Abschnitt 2 unten wird dies näher erläutert.

Wir fördern den Schutz, die Sicherheit und die Integrität unserer Dienste, bekämpfen schädliches Verhalten und schützen unsere Community: Die Menschen werden nur dann Gemeinschaften auf Meta-Produkten bilden, wenn sie sich sicher und geborgen fühlen. Wir arbeiten kontinuierlich und intensiv daran, die Sicherheit (einschließlich Verfügbarkeit, Authentizität, Integrität und Vertraulichkeit) unserer Produkte und Dienste zu gewährleisten. Wir beschäftigen weltweit spezielle Teams, arbeiten mit externen Dienstleistern, Partnern und anderen relevanten Unternehmen zusammen und entwickeln fortschrittliche technische Systeme, um potenziellen Missbrauch unserer Produkte, schädliches Verhalten gegenüber anderen und Situationen aufzudecken, in denen wir möglicherweise dazu beitragen können, unsere Gemeinschaft zu unterstützen und zu schützen, u. a. indem wir auf Nutzermeldungen von potenziell unzulässigen Inhalten reagieren. Wenn wir von derartigen Inhalten oder Verhaltensweisen erfahren, ergreifen wir geeignete Maßnahmen. Dies kann u. a. Folgendes umfassen: Dich informieren, Hilfe anbieten, Inhalte entfernen, bestimmte Features entfernen bzw. den Zugriff darauf einschränken, ein Konto deaktivieren oder Kontakt mit den Strafverfolgungsbehörden aufnehmen. Wir teilen Daten mit anderen Meta-Unternehmen, wenn wir Missbrauch oder schädliches Verhalten durch eine Person feststellen, die eines unserer Produkte nutzt, oder um die Meta-Produkte, Nutzer und die Community zu schützen. Wir geben beispielsweise Informationen an Meta-Unternehmen weiter, die finanzielle Produkte und Dienstleistungen anbieten, um ihnen dabei zu helfen, Schutz, Sicherheit und Integrität zu fördern und geltendes Recht einzuhalten. Meta kann auf jegliche Informationen, die es über dich erfasst, zugreifen, sie aufbewahren, verwenden und teilen, wenn es in gutem Glauben der Ansicht ist, dass dies gesetzlich vorgeschrieben oder zulässig ist. Weitere Informationen erhältst du in unserer Datenrichtlinie.

Gemäß seinen Bedingungen und Statuten überprüft das Oversight Board in einigen Fällen möglicherweise unsere Entscheidungen. Mehr dazu erfährst du hier.

Wir nutzen und entwickeln fortschrittliche Technologien, um sichere und funktionsfähige Dienste für alle bereitzustellen: Wir nutzen und entwickeln fortschrittliche Technologien – darunter künstliche Intelligenz, Systeme für maschinelles Lernen und erweiterte Realität – sodass Menschen unsere Produkte ungeachtet ihrer körperlichen Fähigkeit und ihres geographischen Standorts sicher nutzen können. Beispielsweise hilft derartige Technologie Menschen mit Sehbehinderung zu verstehen, was oder wer auf Fotos oder in Videos zu sehen ist, die auf Facebook oder Instagram geteilt werden. Wir erstellen auch hochentwickelte Netzwerk- und Kommunikationstechnologie, damit sich mehr Menschen in Gebieten mit eingeschränktem Zugang mit dem Internet verbinden können. Außerdem entwickeln wir automatisierte Systeme zur Verbesserung unserer Fähigkeit, unsere Gemeinschaft und unsere Produkte zu schützen.

Wir erforschen Möglichkeiten zur Verbesserung unserer Dienste: Wir betreiben Forschung, um unsere Produkte zu entwickeln, zu testen und zu verbessern. Dazu gehört auch, dass wir Daten analysieren, die wir über unsere Nutzer besitzen, und ein Verständnis dafür entwickeln, wie Menschen unsere Produkte nutzen, beispielsweise indem wir Umfragen durchführen und neue Funktionen erproben und auf Fehler untersuchen. Unsere Datenrichtlinie erläutert, wie wir Daten für diese Forschungszwecke verwenden, um unsere Dienste weiterzuentwickeln und zu optimieren.

Wir stellen durchgängige und nahtlose Erlebnisse auf allen Produkten der Meta-Unternehmen bereit: Unsere Produkte helfen dir dabei, die dir wichtigen Personen, Gruppen, Unternehmen, Organisationen usw. zu finden und dich mit ihnen zu verbinden. Wir gestalten unsere Systeme so, dass dein Erlebnis über die verschiedenen von dir genutzten Produkte der Meta-Unternehmen hinweg durchgängig und nahtlos ist. Zum Beispiel verwenden wir Daten über die Personen, mit denen du auf Facebook interagierst, um es dir zu erleichtern, dich mit ihnen auf Instagram oder im Messenger zu verbinden. Außerdem ermöglichen wir es dir, über den Messenger mit einem Unternehmen zu kommunizieren, dem du auf Facebook folgst.

Sicherstellung des Zugriffs auf unsere Dienste: Damit wir unsere globalen Dienste betreiben und es dir ermöglichen können, dich weltweit mit Menschen zu vernetzen, müssen wir Inhalte und Daten an unsere Rechenzentren, Partner, Dienstleister, Anbieter und Systeme auf der ganzen Welt übermitteln und dort speichern und verteilen, also auch in Länder/n außerhalb des Landes, in dem du wohnst. Die Nutzung dieser globalen Infrastruktur ist für die Bereitstellung unserer Dienste erforderlich und unerlässlich. Diese Infrastruktur kann Meta Platforms, Inc., Meta Platforms Ireland Limited oder deren verbunden Unternehmen gehören, von diesen betrieben oder kontrolliert werden.

2. Finanzierung unserer Dienste

Anstatt dafür zu zahlen, Facebook sowie die anderen von uns angebotenen Produkte und Dienste zu nutzen, erklärst du dich durch Nutzung der Meta-Produkte, für die diese Nutzungsbedingungen gelten, einverstanden, dass wir dir Werbeanzeigen zeigen dürfen, für deren Hervorhebung innerhalb und außerhalb der Produkte der Meta-Unternehmen wir von Unternehmen und Organisationen bezahlt werden. Wir verwenden deine personenbezogenen Daten, wie z. B. Informationen über deine Aktivitäten und Interessen, um dir Werbeanzeigen zu zeigen, die relevanter für dich sind.

Der Schutz der Privatsphäre und der Daten von Personen war zentraler Bestandteil bei der Gestaltung unseres Werbesystems. Das heißt, dass wir dir relevante und hilfreiche Werbeanzeigen zeigen können, ohne dass Werbetreibende erfahren, wer du bist. Wir verkaufen deine personenbezogenen Daten nicht. Wir geben Werbetreibenden die Möglichkeit, uns beispielsweise mitzuteilen, was ihr Geschäftsziel ist und welche Art von Zielgruppe ihre Werbeanzeigen sehen soll (z. B. Personen im Alter von 18 bis 35 Jahren, die sich für Radfahren interessieren). Daraufhin zeigen wir deren Werbeanzeige Personen, die daran interessiert sein könnten.

Darüber hinaus stellen wir Werbetreibenden Berichte über die Performance ihrer Werbeanzeigen zur Verfügung, damit sie Erkenntnisse darüber erlangen, wie Personen mit ihrem Inhalt auf und außerhalb von Meta-Produkten interagieren. Wir stellen Werbetreibenden beispielsweise allgemeine demografische und interessenbezogene Informationen bereit (z. B. dass eine Werbeanzeige von einer Frau im Alter zwischen 25 und 34 Jahren, die in Madrid lebt und sich für Softwareentwicklung interessiert, angesehen wurde), um ihnen zu helfen, ihre Zielgruppe besser zu verstehen. Wir teilen keine Informationen, anhand derer du unmittelbar identifiziert werden kannst (Informationen wie dein Name oder deine E-Mail-Adresse, die für sich genommen dazu verwendet werden können, dich zu kontaktieren, bzw. dich direkt identifizieren), es sei denn, du erteilst uns die ausdrückliche Zustimmung dazu. Hier erfährst du mehr über die Funktionsweise von Meta-Werbeanzeigen.

Wir erheben und verwenden deine personenbezogenen Daten, um dir die oben beschrieben Dienste bereitzustellen. In unserer Datenrichtlinie erfährst du, wie wir deine Daten erheben und nutzen. Du verfügst über Kontrollmöglichkeiten dafür, welche Arten von Werbeanzeigen und Werbetreibenden du siehst, und darüber, welche Arten von Informationen wir verwenden, um festzulegen, welche Werbeanzeigen wir dir zeigen. Mehr dazu.

3. Deine Verpflichtungen gegenüber Facebook und unserer Gemeinschaft

Wir stellen dir und anderen diese Dienste bereit, um unsere Mission voranzubringen. Im Gegenzug ist es notwendig, dass du folgende Verpflichtungen eingehst:

1. Wer Facebook nutzen kann
   Wenn Personen hinter ihren Meinungen und Handlungen stehen, ist unsere Gemeinschaft sicherer und kann stärker zur Rechenschaft gezogen werden. Aus diesem Grund musst du Folgendes tun:

  - Für dein Konto denselben Namen angeben, den du auch im täglichen Leben verwendest.
  - Genaue und korrekte Informationen über dich zur Verfügung stellen.
  - Nur ein einziges Konto (dein eigenes) erstellen und es für persönliche Zwecke verwenden.
  - Dein Passwort nicht weitergeben, anderen keinen Zugriff auf dein Facebook-Konto gewähren und dein Konto nicht an jemand anderen übertragen (ohne unsere Genehmigung).

Wir versuchen, Facebook umfassend und für alle zur Verfügung zu stellen. Allerdings darfst du Facebook nicht nutzen, wenn Folgendes zutrifft:

- Du bist unter 13 Jahre alt.
- Du bist ein verurteilter Sexualstraftäter.
- Wir haben dein Konto zuvor wegen Verstößen gegen unsere Nutzungsbedingungen, die Gemeinschaftsstandards oder andere Bedingungen und Richtlinien, die für deine Nutzung von Facebook gelten, gesperrt oder gekündigt. Wenn wir dein Konto wegen eines Verstoßes gegen unsere Nutzungsbedingungen, die Gemeinschaftsstandards oder andere Bedingungen und Richtlinien deaktivieren, verpflichtest du dich, ohne unsere Erlaubnis kein anderes Konto zu erstellen. Die Erlaubnis zum Erstellen eines neuen Kontos erteilen wir nach unserem alleinigen Ermessen. Ihr Erhalt bedeutet oder impliziert nicht, dass die disziplinarische Maßnahme falsch oder unbegründet war.
- Dir ist nach geltendem Recht der Empfang unserer Produkte, Dienste oder Software untersagt.

2. Was du in Meta-Produkten teilen und tun kannst

Wir möchten, dass die Menschen Meta-Produkte nutzen, um sich auszudrücken und Inhalte zu teilen, die ihnen wichtig sind. Dies darf jedoch nicht auf Kosten der Sicherheit und des Wohlbefindens anderer oder der Integrität unserer Gemeinschaft erfolgen. Du stimmst deshalb zu, dich nicht an den nachfolgend beschriebenen Verhaltensweisen zu beteiligen (oder andere dabei zu fördern oder zu unterstützen):

1. Du darfst unsere Produkte nicht nutzen, um etwas zu tun oder zu teilen, auf das Folgendes zutrifft:
   - Es verstößt gegen diese Nutzungsbedingungen, die Gemeinschaftsstandards oder sonstige Bedingungen und Richtlinien, die für deine Nutzung unserer Produkte gelten.

- Es ist rechtswidrig, irreführend, diskriminierend oder betrügerisch (oder unterstützt eine andere Person dabei, unsere Produkte auf diese Art zu nutzen).
- Es ist nicht dein Eigentum bzw. du verfügst nicht über die erforderlichen Rechte zum Teilen.
- Es verletzt die Rechte einer anderen Person oder verstößt dagegen, einschließlich ihrer geistigen Eigentumsrechte (zum Beispiel durch Verletzung des Urheberrechts oder der Marke einer anderen Person oder durch Verbreitung oder Verkauf von gefälschten oder raubkopierten Waren), es sei denn, gemäß anwendbarem Recht findet eine Ausnahme oder Einschränkung Anwendung.

2. Du darfst keine Viren oder schädlichen Code hochladen, die Dienste nicht zum Senden von Spam nutzen und auch nicht etwas anderes tun, das die einwandfreie Funktionsweise, die Integrität, den Betrieb oder das Erscheinungsbild unserer Dienste, Systeme oder Produkte unterbinden, überlasten, stören oder beeinträchtigen könnte.
3. Du darfst (ohne unsere vorherige Zustimmung) nicht mittels automatisierter Methoden auf Daten unserer Produkte zugreifen, solche Daten erheben oder versuchen, auf Daten zuzugreifen, für die du keine Zugriffsberechtigung hast. Wir behalten uns auch alle unsere Rechte in Bezug auf Text- und Data-Mining vor.
4. Du darfst Benutzernamen oder Passwörter für Produkte nicht weitergeben, erfragen oder erheben und auch keine Zugriffsschlüssel widerrechtlich verwenden.
5. Du darfst keine von uns oder unseren Diensten erhaltenen Daten verkaufen, lizenzieren oder kaufen, außer dies ist in den Plattform-Nutzungsbedingungen festgelegt.
6. Du darfst keine Mechanismen für Meldungen, Kennzeichnungen, Streitfälle oder Einsprüche missbrauchen, wie z. B. durch das Einreichen wissentlich falscher, doppelter oder unbegründeter Meldungen oder Einsprüche.

Wir können Inhalte, die gegen diese Bestimmungen verstoßen, entfernen oder blockieren.

Wenn wir einen von dir geposteten Inhalt wegen eines Verstoßes gegen die Nutzungsbedingungen oder die Gemeinschaftsstandards entfernen, werden wir dich unverzüglich darüber informieren und dir auch den Grund für diese Maßnahme mitteilen. Wenn du mit unserer Entscheidung nicht einverstanden bist, kannst du eine Überprüfung beantragen. Wenn du eine Überprüfung beantragst, wirst du benachrichtigt, ob wir die Entscheidung bestätigen oder den Inhalt wiederherstellen oder dessen Blockierung aufheben werden.

Wenn du gegen diese Bestimmungen verstößt, können wir unbeschadet unseres Kündigungsrechts gemäß Abschnitt 4.2 außerdem deine Nutzung bestimmter Funktionen von Facebook für einen begrenzten Zeitraum einschränken. Dies betrifft u. a. das Erstellen von Inhalten wie das Posten oder Kommentieren, die Nutzung von Facebook Live oder das Erstellen einer Facebook-Seite. Die Art und der Umfang derartiger Einschränkungen hängen von der Schwere deines Verstoßes sowie von der Anzahl und Art früherer Verstöße ab. Wir werden dich darüber sowie über den Grund für die Maßnahme benachrichtigen. Wenn du nicht mit der beabsichtigten Einschränkung einverstanden bist, kannst du eine Überprüfung beantragen, bevor die Einschränkung in Kraft tritt. Wenn du eine Überprüfung beantragst, wirst du eine Benachrichtigung über unsere endgültige Entscheidung erhalten.

Eine Benachrichtigung über die Entfernung oder das Blockieren von Inhalten oder über die Einschränkung der Nutzung eines Kontos, einschließlich Details zum Grund, der Möglichkeit zur Beantragung einer Überprüfung und ggf. der Art und Dauer der Einschränkung, wird nicht bereitgestellt, wenn und sofern uns dies aus rechtlichen Gründen untersagt ist. Sie wird ebenfalls nicht bereitgestellt, wenn und sofern die Benachrichtigung unter Berücksichtigung der Interessen beider Parteien unangemessen wäre.

Zur Unterstützung unserer Gemeinschaft ermutigen wir dich zum Melden von Inhalten oder Verhaltensweisen, die nach deiner Ansicht deine Rechte verletzen (u. a. geistige Eigentumsrechte) oder gegen unsere Nutzungsbedingungen und Richtlinien verstoßen, wenn es dieses Feature in deiner Rechtsordnung gibt.

3. Diese Berechtigungen erteilst du uns

Wir benötigen für die Bereitstellung unserer Dienste bestimmte Berechtigungen von dir:

1. Berechtigung zur Verwendung der von dir erstellten und geteilten Inhalte: Du behältst das Eigentum an den von dir auf Facebook und den anderen von dir genutzten Produkten der Meta-Unternehmen erstellten und geteilten Inhalten. Außerdem nimmt dir kein Bestandteil dieser Nutzungsbedingungen die dir hinsichtlich deiner eigenen Inhalte zustehenden Rechte. Du kannst deine Inhalte nach Belieben mit anderen teilen, wo immer du das möchtest. Damit wir unsere Dienste bereitstellen können, ist es jedoch erforderlich,

dass du uns einige gesetzliche Berechtigungen zur Verwendung solcher Inhalte erteilst.

Insbesondere wenn du Inhalte, die durch geistige Eigentumsrechte geschützt sind (wie Fotos oder Videos), auf oder in Verbindung mit unseren Produkten teilst, postest oder hochlädst, räumst du uns eine nicht-ausschließliche, übertragbare, unterlizenzierbare und weltweite Lizenz ein, deine Inhalte (gemäß deinen Privatsphäre- und App- Einstellungen) zu hosten, zu verwenden, zu verbreiten, zu modifizieren, auszuführen, zu kopieren, öffentlich vorzuführen oder anzuzeigen, zu übersetzen und abgeleitete Werke davon zu erstellen. Diese Lizenz dient nur dem Zweck, dir unsere Produkte bereitzustellen. Das bedeutet beispielsweise, dass du uns, wenn du ein Foto auf Facebook teilst, die Berechtigung erteilst, es zu speichern, zu kopieren und mit anderen zu teilen (wiederum im Einklang mit deinen Einstellungen). Dies können z. B. Meta-Produkte oder Dienstleister sein, die diese von dir genutzten Produkte und Dienste unterstützen.

Du kannst diese Lizenz jederzeit beenden, indem du deine Inhalte oder dein Konto löschst.

Du kannst einzelne Inhalte, die du teilst, postest und hochlädst, jederzeit löschen. Darüber hinaus werden alle Inhalte gelöscht, die in deinem persönlichen Konto gepostet wurden, wenn du dein Konto löschst. Mehr dazu wie du dein Konto löschen kannst. Bei einer Kontolöschung werden nicht automatisch die Inhalte gelöscht, die du als Administrator einer Seite postest, oder Inhalte, die du gemeinsam mit anderen Nutzern erstellst, wie z. B. Fotos in gemeinsamen Alben, die möglicherweise weiterhin für die anderen Mitglieder des Albums sichtbar sind.

Nachdem wir den Kontolöschvorgang starten oder einen Antrag auf Löschung von Inhalten erhalten, kann es bis zu 90 Tage dauern, bis der Inhalt gelöscht ist. Wenn du einen Inhalt in den Papierkorb verschiebst, startet der Löschvorgang automatisch nach 30 Tagen, es sei denn, du entscheidest dich, den Inhalt früher zu löschen. Während des Löschvorgangs ist der entsprechende Inhalt für andere Nutzer nicht mehr sichtbar. Nachdem der Inhalt gelöscht wurde, benötigen wir unter Umständen bis zu weitere 90 Tage, um ihn aus Sicherungskopien und Notfallwiederherstellungssystemen zu entfernen.

In folgenden Fällen werden Inhalte nicht innerhalb von 90 Tagen nach dem Start des Konto- bzw. Inhaltelöschvorgangs gelöscht:

- wenn dein Inhalt im Einklang mit dieser Lizenz bereits von anderen genutzt wurde und sie ihn nicht gelöscht haben (in diesem Fall findet diese Lizenz so lange Anwendung, bis der Inhalt gelöscht wird);

- wenn die Löschung innerhalb von 90 Tagen aufgrund technischer Beschränkungen unserer Systeme nicht möglich ist (in diesem Fall werden wir die Löschung so schnell abschließen, wie dies technisch machbar ist); oder
- wenn die sofortige Löschung uns bei folgenden Maßnahmen einschränken würde:
- Untersuchung oder Erkennung illegaler Aktivitäten oder von Verstößen gegen unsere Nutzungsbedingungen und Richtlinien (z. B. zur Erkennung oder Untersuchung von Missbrauch unserer Produkte oder Systeme);
- Gewährleistung des Schutzes, der Integrität und der Sicherheit unserer Produkte, Systeme, Dienste und Nutzer sowie der Verteidigung von uns selbst;
- Erfüllung von rechtlichen Pflichten zur Sicherung von Beweisen, wie u. a. Daten, die Meta-Unternehmen, die Finanzprodukte und -dienstleistungen anbieten, sichern, um jegliche gesetzlich vorgeschriebenen Aufbewahrungspflichten zu erfüllen; oder
- Erfüllung eines Ersuchens seitens einer Justiz-, Verwaltungs-, Strafverfolgungs- oder sonstigen Behörde;

in einem solchen Fall wird der Inhalt nur so lange gespeichert, wie es für die Zwecke erforderlich ist, für die er ursprünglich gespeichert wurde (die genaue Dauer hängt vom jeweiligen Einzelfall ab).

In allen oben genannten Fällen gilt diese Lizenz so lange weiter, bis der Inhalt vollständig gelöscht worden ist.

2. Nutzung deines Namens, deines Profilbildes sowie von Informationen über deine Interaktionen mit Werbeanzeigen und gesponserten oder kommerziellen Inhalten: Dein Name und dein Profilbild sowie Informationen über Handlungen, die du auf Facebook vorgenommen hast, können ohne irgendeine Vergütung für dich neben oder in Verbindung mit Werbeanzeigen, Angeboten und sonstigen gesponserten oder kommerziellen Inhalten genutzt werden, die wir in unseren Produkten anzeigen. Beispielsweise können wir deinen Freunden anzeigen, dass du an einer beworbenen Veranstaltung interessiert bist oder eine Facebook-Seite mit „Gefällt mir" markiert hast, die von einer Marke erstellt worden ist, die uns dafür bezahlt hat, dass wir ihre Werbeanzeigen auf Facebook zeigen. Werbeanzeigen und Inhalte wie diese können nur von Personen gesehen werden, die deine Erlaubnis haben, die von dir auf Meta-Produkten vorgenommenen Handlungen zu sehen. Erfahre mehr zu deinen Einstellungen für Werbeanzeigen und deinen Werbepräferenzen.
3. Berechtigung zur Aktualisierung der von dir genutzten oder heruntergeladenen Software: Wenn du unsere Software herunterlädst oder nutzt, erteilst

du uns die Berechtigung, ggf. verfügbare Software-Updates herunterzuladen und zu installieren.

4. Einschränkungen der Nutzung unseres geistigen Eigentums Wenn du Inhalte verwendest, die durch uns zustehende geistige Eigentumsrechte geschützt sind, und diese in bzw. auf unseren Produkten zur Verfügung stellst (z. B. von uns bereitgestellte Bilder, Designs, Videos oder Töne, die du zu von dir auf Facebook erstellten oder geteilten Inhalten hinzufügst), behalten wir sämtliche Rechte hinsichtlich dieser Inhalte (aber nicht hinsichtlich deiner Inhalte). Du darfst unsere Urheberrechte oder Marken (bzw. ähnliche Zeichen) nur verwenden, wenn dies ausdrücklich durch unsere Markennutzungsrichtlinien gestattet ist oder mit unserer vorherigen schriftlichen Zustimmung erfolgt. Du musst unsere schriftliche Zustimmung (oder eine Berechtigung im Rahmen einer Open-Source-Lizenz) einholen, um unsere Produkte oder ihre Komponenten zu verändern, zu übersetzen, abgeleitete Werke davon zu erstellen, sie zu dekompilieren oder zurückzuentwickeln oder auf sonstige Art zu versuchen, Quellcode von uns zu extrahieren, es sei denn, gemäß anwendbarem Recht findet eine Ausnahme oder Einschränkung Anwendung oder dein Verhalten steht im Zusammenhang mit dem Meta-Bug-Bounty-Programm.

4. Zusätzliche Bestimmungen

1. Aktualisierung unserer Nutzungsbedingungen

Wir arbeiten kontinuierlich an der Verbesserung unserer Dienste sowie an der Entwicklung neuer Funktionen, um unsere Produkte für dich und unsere Gemeinschaft noch besser zu machen. Daher müssen wir diese Nutzungsbedingungen gegebenenfalls von Zeit zu Zeit aktualisieren, damit sie unsere Dienste und Praktiken korrekt und genau widerspiegeln bzw. um ein sicheres Erlebnis auf unseren Produkten und Diensten zu fördern und/oder um geltendes Recht einzuhalten. Wir nehmen Änderungen nur vor, wenn die Bestimmungen nicht mehr angemessen sind oder wenn sie unvollständig sind, und auch nur, wenn die Änderungen unter Berücksichtigung deiner Interessen für dich angemessen sind oder wenn die Änderungen aus Sicherheitsgründen oder zur Einhaltung anwendbaren Rechts erforderlich sind. Wir werden dich mindestens 30 Tage im Voraus benachrichtigen (z. B. per E-Mail oder über unsere Produkte), bevor wir Änderungen an diesen Nutzungsbedingungen vornehmen, es sei denn, die Änderungen sind gesetzlich vorgeschrieben. Du erhältst dann die Möglichkeit zu deren Überprüfung, bevor sie in Kraft treten. In unserer Benachrichtigung informieren wir dich über diese 30-tägige Frist und ihre Bedeutung. Sobald aktualisierte Nutzungsbedingungen in Kraft treten, bist du an diese gebunden, wenn du unsere Produkte weiterhin nutzt. Wir hoffen zwar, dass du unsere Produkte weiterhin nutzen wirst. Wenn du aber unseren aktualisierten Nutzungsbedingungen nicht zustimmst und nicht länger zur Meta-Gemeinschaft gehören möchtest, kannst du dein Konto jederzeit löschen.

2. Aussetzung oder Kündigung von Konten

Wir möchten, dass Facebook ein Ort ist, an dem sich Personen willkommen und sicher dabei fühlen, sich auszudrücken und ihre Gedanken und Ideen zu teilen. Unser Recht auf Kündigung aus wichtigem Grund bleibt hiervon unberührt. Ein wichtiger Grund liegt insbesondere vor, wenn eine Partei gegen aus diesen Nutzungsbedingungen resultierenden Pflichten, Gesetze, Rechte Dritter oder Datenschutzrichtlinien verstößt, und der kündigenden Partei unter Berücksichtigung sämtlicher Umstände des Einzelfalls und nach Abwägung der Interessen beider Parteien die Fortsetzung des Vertragsverhältnisses bis zum vereinbarten Kündigungstermin oder bis zum Ablauf einer Kündigungsfrist nicht zugemutet werden kann. Eine Kündigung aus wichtigem Grund ist nur innerhalb eines angemessenen Zeitrahmens nach Kenntniserlangung von dem Verstoß möglich. Ist der wichtige Grund ein Verstoß gegen eine Pflicht dieser Nutzungsbedingungen, so ist die Kündigung nur nach dem erfolglosen Ablauf einer gewährten Abhilfefrist oder nach einer erfolglosen Warnung zulässig. Eine Frist für die Abhilfe und eine Warnung sind jedoch nicht erforderlich, wenn die andere Seite die Erfüllung ihrer Pflichten ernsthaft und endgültig verweigert oder wenn nach Abwägung der Interessen beider Parteien besondere Umstände eine sofortige Kündigung rechtfertigen. Du kannst mehr dazu erfahren, was du tun kannst, wenn dein Konto deaktiviert worden ist, und wie du uns kontaktieren kannst, wenn wir nach deiner Meinung dein Konto irrtümlicherweise deaktiviert haben. Wenn du dein Konto löschst bzw. wir es deaktivieren oder löschen, enden diese Nutzungsbedingungen zwar als Vereinbarung zwischen dir und uns, aber folgende Bestimmungen bleiben weiterhin bestehen: 3.3.1, 4.2 bis 4.5.

1. Haftungsbeschränkungen

Wir sind nur im folgenden Umfang haftbar: Wir haften unbeschränkt nach den gesetzlichen Bestimmungen: für Schäden, die aus der Verletzung von Leben, Körper oder Gesundheit entstehen; bei Vorsatz; bei grober Fahrlässigkeit; und gemäß dem Produkthaftungsgesetz. Ohne Einschränkung irgendeiner der obigen Bestimmungen haften wir für leichte Fahrlässigkeit nur im

Falle der Verletzung einer sich aus dieser Vereinbarung ergebenden „wesentlichen“ Pflicht. „Wesentliche“ Pflichten in diesem Sinne sind Pflichten, die für die Erfüllung der Vereinbarung erforderlich sind, deren Verletzung den Zweck der Vereinbarung gefährden würde, und auf deren Einhaltung du vertrauen kannst. In diesen Fällen ist die Haftung auf typische und vorhersehbare Schäden beschränkt; in anderen Fällen besteht keine Haftung für leichte Fahrlässigkeit.

2. Streitfälle

Wenn sich aus oder im Zusammenhang mit deiner Nutzung der Meta-Produkte als Verbraucher ein Anspruch oder Streitfall ergibt, vereinbaren du und wir, dass du deinen jeweiligen Anspruch oder Streitfall, den du uns gegenüber hast, und wir unseren Anspruch oder Streitfall, den wir dir gegenüber haben, von jedem Gericht in dem Land deines Hauptwohnsitzes klären lassen kannst/können, das für den Anspruch bzw. Streitfall zuständig ist, und dass die Gesetze dieses Landes ohne Berücksichtigung kollisionsrechtlicher Bestimmungen gelten werden. Wenn zwischen uns ein Anspruch oder Streitfall entsteht, der im Zusammenhang mit der Nutzung der Meta-Produkte in irgendeiner anderen Eigenschaft steht, wie u. a. der Zugriff auf die Meta-Produkte oder ihre Nutzung für einen geschäftlichen oder gewerblichen Zweck, oder den eine juristische Person in deinem Namen vorbringt, stimmst du zu, dass jeder derartige Anspruch oder Streitfall von einem zuständigen Gericht in Irland zu klären ist und dass irisches Recht ohne Berücksichtigung kollisionsrechtlicher Bestimmungen Anwendung findet.

3. Sonstiges
    1. Diese Nutzungsbedingungen (ehemals die „Erklärung der Rechte und Pflichten“) stellen die gesamte Vereinbarung zwischen dir und Meta Platforms Ireland Limited in Bezug auf deine Nutzung unserer Produkte dar. Sie ersetzen alle vorherigen Vereinbarungen.
    2. Einige der von uns angebotenen Produkte unterliegen darüber hinaus ergänzenden Nutzungsbedingungen. Wenn du irgendeines dieser Produkte nutzt, erhältst du die Möglichkeit, ergänzenden Nutzungsbedingungen zuzustimmen, die dann Bestandteil unserer Vereinbarung mit dir werden. Wenn du beispielsweise für gewerbliche oder geschäftliche Zwecke auf unsere Produkte zugreifst bzw. diese nutzt, z. B. um Werbeanzeigen zu buchen, Produkte zu verkaufen, Apps zu entwickeln, eine Gruppe oder Seite für dein Unternehmen zu verwalten oder unsere Dienste für Messungen zu nutzen, musst du unseren Bedingungen für

die gewerbliche Nutzung zustimmen. Wenn du Inhalte postest oder teilst, die Musik enthalten, musst du unsere Musik-Richtlinien einhalten. Soweit irgendwelche ergänzenden Nutzungsbedingungen im Widerspruch zu diesen Nutzungsbedingungen stehen, so gelten die ergänzenden Nutzungsbedingungen im Umfang des Widerspruchs.

3. Sollte irgendein Teil dieser Nutzungsbedingungen für nicht durchsetzbar erachtet werden, so bleiben die übrigen Bestimmungen in vollem Umfang wirksam und in Kraft. Das Versäumnis unsererseits, Bestimmungen dieser Nutzungsbedingungen durchzusetzen, stellt keinen Rechtsverzicht dar. Jegliche Änderung dieser Nutzungsbedingungen oder der Verzicht auf diese muss in schriftlicher Form erfolgen und von uns unterzeichnet werden.
4. Du darfst keines der dir im Rahmen dieser Nutzungsbedingungen zustehenden Rechte bzw. keine der dir obliegenden Pflichten ohne unsere Einwilligung auf andere übertragen.
5. Du kannst eine Person benennen (der so genannte Nachlasskontakt), die dein Konto verwaltet, wenn es in den Gedenkzustand versetzt wird. Wenn du dies in deinen Einstellungen aktivierst, kann nur dein Nachlasskontakt oder eine von dir in einem gültigen Testament oder ähnlichen Rechtsdokument, das deine eindeutige Einwilligung zur Offenlegung deiner Inhalte gegenüber dieser Person im Todesfall oder bei Unfähigkeit ausdrückt, genannte Person eine eingeschränkte Offenlegung der Informationen aus deinem Kontos beantragen, nachdem es in den Gedenkzustand versetzt worden ist.
6. Diese Nutzungsbedingungen gewähren keinem Dritten irgendwelche begünstigenden Rechte. Sämtliche unserer vertraglichen Rechte und Pflichten, die wir im Rahmen dieser Nutzungsbedingungen haben, sind durch uns im Rahmen einer Verschmelzung, einer Übernahme, eines Verkaufs von Vermögenswerten oder kraft Gesetzes oder anderweitig frei abtretbar.
7. Wir können unter bestimmten Umständen den Benutzernamen für dein Konto ändern (z. B. wenn jemand anderes den Benutzernamen beansprucht und dieser offenbar keinen Bezug zu dem Namen hat, den du im täglichen Leben verwendest).
8. Wir freuen uns immer über dein Feedback sowie sonstige Vorschläge bezüglich unserer Produkte und Dienste. Allerdings können wir Feedback und sonstige Vorschläge ohne jegliche Einschränkung verwenden und sind nicht verpflichtet, diese/s vertraulich zu behandeln.

9. Sollten sich die Eigentums- oder Machtverhältnisse aller oder eines Teils unserer Produkte bzw. ihrer Vermögenswerte ändern, könnte dies zur Übermittlung deiner Informationen an den neuen Eigentümer führen.

5. Sonstige möglicherweise für dich geltende Bedingungen und Richtlinien
   - Gemeinschaftsstandards: Diese Richtlinien erläutern unsere Standards bezüglich der Inhalte, die du auf Facebook postest, sowie bezüglich deiner Aktivitäten auf Facebook und anderen Meta-Produkten.
   - Bedingungen für die gewerbliche Nutzung: Diese Bedingungen gelten, wenn du unsere Produkte auch für gewerbliche oder geschäftliche Zwecke, einschließlich Werbung, Betreiben einer App auf unserer Plattform, Nutzung unserer Dienste für Messungen, Verwaltung einer Gruppe oder Seite für ein Unternehmen oder Verkauf von Waren oder Dienstleistungen, nutzt bzw. hierfür auf sie zugreifst.
   - Community-Zahlungsbedingungen: Diese Bedingungen gelten für Zahlungen, die auf oder über Meta-Produkte durchgeführt werden.
   - Handelsrichtlinien: Diese Richtlinien legen die Regelungen dar, die gelten, wenn du Produkte oder Dienstleistungen auf Facebook, Instagram bzw. WhatsApp zum Verkauf anbietest.
   - Musik-Richtlinien: Diese Richtlinien legen die Regelungen dar, die gelten, wenn du Inhalte mit Musik auf irgendwelchen Meta-Produkten postest oder teilst.
   - Werberichtlinien: Diese Richtlinien gelten für Partner, die auf den Meta-Produkten werben. Sie legen dar, welche Arten von Werbeinhalten von Partnern, die auf den Meta-Produkten werden, zulässig sind.
   - Nutzungsbedingungen für Self-Serve Ads: Diese Nutzungsbedingungen gelten, wenn du Werbung oder andere kommerzielle bzw. gesponserte Aktivitäten oder Inhalte unter Nutzung der Benutzeroberflächen für Self-Serve-Werbung erstellst, einreichst oder auslieferst.
   - Richtlinien für Facebook-Seiten, -Gruppen und -Veranstaltungen: Diese Richtlinien gelten, wenn du eine Facebook-Seite, -Gruppe oder -Veranstaltung erstellst oder verwaltest, oder wenn du Facebook nutzt, um eine Promotion bekanntzumachen bzw. zu organisieren.
   - Meta-Plattform-Richtlinien: Diese Bedingungen gelten für die Nutzung der Menge der APIs, SDKs, Tools, Plugins, Codes, Technologien, Inhalte und Dienste, über die andere Personen Funktionen entwickeln, Daten von Meta-Produkten abrufen oder Daten für uns bereitstellen können.
   - Zahlungsbedingungen für Entwickler: Diese Bedingungen gelten für Entwickler von Apps, die Facebook Payments nutzen.

- Meta-Markenressourcen: Diese Richtlinien legen die Regelungen dar, die für die Nutzung von Meta-Marken, -Logos und -Screenshots gelten.
- Empfehlungsrichtlinien: Die Facebook-Empfehlungsrichtlinien und Instagram-Empfehlungsrichtlinien erläutern unsere Standards für das Empfehlen und Nichtempfehlen von Inhalten.
- Live-Richtlinien: Diese Richtlinien gelten für alle Inhalte, die an Facebook Live übertragen werden.
- Nutzungsbedingungen für Messaging-Dienste, die für Nutzer in der EU, im EWR und im Vereinigten Königreich relevant sind: Die Nutzungsbedingungen, die für die in den Facebook-Produkten enthaltenen Messaging-, Sprach- und Videoanruf-Dienste gelten, sind hier und hier in Übereinstimmung mit den EU-Regeln aufgelistet.

Datum der letzten Überarbeitung: 26. Juli 2022

2. Instagram

Facebook Ireland Limited hat seinen Namen in Meta Platforms Ireland Limited geändert. Wir haben unsere Nutzungsbedingungen, Datenrichtlinie und Cookie-Richtlinie aktualisiert, sodass sie ab dem 4. Januar 2022 den neuen Namen berücksichtigen. Auch unter dem neuen Unternehmensnamen bieten wir weiterhin dieselben Produkte an, einschließlich Instagram from Meta. Unsere Datenrichtlinie und unsere Nutzungsbedingungen gelten auch weiterhin, und die Namensänderung hat keine Auswirkungen darauf, wie wir Daten verwenden oder übermitteln. Erfahre mehr über Meta *und unsere Vision für das Metaversum.*

Nutzungsbedingungen

Willkommen bei Instagram!

Diese Nutzungsbedingungen (die „Nutzungsbedingungen") regeln deine Nutzung von Instagram, es sei denn, wir geben ausdrücklich an, dass gesonderte Nutzungsbedingungen (und nicht diese) Anwendung finden. Außerdem stellen sie Informationen über den Instagram-Dienst (den „Dienst") bereit, wie nachfolgend erläutert. Wenn du ein Instagram-Konto erstellst oder Instagram nutzt, stimmst du diesen Nutzungsbedingungen zu. Die Meta-Nutzungsbedingungen gelten nicht für diesen Dienst.

Klicke hier, um eine Vertragszusammenfassung zu erhalten. Hier findest du weitere Informationen, zu deren Bereitstellung wir gemäß Europäischem Kodex für die elektronische Kommunikation verpflichtet sind.

Wenn du ein in der Europäischen Union niedergelassenes Unternehmen bist und Instagram Shopping nutzt, um Waren an Verbraucher in der EU zu verkaufen, kannst du im Platform-To-Business-Hinweis mehr über deine Geschäftsbeziehung zu uns erfahren. Dieser Hinweis ergänzt unsere Nutzungsbedingungen.

Der Instagram-Dienst ist eines der dir von Meta Platforms Ireland Limited bereitgestellten Meta-Produkte. Deshalb stellen diese Nutzungsbedingungen eine Vereinbarung zwischen dir und Meta Platforms Ireland Limited dar.

Impressum

Meta Platforms Ireland Limited, 4 Grand Canal Square, Dublin 2, Ireland Meta Platforms Ireland Limited ist ein nach dem Recht der Republik Irland registriertes Unternehmen. Handelsregisternummer: 462932 So erreichst du uns per E-Mail:

Netzwerkdurchsetzungsgesetz („NetzDG")

Weitere Informationen zum NetzDG sowie zum Melden von Inhalten, die nach deiner Ansicht gemäß NetzDG rechtswidrig sind, findest du auf unserer NetzDG-Hilfebereich-Seite. Mitarbeiter von Strafverfolgungsbehörden können Auskunftsersuchen nach dem NetzDG über das Online-Anfragesystem für Strafverfolgungsbehörden einreichen. Der Zustellungsbevollmächtigte für Verwaltungsverfahren und zivilgerichtliche Verfahren gemäß § 5 (1) NetzDG ist: ARQIS Rechtsanwälte Partnerschaftsgesellschaft mbB, Breite Straße 28, 40213 Düsseldorf.

Urheberrechts-Diensteanbieter-Gesetz („UrhDaG")

Der Zustellungsbevollmächtigte gemäß § 20 UrhDaG für Zustellungen in Gerichtsverfahren ist: Freshfields Bruckhaus Deringer Rechtsanwälte Steuerberater PartG mbB (Düsseldorf), Feldmühleplatz 1, 40545 Düsseldorf.

Hinweis für die Landesmedienanstalten

Behördliche Zustellungen nach dem MStV für die Meta Platforms Ireland Ltd. können erfolgen an: Facebook Germany GmbH, c/o Freshfields Bruckhaus Deringer Rechtsanwälte Steuerberater PartG mbB, Hohe Bleichen 7, 20354 Hamburg.

Ranking der Inhalte

Hier haben wir Informationen zum Ranking der Inhalte bereitgestellt.

Der Instagram-Dienst

Wir verpflichten uns, dir den Instagram-Dienst bereitzustellen. Der Dienst umfasst sämtliche Instagram-Produkte, -Funktionen, -Apps, -Dienste, -Technologien und -Software, die wir bereitstellen, um die Mission von Instagram voranzubringen: Dich den Menschen und Dingen näherzubringen, die du liebst. Der Dienst besteht aus folgenden Aspekten:

- Anbieten personalisierter Möglichkeiten zum Erstellen von Inhalten, Verbinden, Kommunizieren, Entdecken und Teilen. Menschen sind unterschiedlich. Wir möchten deine Beziehungen durch gemeinsame Erlebnisse stärken, die dir wirklich wichtig sind. Deshalb entwickeln wir Systeme, die ermitteln sollen, wer und was dir und anderen wichtig ist. Wir verwenden diese Informationen dann, um dich dabei zu unterstützen, Inhalte zu erstellen, zu finden und zu teilen und dich an Erlebnissen zu beteiligen, die dir wichtig sind. Dazu gehört auch, dass wir aufgrund der von dir und anderen auf und außerhalb von Instagram durchgeführten Aktivitäten solche Inhalte, Funktionen, Angebote und Konten hervorheben, die dich interessieren könnten, und dir Möglichkeiten zur Nutzung von Instagram anbieten.
- Förderung einer positiven, inklusiven und sicheren Umgebung. Wir entwickeln und verwenden Tools und bieten den Mitgliedern unserer Community Ressourcen an, die dazu beitragen, dass ihre Erlebnisse positiv und inklusiv werden, u. a. dann, wenn wir denken, dass sie Unterstützung benötigen könnten. Außerdem verfügen wir über Teams und Systeme zur Bekämpfung von Missbrauch und Verstößen gegen unsere Nutzungsbedingungen und Richtlinien sowie von schädlichem und betrügerischem Verhalten. Wir verwenden die uns zur Verfügung stehenden Informationen – einschließlich deiner Informationen – um für die Sicherheit unserer Plattform zu sorgen. Darüber hinaus dürfen wir Informationen über Missbrauch oder schädliche Inhalte mit anderen Meta-Unternehmen oder mit Strafverfolgungsbehörden teilen. Erfahre mehr dazu in der Datenrichtlinie.
- Entwicklung und Verwendung von Technologien, die uns dabei unterstützen, unserer wachsenden Community durchgängig zu dienen. Das Organisieren und Analysieren von Informationen für unsere wachsende Community ist ein zentraler Aspekt unseres Dienstes. Ein großer Teil unseres Dienstes besteht im Erstellen und der Nutzung hochmoderner Technologien, die uns helfen, unseren Dienst in außerordentlich großem Umfang für eine sehr große globale Community zu personalisieren, zu schützen und zu verbessern. Technologien wie künstliche Intelligenz und maschinelles Lernen ermöglichen uns die Anwendung komplexer Prozesse auf unserem Dienst. Automatisierte Techniken unterstützen uns auch dabei, die Funktionalität und Integrität unseres Dienstes zu gewährleisten.
- Bereitstellung durchgängiger und nahtloser Erlebnisse auf anderen Produkten der Meta-Unternehmen. Instagram gehört zu den Meta-Unternehmen.

Diese teilen Technologien, Systeme, Einblicke und Informationen miteinander – einschließlich der Informationen, die wir über dich haben (mehr dazu in der Datenrichtlinie), um bessere, sicherere und geschütztere Dienste bereitzustellen. Darüber hinaus bieten wir dir Möglichkeiten zur Interaktion auf allen von dir genutzten Meta-Produkten. Außerdem haben wir Systeme konzipiert, um ein nahtloses und durchgängiges Erlebnis über alle Meta-Produkte hinweg zu erreichen.

- Sicherstellung des Zugriffs auf unseren Dienst. Damit wir unseren globalen Dienst betreiben können, müssen wir Daten in unseren Systemen auf der ganzen Welt speichern und übermitteln, also auch in Länder außerhalb des Landes, in dem du wohnst. Die Nutzung dieser globalen Infrastruktur ist für die Bereitstellung unseres Dienstes erforderlich und unerlässlich. Diese Infrastruktur kann Eigentum von Meta Platforms, Inc., Meta Platforms Ireland Limited oder deren verbunden Unternehmen sein oder von ihnen betrieben werden.
- Wir verbinden dich mit Marken, Produkten und Diensten auf für dich relevanten Wegen. Wir verwenden Daten von Instagram und anderen Produkten der Meta-Unternehmen sowie von Drittpartnern, um dir Werbeanzeigen, Angebote und sonstige gesponserte Inhalte zu zeigen, von denen wir glauben, dass sie von Bedeutung für dich sein werden. Außerdem versuchen wir, solche Inhalte genauso relevant zu machen, wie alle deine anderen Erlebnisse auf Instagram.
- Forschung und Innovation. Wir verwenden die uns zur Verfügung stehenden Informationen, um unseren Dienst zu entwickeln, zu erproben und zu verbessern und um mit anderen an Forschung zusammenzuarbeiten, um unseren Dienst noch besser zu machen und zum Wohlbefinden unserer Community beizutragen. Dazu gehört auch, dass wir die Daten analysieren, die wir über unsere Nutzer besitzen, und ein Verständnis dafür entwickeln, wie Menschen unsere Dienste nutzen, beispielsweise indem wir Umfragen durchführen und neue Funktionen erproben und auf Fehler untersuchen.

So wird unser Dienst finanziert

Anstatt für die Nutzung von Instagram zu zahlen, erkennst du durch Nutzung des Dienstes, für den diese Nutzungsbedingungen gelten, an, dass wir dir Werbeanzeigen zeigen dürfen, für deren Bewerbung innerhalb und außerhalb der Produkte der Meta-Unternehmen wir von Unternehmen und Organisationen bezahlt werden. Wir verwenden deine personenbezogenen Daten, wie z. B. Informationen über deine Aktivitäten und Interessen, um dir Werbeanzeigen zu zeigen, die relevanter für dich sind.

Wir zeigen dir relevante und hilfreiche Werbeanzeigen, ohne dass Werbetreibende erfahren, wer du bist. Wir verkaufen deine personenbezogenen Daten nicht. Wir geben Werbetreibenden die Möglichkeit, uns beispielsweise mitzuteilen, was ihr Geschäftsziel ist und welche Art von Zielgruppe ihre Werbeanzeigen sehen soll. Daraufhin zeigen wir deren Werbeanzeige Personen, die daran interessiert sein könnten.

Darüber hinaus stellen wir Werbetreibenden Berichte über die Performance ihrer Werbeanzeigen zur Verfügung, damit sie Erkenntnisse darüber erlangen, wie Personen mit ihrem Inhalt auf und außerhalb von Instagram interagieren. Wir stellen Werbetreibenden beispielsweise allgemeine Informationen zu Demografie und Interessen bereit, um ihnen zu helfen, ihre Zielgruppe besser zu verstehen. Wir teilen keine Informationen, anhand derer du unmittelbar identifiziert werden kannst (Informationen wie dein Name oder deine E-Mail-Adresse, die für sich genommen dazu verwendet werden können, dich zu kontaktieren, bzw. dich direkt identifizieren), es sei denn, du erteilst uns die ausdrückliche Zustimmung dazu. Hier erfährst du mehr über die Funktionsweise von Instagram-Werbeanzeigen.

Möglicherweise siehst du Branded Content auf Instagram, der von Kontoinhabern gepostet wurde, die Produkte oder Dienstleistungen aufgrund einer Geschäftsbeziehung zu dem in ihrem Content erwähnten Geschäftspartner bewerben. Weitere Informationen dazu findest du hier.

Die Datenrichtlinie

Für die Bereitstellung unseres Dienstes ist es erforderlich, dass wir deine Informationen erheben und verwenden. In der Datenrichtlinie wird erläutert, wie wir Informationen über alle Meta-Produkte hinweg erheben, verwenden und teilen. Dort werden auch die vielen Möglichkeiten beschrieben, wie du deine Informationen kontrollieren kannst, u. a. in den Instagram-Privatsphäre- und -Sicherheitseinstellungen.

Deine Verpflichtungen

Als Gegenleistung für unsere Verpflichtung, den Dienst bereitzustellen, verlangen wir von dir, dass du uns gegenüber folgende Verpflichtungen eingehst.

Wer Instagram nutzen kann. Wir möchten, dass unser Dienst so offen und inklusiv wie möglich, aber dennoch ungefährlich und sicher sowie rechtskonform ist. Aus diesem Grund ist es erforderlich, dass du dich zur Einhaltung einiger weniger Einschränkungen verpflichtest, um Teil der Instagram-Community sein zu können.

- Du musst mindestens 13 Jahre alt sein.
- Dir darf nach geltendem Recht nicht der Empfang irgendeines Aspekts unseres Dienstes untersagt sein. Außerdem darf für dich kein Verbot bestehen,

dich an zahlungsbezogenen Diensten zu beteiligen, falls du auf einer gültigen Liste abgelehnter Parteien erscheinst.
- Wir dürfen dein Konto nicht bereits früher wegen eines Verstoßes gegen unsere Richtlinien deaktiviert haben.
- Du darfst kein verurteilter Sexualstraftäter sein.

So darfst du Instagram nicht nutzen. Wir müssen alle unseren Teil dazu beitragen, damit wir einen sicheren und offenen Dienst für eine breite Community bereitstellen können.

- Du darfst dich nicht als jemand anderes ausgeben oder ungenaue bzw. falsche Informationen bereitstellen. Du musst deine Identität auf Instagram zwar nicht offenlegen, uns jedoch korrekte und aktuelle Informationen bereitstellen (einschließlich Registrierungsinformationen). Hierzu gehört möglicherweise auch, dass du uns personenbezogene Daten bereitstellst. Außerdem darfst du dich nicht als jemanden oder etwas ausgeben, der bzw. das du nicht bist, und du darfst kein Konto für jemand anderen erstellen, sofern du nicht dessen ausdrückliche Einwilligung hast.
- Du darfst nichts Rechtswidriges, Irreführendes oder Betrügerisches oder etwas für einen illegalen oder unberechtigten Zweck tun.
- Du darfst nicht gegen diese Nutzungsbedingungen oder unsere Richtlinien verstoßen, einschließlich insbesondere der Instagram-Gemeinschaftsrichtlinien, Meta-Plattform-Nutzungsbedingungen und Entwickler-Richtlinien und Musik-Richtlinien, (oder andere bei einem Verstoß unterstützen oder sie dazu ermutigen). Wenn du Branded Content postest, musst du unsere Branded Content-Richtlinien einhalten, gemäß denen du verpflichtet bist, unser Branded Content Tool zu verwenden. Erfahre in unserem Hilfebereich, wie du Verhalten oder Inhalte meldest.
- Du darfst nichts tun, das den beabsichtigten Betrieb des Dienstes stört oder beeinträchtigt. Dazu gehört u. a. das Missbrauchen jeglicher Mechanismen für Meldungen, Streitfälle oder Einsprüche, wie das Einreichen wissentlich falscher oder unbegründeter Meldungen oder Einsprüche.
- Du darfst nicht versuchen, auf unbefugte Art und Weise Konten zu erstellen oder auf Informationen zuzugreifen bzw. diese zu erheben. Dies umfasst u. a. das Erstellen von Konten oder das Erheben von Informationen auf automatisierte Weise ohne unsere ausdrückliche Einwilligung.
- Du darfst keine Konten und keine von uns oder unserem Dienst erhaltenen Daten verkaufen, lizenzieren oder kaufen. Dies umfasst u. a. Versuche, irgendeinen Teil deines Kontos (einschließlich deines Benutzernamens) zu kaufen, zu verkaufen oder zu übertragen, Anmeldedaten oder Abzeichen von

anderen Nutzern zu erbitten, zu sammeln oder zu nutzen oder Instagram-Benutzernamen bzw. -Passwörter zu erfragen oder zu erfassen oder Zugriffsschlüssel widerrechtlich zu verwenden.

- Du darfst nicht ohne Erlaubnis private oder vertrauliche Informationen einer anderen Person posten oder etwas tun, das die Rechte einer anderen Person verletzt, einschließlich geistiger Eigentumsrechte (z. B. Urheberrechtsverletzung, Markenverletzung, gefälschte oder raubkopierte Waren). Du darfst gegebenenfalls die Werke einer anderen Person gemäß den Ausnahmen oder Beschränkungen des Urheberrechts bzw. verwandter Rechte nach geltendem Recht verwenden. Du sicherst zu, dass du alle erforderlichen Rechte bezüglich der Inhalte, die du postest oder teilst, besitzt oder eingeholt hast. Weitere Informationen, u. a. wie du Inhalte meldest, von denen du denkst, dass sie deine geistigen Eigentumsrechte verletzen, findest du hier.
- Du darfst unsere Produkte und ihre Komponenten nicht verändern oder übersetzen, keine abgeleiteten Werke davon erstellen und sie auch nicht zurückentwickeln.
- Du darfst ohne unsere vorherige schriftliche Einwilligung keinen Domainnamen und keine URL in deinem Benutzernamen verwenden.

Diese Berechtigungen erteilst du uns. Im Rahmen unserer Vereinbarung erteilst du uns auch Berechtigungen, die wir für die Bereitstellung des Dienstes benötigen.

- Wir beanspruchen nicht das Eigentum an deinen Inhalten, sondern du gewährst uns eine Lizenz, sie zu nutzen. Es ändert sich nichts in Bezug auf deine Rechte an deinen Inhalten. Wir beanspruchen nicht das Eigentum an deinen Inhalten, die du auf dem bzw. über den Dienst postest. Du kannst deine Inhalte also nach Belieben mit anderen teilen, wo immer du das möchtest. Für die Bereitstellung des Dienstes benötigen wir jedoch bestimmte gesetzliche Berechtigungen (eine so genannte „Lizenz") von dir. Wenn du Inhalte, die durch geistige Eigentumsrechte geschützt sind (wie Fotos oder Videos), auf oder in Verbindung mit unserem Dienst teilst, postest oder hochlädst, räumst du uns hiermit eine nicht-exklusive, übertragbare, unterlizenzierbare und weltweite Lizenz ein, deine Inhalte (gemäß deinen Privatsphäre- und App-Einstellungen) zu hosten, zu verwenden, zu verbreiten, zu modifizieren, auszuführen, zu kopieren, öffentlich vorzuführen oder anzuzeigen, zu übersetzen und abgeleitete Werke davon zu erstellen, damit wir den Instagram-Dienst zur Verfügung stellen können. Diese Lizenz endet, wenn deine Inhalte aus unseren Systemen gelöscht werden. Du kannst Inhalte einzeln oder alle gleichzeitig (durch Löschung deines Kontos) löschen. Um mehr darüber zu erfahren, wie wir Informationen verwenden, und wie du deine Inhalte kontrollieren oder löschen kannst, lies bitte die Datenrichtlinie und besuche den Instagram-Hilfebereich.

- Verwendung deines Benutzernamens, deines Profilbildes sowie von Informationen über deine Beziehungen zu und Handlungen mit Konten, Werbeanzeigen und gesponserten Inhalten. Dein Benutzername, dein Profilbild sowie Informationen über deine Handlungen (wie „Gefällt mir"-Angaben) oder Beziehungen (wie Abonnements) können neben oder in Verbindung mit Konten, Werbeanzeigen, Angeboten und anderen gesponserten Inhalten, denen du folgst bzw. mit denen du interagierst, die auf Meta-Produkten angezeigt werden, ohne irgendeine Vergütung für dich verwendet werden. Beispielsweise dürfen wir zeigen, dass du einen gesponserten Beitrag mit „Gefällt mir" markiert hast, der von einer Marke erstellt wurde, die uns dafür bezahlt hat, ihre Werbeanzeigen auf Instagram anzuzeigen. Wie bei Handlungen bezüglich sonstiger Inhalte und bei Abonnenten sonstiger Konten können Handlungen bezüglich gesponserter Inhalte und Abonnenten gesponserter Konten nur von den Personen gesehen werden, die eine Berechtigung haben, den entsprechenden Inhalt oder Abonnenten zu sehen. Außerdem berücksichtigen wir deine Einstellungen für Werbeanzeigen. Hier erfährst du mehr über deine Einstellungen für Werbeanzeigen.
- Du stimmst zu, dass wir Updates zum Dienst auf dein Gerät herunterladen und dort installieren dürfen.

Zusätzliche Rechte, die wir uns vorbehalten

- Wenn du einen Benutzernamen oder eine ähnliche Kennung für dein Konto auswählst, können wir diese/n ändern, wenn wir das als angemessen oder erforderlich erachten (zum Beispiel, wenn der Benutzername bzw. die Kennung das geistige Eigentum von jemandem verletzt oder sich als eine/n andere/n Nutzer/in ausgibt).
- Wenn du Inhalte verwendest, die durch uns zustehende geistige Eigentumsrechte geschützt sind und die wir in bzw. auf unserem Dienst zur Verfügung stellen (z. B. von uns bereitgestellte Bilder, Designs, Videos oder Töne, die du zu von dir erstellten oder geteilten Inhalten hinzufügst), behalten wir sämtliche Rechte hinsichtlich unserer Inhalte (aber nicht im Hinblick auf deine Inhalte).
- Du darfst unser geistiges Eigentum und unsere Marken bzw. ähnliche Zeichen nur verwenden, wenn dies ausdrücklich durch unsere Markenrichtlinien gestattet ist oder mit unserer vorherigen schriftlichen Einwilligung erfolgt.

- Du musst unsere schriftliche Einwilligung oder eine Berechtigung im Rahmen einer Open-Source-Lizenz einholen, um Quellcode von uns zu verändern, abgeleitete Werke davon zu erstellen, ihn zu dekompilieren oder auf sonstige Art zu versuchen, ihn zu extrahieren.

Entfernung von Inhalten und Deaktivierung oder Sperrung deines Kontos

- Wir können sämtliche Inhalte, die du auf dem Dienst teilst, entfernen, wenn sie gegen diese Nutzungsbedingungen oder unsere Richtlinien (einschließlich unserer Instagram-Gemeinschaftsrichtlinien) verstoßen, oder wenn wir von Rechts wegen dazu verpflichtet sind. Wenn wir Inhalte entfernen, werden wir dich unverzüglich darüber und über den Grund dafür informieren und dir alle Möglichkeiten erläutern, die du hast, um eine weitere Überprüfung zu beantragen. Wenn du eine Überprüfung beantragst, wirst du benachrichtigt, ob wir die Entscheidung bestätigen oder den Inhalt oder die Informationen wiederherstellen werden.
    - Dies gilt nicht, wenn und solange es uns aus rechtlichen Gründen untersagt ist, eine Benachrichtigung mit Angabe des Grundes und der Möglichkeit, eine Überprüfung zu beantragen, vorzunehmen. Dies gilt auch dann nicht, wenn und solange eine solche Benachrichtigung unter Berücksichtigung der Interessen beider Parteien unangemessen wäre.
- Wenn du gegen diese Nutzungsbedingungen oder unsere Richtlinien verstößt, wenn du wiederholt die Rechte am geistigen Eigentum anderer verletzt oder wenn wir gesetzlich dazu verpflichtet sind, können wir – unbeschadet unseres Kündigungsrechts aus wichtigem Grund – die Bereitstellung des Dienstes für dich ganz oder teilweise verweigern oder einstellen (einschließlich der Beendigung oder Deaktivierung deines Zugriffs auf die Facebook-Produkte und Produkte der Facebook-Unternehmen). In diesem Fall werden wir dich vorab über den Grund sowie die Art und den Umfang solcher beabsichtigten Einschränkungen informieren und dir die Möglichkeit geben, dazu Stellung zu nehmen. Danach werden wir dir mitteilen, ob wir die beabsichtigten Einschränkungen einhalten werden oder nicht. Dies gilt nicht, wenn und solange uns die Benachrichtigung mit Angabe des Grundes, der Möglichkeit, eine Überprüfung zu beantragen, und ggf. der Art und Dauer der Einschränkung aus rechtlichen Gründen untersagt ist. Dies gilt auch dann nicht, wenn und solange die Benachrichtigung unter Berücksichtigung der Interessen beider Parteien unangemessen wäre.
- Unser Recht auf Kündigung aus wichtigem Grund bleibt hiervon unberührt. Ein wichtiger Grund liegt insbesondere vor, wenn eine Partei gegen

aus diesen Nutzungsbedingungen resultierenden Pflichten, Gesetze, Rechte Dritter oder Datenschutzrichtlinien verstößt, und der kündigenden Partei unter Berücksichtigung sämtlicher Umstände des Einzelfalls und nach Abwägung der Interessen beider Parteien die Fortsetzung des Vertragsverhältnisses bis zum vereinbarten Kündigungstermin oder bis zum Ablauf einer Kündigungsfrist nicht zugemutet werden kann. Eine Kündigung aus wichtigem Grund ist nur innerhalb eines angemessenen Zeitrahmens nach Kenntniserlangung von dem Verstoß möglich.

- Ist der wichtige Grund ein Verstoß gegen eine Pflicht dieser Nutzungsbedingungen, so ist die Kündigung nur nach dem erfolglosen Ablauf einer gewährten Abhilfefrist oder nach einer erfolglosen Warnung zulässig. Eine Frist für die Abhilfe und eine Warnung sind jedoch nicht erforderlich, wenn die andere Seite die Erfüllung ihrer Pflichten ernsthaft und endgültig verweigert oder wenn nach Abwägung der Interessen beider Parteien besondere Umstände eine sofortige Kündigung rechtfertigen.
- Wenn du der Ansicht bist, dass dein Konto irrtümlich gekündigt worden ist oder du dein Konto deaktivieren oder dauerhaft löschen möchtest, findest du Hilfe in unserem Hilfebereich. Wenn du die Löschung eines Inhalts oder deines Kontos beantragst, wird der Löschvorgang automatisch spätestens 30 Tage nach deiner Antragstellung starten. Das Löschen von Inhalten kann nach dem Start des Löschvorgangs bis zu 90 Tage dauern. Während des Löschvorgangs ist der entsprechende Inhalt für andere Nutzer nicht mehr sichtbar, unterliegt jedoch weiterhin diesen Nutzungsbedingungen und unserer Datenrichtlinie. Nachdem der Inhalt gelöscht wurde, benötigen wir unter Umständen bis zu weitere 90 Tage, um ihn aus Sicherungskopien und Notfallwiederherstellungssystemen zu entfernen.
- In folgenden Fällen werden Inhalte nicht innerhalb von 90 Tagen nach dem Start des Konto- bzw. Inhaltelöschvorgangs gelöscht:
    - wenn dein Inhalt im Einklang mit dieser Lizenz bereits von anderen genutzt wurde und sie ihn nicht gelöscht haben (in diesem Fall findet diese Lizenz so lange Anwendung, bis der Inhalt gelöscht wird); oder
    - wenn die Löschung innerhalb von 90 Tagen aufgrund technischer Beschränkungen unserer Systeme nicht möglich ist (in diesem Fall werden wir die Löschung so schnell abschließen, wie dies technisch machbar ist); oder
    - wenn die Löschung uns bei folgenden Maßnahmen einschränken würde:
        - Untersuchung oder Erkennung illegaler Aktivitäten oder von Verstößen gegen unsere Nutzungsbedingungen und Richtlinien (z. B. zur

    Erkennung oder Untersuchung von Missbrauch unserer Produkte oder Systeme);
    - Gewährleistung des Schutzes und der Sicherheit unserer Produkte, Systeme und Nutzer;
    - Erfüllung einer gesetzlichen Pflicht, z. B. Aufbewahrung von Beweisen; oder
    - Erfüllung eines Ersuchens seitens eines Gerichts oder einer Verwaltungs-, Strafverfolgungs- oder sonstigen Behörde;
  - in einem solchen Fall wird der Inhalt nur so lange gespeichert, wie es für die Zwecke erforderlich ist, für die er ursprünglich gespeichert wurde (die genaue Dauer hängt vom jeweiligen Einzelfall ab).
- Wenn du dein Konto löschst oder wir es deaktivieren, enden diese Nutzungsbedingungen zwar als Vereinbarung zwischen dir und uns, aber dieser Abschnitt und der nachfolgende Abschnitt „Unsere Vereinbarung und was bei Uneinigkeit geschieht" gelten selbst nach einer Kündigung, Deaktivierung oder Löschung deines Kontos weiter.

Unsere Vereinbarung und was bei Uneinigkeit geschieht Unsere Vereinbarung.

- Deine Nutzung von Musik auf dem Dienst unterliegt auch unseren Musik-Richtlinien, und für deine Nutzung unserer API gelten unsere Meta-Plattform-Nutzungsbedingungen und Entwickler-Richtlinien. Wenn du bestimmte andere Funktionen oder zugehörige Dienste nutzt, erhältst du die Möglichkeit, zusätzlichen Nutzungsbedingungen zuzustimmen, die dann ebenfalls Bestandteil unserer Vereinbarung werden. Wenn du zum Beispiel Zahlungsfunktionen nutzt, wirst du dazu aufgefordert, den Community-Zahlungsbedingungen zuzustimmen. Sollten solche Nutzungsbedingungen im Widerspruch zu dieser Vereinbarung stehen, so gelten diese anderen Nutzungsbedingungen vorrangig.
- Wenn irgendein Aspekt dieser Vereinbarung nicht durchsetzbar ist, bleiben die übrigen Bestimmungen wirksam.
- Jedwede Änderung bzw. jedweder Verzicht bezüglich unserer Vereinbarung muss in schriftlicher Form erfolgen und von uns unterzeichnet werden. Ein Versäumnis unsererseits, Aspekte dieser Vereinbarung durchzusetzen, stellt keinen Rechtsverzicht dar.
- Wir behalten uns sämtliche Rechte vor, die dir nicht ausdrücklich gewährt werden.

Wer Rechte gemäß dieser Vereinbarung hat.

- Diese Vereinbarung räumt keinem Dritten Rechte ein.
- Du darfst deine dir im Rahmen dieser Vereinbarung zustehenden Rechte bzw. obliegenden Pflichten nicht ohne unsere Einwilligung übertragen.
- Unsere Rechte und Pflichten können an andere abgetreten werden. Dies könnte z. B. geschehen, wenn sich unsere Eigentumsverhältnisse ändern (wie bei einer Fusion, Akquisition oder dem Verkauf von Vermögenswerten), oder aber auch kraft Gesetzes.

Wer die Verantwortung trägt, wenn etwas geschieht.

- Wir sind nur im folgenden Umfang haftbar: Wir haften unbeschränkt nach den gesetzlichen Bestimmungen; für Schäden, die aus der Verletzung von Leben, Körper oder Gesundheit entstehen; bei Vorsatz; bei grober Fahrlässigkeit; und gemäß dem Produkthaftungsgesetz.
- Ohne Einschränkung irgendeiner der obigen Bestimmungen haften wir für leichte Fahrlässigkeit nur im Falle der Verletzung einer sich aus dieser Vereinbarung ergebenden „wesentlichen" Pflicht. „Wesentliche" Pflichten in diesem Sinne sind Pflichten, die für die Erfüllung der Vereinbarung erforderlich sind, deren Verletzung den Zweck der Vereinbarung gefährden würde, und auf deren Einhaltung du vertrauen kannst. In diesen Fällen ist die Haftung auf typische und vorhersehbare Schäden beschränkt; in anderen Fällen besteht keine Haftung für leichte Fahrlässigkeit.

Handhabung von Streitfällen.

Wenn sich aus oder im Zusammenhang mit deiner Nutzung des Dienstes als Verbraucher ein Anspruch oder Streitfall ergibt, vereinbaren wir, dass du deinen jeweiligen Anspruch oder Streitfall, den du uns gegenüber hast, und wir unseren Anspruch oder Streitfall, den wir dir gegenüber haben, von jedem Gericht in dem Land deines Hauptwohnsitzes klären lassen kannst/können, das für den Anspruch bzw. Streitfall zuständig ist, und dass die Gesetze dieses Landes ohne Berücksichtigung kollisionsrechtlicher Bestimmungen gelten werden. Wenn zwischen uns ein Anspruch oder Streitfall entsteht, der im Zusammenhang mit der Nutzung des Dienstes in irgendeiner anderen Eigenschaft steht, wie u. a. der Zugriff auf den Dienst oder seine Nutzung für einen geschäftlichen oder gewerblichen Zweck, stimmst du zu, dass jeder derartige Anspruch oder Streitfall von einem zuständigen Gericht in Irland zu klären ist und dass irisches Recht ohne Berücksichtigung kollisionsrechtlicher Bestimmungen Anwendung findet.

Unaufgefordert eingesendetes Material.

Wir freuen uns immer über Feedback oder sonstige Vorschläge, welche/s wir jedoch ohne jedwede Einschränkungen oder Verpflichtung zu einer Entschädigung für dich verwenden können. Darüber hinaus sind wir nicht verpflichtet, diese/s vertraulich zu behandeln.

Aktualisierung dieser Nutzungsbedingungen

Wir können unseren Dienst und unsere Richtlinien ändern und müssen dann möglicherweise auch Änderungen an diesen Nutzungsbedingungen vornehmen, damit sie unseren Dienst und unsere Richtlinien korrekt und genau widerspiegeln. Wir nehmen Änderungen nur vor, wenn die Bestimmungen nicht mehr zutreffend oder unvollständig sind, und auch nur dann, wenn die Änderungen unter Berücksichtigung deiner Interessen zumutbar für dich sind. Sofern gesetzlich nicht etwas anderes vorgeschrieben ist, werden wir dich über die Änderungen und die dir zur Verfügung stehenden Auswahlmöglichkeiten mindestens 30 Tage bevor wir die Nutzungsbedingungen aktualisieren benachrichtigen (z. B. über unseren Dienst) und dir die Möglichkeit geben, diese zu überprüfen, bevor sie in Kraft treten. Wenn du den Dienst anschließend weiterhin nutzt, bist du an die aktualisierten Nutzungsbedingungen gebunden. Wenn du diesen oder jeglichen aktualisierten Nutzungsbedingungen nicht zustimmen möchtest, kannst du dein Konto hier löschen.

Überarbeitet: 26. Juli 2022

3. Youtube

Nutzungsbedingungen

Datum: 5. Januar 2022

NUTZUNGSBEDINGUNGEN

Willkommen bei YouTube

Einführung

Vielen Dank, dass Sie die YouTube-Plattform und die Produkte, Dienste und Funktionen verwenden, die wir Ihnen im Rahmen dieser Plattform (in diesem Dokument gemeinsam als „Dienst" bezeichnet) zur Verfügung stellen.

Unser Dienst

Der Dienst bietet die Möglichkeit, Videos sowie andere Inhalte zu entdecken, anzusehen und zu teilen; ein Forum für Menschen, um weltweit interagieren, sich informieren und einander inspirieren zu können; und eine Distributionsplattform für Urheber kreativer Inhalte und Werbetreibende, große wie kleine. Weitere Informationen zu unseren Produkten und ihrer Verwendung finden Sie in der YouTube-Hilfe. Unter anderem können Sie sich dort über YouTube

Kids, das YouTube-Partnerprogramm sowie kostenpflichtige Mitgliedschaften und Käufe auf YouTube informieren.

Lesen Sie gerne auch mehr zur Nutzung von Inhalten auf anderen Geräten wie Ihrem Fernseher, Ihrer Spielekonsole oder selbst Google Home.

Dienstanbieter

Die Gesellschaft, die den Dienst im Europäischen Wirtschaftsraum und in der Schweiz zur Verfügung stellt, ist Google Ireland Limited, eine nach irischem Recht eingetragene und betriebene Gesellschaft (Registernummer: 368047) mit Sitz in Gordon House, Barrow Street, Dublin 4, Irland (als „YouTube", „wir", „uns" oder „unser/e" bezeichnet). Verweise in diesen Nutzungsbedingungen auf die „verbundenen Unternehmen" von YouTube beziehen sich auf die Unternehmen der Unternehmensgruppe Alphabet Inc. gemäß §§ 15 ff. Aktiengesetz.

Anwendbare Nutzungsbedingungen

Ihre Nutzung des Dienstes unterliegt diesen Nutzungsbedingungen, den YouTube Community-Richtlinien, den allgemeinen YouTube-Richtlinien sowie den Richtlinien zu Sicherheit und Urheberrecht (zusammen als „Vereinbarung" bezeichnet). Unsere gemeinsame Vereinbarung beinhaltet außerdem die Informationen zu Anzeigenrichtlinien für Werbetreibende, wenn Sie Werbung oder Sponsoring auf dem Dienst betreiben oder bezahlte Werbung in Ihre Inhalte integrieren.

Bitte lesen Sie diese Vereinbarung sorgfältig durch und machen Sie sich mit den Regelungen vertraut. Die Nutzung des Dienstes setzt voraus, dass Sie der Vereinbarung zustimmen.

Wer darf den Dienst verwenden?

Mindestalter

Sie können den Dienst nutzen, wenn Sie mindestens 16 Jahre alt sind.

Kinder jeden Alters können den Dienst und YouTube Kids (sofern verfügbar) nutzen, soweit ein Elternteil oder Erziehungsberechtigte dieser Nutzung zustimmt.

Erlaubnis von Eltern oder Erziehungsberechtigten

Wenn Sie unter 18 Jahre alt sind, benötigen Sie die Erlaubnis Ihrer Eltern oder Erziehungsberechtigten, um den Dienst zu nutzen. Bitten lesen Sie diese Vereinbarung gemeinsam mit ihnen durch.

Wenn Sie als Elternteil oder Erziehungsberechtigter der Nutzung des Dienstes durch Ihr Kind zustimmen, unterliegen Sie den Bedingungen dieser Vereinbarung und sind verantwortlich für die Aktivitäten Ihres Kindes auf diesem Dienst.

Informationen und Ressourcen für Eltern (inkl. Informationen wie ein Kind unter 16 Jahren den Dienst und YouTube Kids nutzen kann) finden Sie in der YouTube-Hilfe und bei Family Link von Google.

Unternehmen

Wenn Sie den Dienst im Namen eines Unternehmens oder einer Organisation nutzen, bestätigen Sie uns gegenüber, dass Sie befugt sind, stellvertretend für diese Rechtspersönlichkeit zu handeln, und erklären sich für diese rechtsverbindlich mit der Geltung dieser Vereinbarung einverstanden.

Ihre Nutzung des Dienstes

Inhalte im Dienst

Die Inhalte im Dienst umfassen Video, Audio (z. B. Musik und andere Tonaufnahmen), Grafiken, Fotos, Text (z. B. Kommentare und Skripte), Kennzeichen (einschließlich geschäftlicher Bezeichnungen, Marken oder Logos), interaktive Funktionen, Software, Messwerte und andere Materialien (zusammen „Inhalte"). Nutzer können Inhalte im Rahmen des Dienstes einstellen und zugänglich machen. YouTube ist für diese Inhalte ein Anbieter von Hosting-Diensten. Die Inhalte unterliegen der Verantwortung der Person oder Rechtspersönlichkeit, die diese im Rahmen des Dienstes einstellt und zugänglich macht. Wenn Sie Inhalte sehen, die dieser Vereinbarung Ihrer Meinung nach nicht entsprechen, da sie beispielsweise gegen die Community-Richtlinien oder gegen das Gesetz verstoßen, können Sie uns dies melden.

Google-Konten und YouTube-Kanäle

Teile des Dienstes können ohne Google-Konto verfügbar sein. Für bestimmte Funktionen benötigen Sie jedoch ein Google-Konto. Mit einem Google-Konto können Sie Videos mit „Mag ich" bewerten, Kanäle abonnieren, Ihren eigenen YouTube-Kanal erstellen und vieles mehr. Eine Anleitung zum Erstellen eines Google-Kontos finden Sie hier.

Sie müssen einen YouTube-Kanal erstellen, wenn Sie zusätzliche Funktionen nutzen möchten, beispielsweise um Videos einzustellen, zu kommentieren oder eigene Playlists zu erstellen. Erfahren Sie, wie Sie Ihren eigenen YouTube-Kanal erstellen können.

Behandeln Sie Ihr Passwort bitte vertraulich, um Ihr Google-Konto zu schützen. Sie sollten das Passwort für Ihr Google-Konto nicht bei Anwendungen von Drittanbietern wiederverwenden. Finden Sie weitere Informationen dazu, wie Sie Ihr Google-Konto schützen. Unter anderem erfahren Sie, wie Sie vorgehen sollten, wenn Sie von der unbefugten Nutzung Ihres Passworts oder Google-Kontos erfahren.

Ihre Daten

In unserer Datenschutzerklärung wird erläutert, wie wir mit Ihren personenbezogenen Daten umgehen und Ihre Daten schützen, wenn Sie den Dienst nutzen. In der YouTube-Kids-Datenschutzerklärung stehen weitere Informationen zu unserem Umgang mit dem Datenschutz im Hinblick auf YouTube Kids.

Wir halten uns bei der Verarbeitung der durch Sie hochgeladenen Audio- oder audiovisuellen Inhalte an die YouTube-Auftragsdatenverarbeitungsbedingungen. Eine Ausnahme bilden Inhalte, die Sie zu persönlichen oder familiären Zwecken hochgeladen haben. Weitere Informationen.

Berechtigungen und Einschränkungen

Unter Einhaltung dieser Vereinbarung und der geltenden Gesetze können Sie auf den Dienst in der Ihnen zur Verfügung gestellten Form zugreifen und ihn verwenden. Sie können Inhalte für Ihren persönlichen, nicht kommerziellen Gebrauch ansehen oder anhören. Außerdem können Sie YouTube-Videos über den integrierbaren YouTube-Player zeigen.

Die Nutzung des Dienstes unterliegt jedoch bestimmten Einschränkungen. Folgendes ist nicht zulässig:

1. Auf jegliche Teile des Dienstes oder der Inhalte zuzugreifen sowie diese zu vervielfältigen, herunterzuladen, zu verbreiten, zu übersenden, zu übertragen, anzuzeigen, zu verkaufen, zu lizenzieren, zu ändern, anzupassen oder anderweitig zu verwenden, ausgenommen (a) in der Art und Weise, wie sie im Dienst genehmigt wurde; oder (b) nach vorheriger Genehmigung durch YouTube in Textform und, sofern relevant, durch die jeweiligen Rechteinhaber oder (c) soweit durch anwendbares Recht gestattet.
2. Den Dienst oder die sicherheitsbezogenen Funktionen des Dienstes zu umgehen, zu deaktivieren, betrügerisch zu verwenden oder anderweitig zu beeinträchtigen (dies betrifft auch dahin gehende Versuche). Es ist außerdem nicht gestattet, sonstige Funktionen des Dienstes zu umgehen, zu deaktivieren, betrügerisch zu verwenden oder anderweitig zu beeinträchtigen (dies betrifft auch dahin gehende Versuche), die (a) das Kopieren bzw. die anderweitige Nutzung der Inhalte verhindern bzw. beschränken oder (b) die Nutzung des Dienstes bzw. der Inhalte einschränken.
3. Mit automatisierten Verfahren (z. B. Robotern, Botnets oder Scrapern) auf den Dienst zuzugreifen, ausgenommen (a) über öffentliche Suchmaschinen gemäß der Robots.txt-Datei von YouTube, (b) nach vorheriger Genehmigung durch YouTube in Textform oder (c) soweit durch anwendbares Recht gestattet.

4. Informationen zu erfassen oder zu verwenden, die eine Person identifizieren könnten (z. B. das Sammeln von Nutzernamen oder Gesichtern), sofern diese Person dies nicht zulässt oder dies gemäß obigem 3. Abschnitt gestattet ist.
5. Den Dienst zu verwenden, um unverlangte Werbe- oder kommerzielle Inhalte oder andere unerwünschte oder unzumutbare Belästigungen (Spam) zu verbreiten.
6. Fehlerhafte Messwerte von tatsächlichen Nutzer-Interaktionen mit dem Dienst hervorzurufen oder dazu zu ermutigen. Dazu gehört beispielsweise, Personen zu bezahlen oder sonstige Anreize zu schaffen, um die Aufrufe, „Mag ich"-Bewertungen oder „Mag ich nicht"-Bewertungen eines Videos zu steigern, die Anzahl der Abonnenten eines Kanals zu erhöhen oder Messwerte anderweitig zu manipulieren.
7. Das Melde-, Beschwerde-, Streit- oder Einspruchsverfahren zu missbrauchen, beispielsweise durch haltlose, mutwillige oder leichtfertige Angaben.
8. Im Rahmen oder mithilfe des Dienstes Wettbewerbe durchzuführen, die den Wettbewerbsrichtlinien von YouTube nicht entsprechen.
9. Den Dienst zu verwenden, um außerhalb des privaten, nicht-kommerziellen Gebrauchs Inhalte anzusehen oder anzuhören (beispielsweise eine öffentliche Vorführung von Videos oder Streaming von Musik).
10. Den Dienst dazu zu benutzen, um (a) Werbung oder Sponsoring zu verkaufen, das in, um oder um den Dienst oder dessen Inhalte herum platziert wird, außer, es entspricht den Richtlinien zu Werbung auf YouTube (beispielsweise die Richtlinien erfüllende Produktplatzierungen); oder (b) Werbung oder Sponsoring auf irgendeiner Seite einer Website oder Anwendung zu verkaufen, die ausschließlich vom Dienst stammende Inhalte enthält oder deren vom Dienst stammende Inhalte die vorrangige Grundlage für derartige Verkäufe bildet (beispielsweise Verkauf von Anzeigen auf einer Webseite, auf der YouTube-Videos die einzigen Inhalte mit einem Mehrwert sind).

Vorbehalt

Jedes Recht, das Ihnen in dieser Vereinbarung nicht ausdrücklich gewährt wird, verbleibt bei YouTube oder den jeweiligen Rechteinhabern. Dies bedeutet zum Beispiel, dass Sie durch die Nutzung des Dienstes keinerlei Urheberrechte oder gewerbliche Schutzrechte an den Inhalten erwerben, auf die Sie zugreifen. Das betrifft auch Marken, die im Dienst verwendet oder angezeigt werden.

Entwicklung, Verbesserung und Aktualisierung des Dienstes

YouTube ändert und verbessert den Dienst fortlaufend. Im Rahmen der kontinuierlichen Weiterentwicklung unserer digitalen Inhalte und Dienste nehmen wir unter Umständen Anpassungen oder Veränderungen (am gesamten Dienst oder an Teilen des Dienstes) vor. Wir fügen beispielsweise neue Funktionen hinzu oder entfernen welche, bieten neue digitale Inhalte oder Dienste an oder stellen veraltete Inhalte oder Dienste ein. Wir können den Dienst auch aus den folgenden weiteren Gründen ändern:

- zur Anpassung an neue Technologien
- zur Anpassung an höhere oder niedrigere Nutzerzahlen bei einem bestimmten Produkt oder Dienst bzw. einer bestimmten Funktion
- zur Anpassung an wichtige Änderungen in Bezug auf Lizenzen oder Partnerschaften mit Dritten
- zur Verhinderung von Missbrauch oder Schäden
- zur Umsetzung gesetzlicher oder behördlicher Vorgaben oder sicherheitsbezogener Aspekte

Im Besonderen nehmen wir gelegentlich rechtlich erforderliche Aktualisierungen (Updates) vor, d. h. Änderungen, die unsere digitalen Inhalte, Dienste und Waren gesetzeskonform halten. Wir nehmen diese Aktualisierungen an unseren digitalen Inhalten und Diensten aus Sicherheitsgründen vor und um dafür zu sorgen, dass sie den zu erwartenden Qualitätsstandards, wie den im Abschnitt „Gesetzliche Gewährleistung" beschriebenen Standards, entsprechen. Aktualisierungen, die schwerwiegende Sicherheitsrisiken beheben, können wir automatisch installieren. Bei anderen Aktualisierungen können Sie selbst entscheiden, ob Sie sie installieren möchten.

Bevor wir einen Teil des Dienstes ändern oder einstellen, berücksichtigen wir sorgfältig die Zumutbarkeit der Änderungen, Ihre Interessen als Nutzer, Ihre berechtigten Erwartungen und die potenziellen Auswirkungen auf Sie und andere. Teile des Dienstes werden von uns nur aus gerechtfertigten Gründen geändert oder eingestellt. Wenn eine Änderung sich negativ auf Ihre Nutzung des Dienstes oder Ihren Zugang darauf auswirkt, werden wir Sie vorab innerhalb einer angemessenen Frist per E-Mail darüber informieren. Diese E-Mail enthält eine Beschreibung der Änderungen, das Datum ihrer Implementierung sowie einen Hinweis darauf, dass Sie zur Beendigung Ihres Vertrages mit uns berechtigt sind, wenn die Änderungen mehr als nur geringfügig negative Auswirkungen haben. Ausgenommen sind dringende Fälle, in denen die Änderungen dazu dienen, Missbrauch oder Schäden zu verhindern, auf rechtliche Erfordernisse zu reagieren oder die Sicherheit und Funktionsfähigkeit der Dienste zu gewährleisten. Wir geben Ihnen außerdem die Möglichkeit, in Übereinstimmung mit den anwendbaren Gesetzen und Richtlinien Ihre Inhalte per Google Datenexport zu exportieren.

Ihre Inhalte und Ihr Verhalten

Einstellen von Inhalten

Wenn Sie einen YouTube-Kanal haben, können Sie gegebenenfalls Videos in unseren Dienst hochladen. Sie dürfen diese Inhalte dazu nutzen, für Ihr Unternehmen oder eine künstlerische Tätigkeit zu werben. Wenn Sie Inhalte hochladen, dürfen Sie über den Dienst keine Inhalte einstellen, die gegen diese Vereinbarung oder das Gesetz verstoßen.

Zum Beispiel dürfen die von Ihnen übermittelten Inhalte kein geistiges Eigentum Dritter (wie urheberrechtlich geschütztes Material) enthalten, außer Sie haben von dieser Partei die Berechtigung dazu erhalten oder sind von Rechts wegen anderweitig dazu befugt. Sie sind rechtlich für die Inhalte verantwortlich, die Sie über den Dienst übermitteln (einschließlich aller verfügbaren Ausnahmen oder Schranken des Urheberrechts oder verwandter Rechte, die im Recht der Europäischen Union vorgesehen sind). Dabei kommen möglicherweise automatisierte Systeme zum Einsatz, die Ihre Inhalte analysieren, um Verstöße und Missbrauch wie Spam, Malware und rechtswidrige Inhalte zu erkennen helfen.

Von Ihnen gewährte Rechte

Sie behalten Ihre Rechte als Urheber und alle bestehenden gewerblichen Schutzrechte an Ihren Inhalten. Kurz gesagt: Was Ihnen gehört, bleibt auch Ihres. Es ist jedoch erforderlich, YouTube und anderen Nutzern des Dienstes bestimmte, nachfolgend beschriebene Rechte zu gewähren.

Lizenz an YouTube

Durch das Einstellen von Inhalten in den Dienst räumen Sie YouTube und seinen verbundenen Unternehmen (unter anderem YouTube LLC, Google LLC und Google Commerce Limited) das weltweite, nicht-exklusive, kostenfreie Recht ein, diese Inhalte zu nutzen (einschließlich ihres Hosting, ihrer öffentlichen Zugänglichmachung, Vervielfältigung, Verbreitung, Änderung, Anzeige und Wiedergabe, jeweils unter Beachtung der Urheberpersönlichkeitsrechte), ausschließlich zum Zweck der Erbringung und Verbesserung des Dienstes (auch durch die Inanspruchnahme von Dienstleistern) und lediglich in dem dafür nötigen Umfang.

Lizenz an andere Nutzer

Sie gewähren auch jedem anderen Nutzer des Dienstes das weltweite, nicht-exklusive, kostenfreie Recht, im Rahmen des Dienstes auf Ihre Inhalte zuzugreifen und diese nutzen zu können (einschließlich der Vervielfältigung, Verbreitung, Änderung, Anzeige und Wiedergabe, jeweils unter Beachtung der

Urheberpersönlichkeitsrechte), soweit dies erforderlich ist und durch Funktionen des Dienstes ermöglicht wird.

Laufzeit der Lizenz

Die Laufzeit der von Ihnen gewährten Lizenzen dauert fort, bis die Inhalte wie nachfolgend beschrieben entfernt werden. Nach dem Entfernen endet die Laufzeit der Lizenzen, es sei denn, Sie haben die weitere Nutzung von Inhalten nach der Entfernung erlaubt oder das Gesetz erfordert etwas anderes. Wenn Sie Inhalte entfernen, ist YouTube beispielsweise nicht dazu verpflichtet, (a) Inhalte zurückzurufen, die von anderen Nutzern im Rahmen einer eingeschränkten Offlinewiedergabe des Dienstes verwendet werden, oder (b) Kopien zu löschen, die wir aus rechtlichen Gründen aufbewahren müssen.

Recht auf Monetarisierung

Sie räumen YouTube das Recht ein, Ihre Inhalte auf dem Dienst zu monetarisieren. Diese Monetarisierung kann das Einblenden von Anzeigen in oder im Rahmen der Inhalte oder das Erheben von Zugriffsgebühren von den Nutzern umfassen. Diese Vereinbarung berechtigt Sie nicht zu Zahlungen. Zahlungen, die Sie aufgrund einer anderen Vereinbarung zwischen Ihnen und YouTube (z. B. über das YouTube-Partnerprogramm, Kanalmitgliedschaften oder Super Chat) von YouTube erhalten, werden ab dem 1. Juni 2021 als Tantiemen behandelt. Sofern gesetzlich vorgeschrieben, behält Google Steuern für diese Zahlungen ein.

Entfernen Ihrer Inhalte

Sie können Ihre Inhalte jederzeit entfernen. Sie haben ebenfalls die Möglichkeit, vor dem Entfernen eine Kopie Ihrer Inhalte zu erstellen. Wenn Sie nicht mehr über die in diesen Nutzungsbedingungen erforderlichen Rechte verfügen, müssen Sie Ihre Inhalte entfernen.

Entfernen von Inhalten durch YouTube

Wenn es objektive und konkrete Gründe zu der Annahme gibt, dass Ihre Inhalte (1) gegen diese Vereinbarung verstoßen oder (2) YouTube, unseren Nutzern oder Dritten schaden könnten, behalten wir uns das Recht vor, solche Inhalte vollständig oder teilweise zu entfernen. Wir benachrichtigen Sie unverzüglich darüber und erläutern den Grund für die Maßnahme, sowie bieten Ihnen die Möglichkeit, den Verstoß zu beheben oder das entsprechende Verhalten einzustellen, es sei denn, es gibt objektive und konkrete Gründe zu der Annahme, dass dies (a) gegen Gesetze bzw. Anordnungen einer Strafverfolgungsbehörde verstoßen oder für YouTube oder unsere verbundenen Unternehmen ein erhebliches Haftungsrisiko darstellen würde, (b) eine Ermittlung gefährden würde oder der Integrität bzw. dem Betrieb des Dienstes erheblich schaden würde oder (c) anderen Nutzern, Dritten, YouTube oder unseren verbundenen Unternehmen erheblich schaden würde. Weitere Informationen zum Melden von Inhalten und zur Richtliniendurchsetzung finden Sie in der YouTube-Hilfe auf der Seite zur Problembehebung.Sie finden dort auch eine Anleitung, wie Sie Beschwerde einlegen können, wenn Sie glauben, dass Inhalte irrtümlicherweise entfernt wurden. Wenn Sie Beschwerde einlegen, berücksichtigen wir Ihre Begründung für die Beschwerde und überprüfen unsere Entscheidung noch einmal.

Verwarnungen wegen eines Verstoßes gegen die Community-Richtlinien

YouTube wendet ein Verwarnungssystem auf Inhalte an, die gegen die YouTube-Community-Richtlinien verstoßen. Jede Verwarnung führt zu unterschiedlichen Einschränkungen bis hin zur endgültigen Entfernung Ihres Kanals von YouTube. Eine Beschreibung der Auswirkungen von Verwarnungen auf Ihren Kanal finden Sie auf der Seite Verwarnungen wegen eines Verstoßes gegen die Community-Richtlinien. Wenn Sie der Meinung sind, dass eine Verwarnung irrtümlicherweise ausgesprochen wurde, können Sie hier Beschwerde einlegen. Wir berücksichtigen dann Ihre Begründung für die Beschwerde und überprüfen unsere Entscheidung noch einmal.

Sollten für Ihren Kanal aufgrund einer Verwarnung Einschränkungen gelten, dürfen Sie keinen anderen Kanal verwenden, um diese Einschränkungen zu umgehen. Ein Verstoß gegen dieses Verbot stellt eine schwerwiegende Verletzung dieser Vereinbarung dar. Google behält sich das Recht vor, in diesem Fall Ihr Google-Konto zu kündigen oder Ihren Zugriff auf den gesamten oder einen Teil des Dienstes zu sperren.

Schutz von Urheberrechten

In den YouTube-Richtlinien zum Urheberrecht stellen wir Informationen zur Verfügung, mit deren Hilfe Rechteinhaber die Möglichkeit haben, ihr geistiges Eigentum online wahrzunehmen. Wenn Sie der Ansicht sind, dass Ihre Urheberrechte im Rahmen des Dienstes verletzt wurden, nehmen Sie bitte Kontakt mit uns auf.

Wir reagieren auf Meldungen zu mutmaßlichen Urheberrechtsverletzungen gemäß dem Verfahren in unseren YouTube-Richtlinien zum Urheberrecht. Sie finden dort auch Informationen zum Aufheben einer Urheberrechtsverwarnung. Die YouTube-Richtlinien sehen in angemessenen Fällen die Kündigung des Zugangs zum Dienst für Nutzer vor, die wiederholt gegen Urheberrechte verstoßen.

Sperrung und Kündigung von Konten

Kündigung durch Sie

Sie können die Nutzung des Dienstes jederzeit einstellen. Sie können den Dienst auch von Ihrem Google-Konto löschen, was zur Schließung Ihres

YouTube-Kanals und der Entfernung Ihrer Daten führt. Hierbei besteht die Möglichkeit, dass Sie Ihre Daten zuvor kopieren und herunterladen.

Kündigung und Sperrung durch YouTube

YouTube behält sich das Recht vor, Ihr Google-Konto oder Ihren Zugriff auf den gesamten oder einen Teil des Dienstes zu sperren oder zu kündigen, wenn (a) Sie diese Vereinbarung erheblich oder wiederholt verletzen, (b) wir dies tun müssen, um rechtlichen Anforderungen oder einer gerichtlichen Verfügung nachzukommen, oder (c) es objektive und konkrete Gründe zu der Annahme gibt, dass ein Verhalten vorliegt, das Nutzern, Dritten, YouTube oder unseren verbundenen Unternehmen schadet oder für diese Haftungsansprüche zur Folge hat.

Benachrichtigung über Kündigung oder Sperrung

Wir werden Sie über den Grund der Kündigung oder Sperrung durch YouTube informieren und soweit ein diese Vereinbarung verletzendes Verhalten Grund der Kündigung oder Sperrung ist, Ihnen Gelegenheit geben, diese Verletzung abzustellen bzw. zu beheben, es sei denn, es gibt objektive und konkrete Gründe zu der Annahme, dass dies (a) gegen Gesetze bzw. Anordnungen einer Strafverfolgungsbehörde verstoßen würde, (b) eine Ermittlung gefährden würde, (c) die Integrität, den Betrieb oder die Sicherheit des Dienstes schwerwiegend beeinträchtigen würde oder (d) anderen Nutzern, Dritten, YouTube oder unseren verbundenen Unternehmen schwerwiegend schaden würde.

Auswirkungen der Sperrung oder Kündigung eines Kontos

Wenn Ihr Google-Konto gekündigt wurde oder Ihr Zugriff auf den Dienst eingeschränkt wird, können Sie bestimmte Funktionen des Dienstes (wie etwa die Videowiedergabe) auch ohne Konto weiterhin nutzen. Diese Vereinbarung hat für eine solche Nutzung weiterhin Gültigkeit. Wenn Sie der Meinung sind, dass es sich bei der angekündigten Kündigung oder Sperrung um einen Fehler handelt, können Sie über dieses Formular Beschwerde einlegen. Wir berücksichtigen dann Ihre Begründung für die Beschwerde und überprüfen unsere Entscheidung noch einmal.

Software in unserem Dienst

Herunterladbare Software

Falls die Nutzung des Dienstes herunterladbare Software (beispielsweise die YouTube Studio App) erfordert oder beinhaltet, gewährt YouTube Ihnen eine persönliche, weltweite, unentgeltlich nutzbare, nicht übertragbare und nicht-exklusive Lizenz zur Nutzung der Software, die YouTube Ihnen im Rahmen des Dienstes zur Verfügung stellt, sofern diese Software nicht zusätzlichen Bedingungen unterliegt, die eine Lizenz erteilen. Mit dieser Lizenz erhalten Sie lediglich die Erlaubnis, den Dienst in der von YouTube angebotenen Form zu verwenden und in den Genuss der zugehörigen Vorteile gemäß dieser Vereinbarung zu kommen. Sie sind nicht berechtigt, irgendeinen Teil der Software zu vervielfältigen, zu verändern, zu verbreiten, zu verkaufen oder zu vermieten. Darüber hinaus dürfen Sie diese Software weder rekonstruieren (Reverse Engineering) noch versuchen, deren Quellcode zu extrahieren. Ausnahmen gelten nur, wenn derartige Einschränkungen gesetzlich unzulässig sind oder Sie über die schriftliche Einwilligung von YouTube verfügen

Open Source

Teile der Software, die in unserem Dienst verwendet wird, werden möglicherweise im Rahmen einer Open Source-Lizenz angeboten. Eine Open Source-Lizenz kann Bestimmungen enthalten, die ausdrücklich einige Regelungen dieser Nutzungsbedingungen außer Kraft setzen. In diesem Fall stellen wir Ihnen diese Open Source-Lizenz zur Verfügung.

Sonstige rechtliche Bestimmungen

Gesetzliche Gewährleistung

Wenn Sie ein im Europäischen Wirtschaftsraum (EWR) ansässiger Verbraucher sind und unseren Nutzungsbedingungen zugestimmt haben, gilt für Sie gemäß den im EWR anwendbaren Verbraucherrechten eine gesetzliche Gewährleistung für die digitalen Inhalte oder Dienste, die wir Ihnen bereitstellen. Im Rahmen dieser Gewährleistung haften wir für jeden Mangel, den Sie feststellen, vorbehaltlich der folgenden Voraussetzungen:

- Sie stellen den Mangel innerhalb von zwei Jahren ab der einmaligen Bereitstellung von digitalen Inhalten oder Diensten (z. B. Kauf eines Films) fest.
- Sie stellen den Mangel zu einem beliebigen Zeitpunkt während der „fortlaufenden" Bereitstellung von digitalen Inhalten oder Diensten (z. B. einem kostenpflichtigen Abo) fest.

Möglicherweise schreiben die Gesetze Ihres Landes eine noch längere Gewährleistung vor. Ihre Ansprüche aus solchen gesetzlichen Gewährleistungen werden nicht durch andere kommerzielle Garantien eingeschränkt, die wir bieten. Wenn Sie einen Anspruch geltend machen möchten, können Sie [uns kontaktieren].

Zusicherung

Wir betreiben den Dienst mit angemessener Sorgfalt und Sachkenntnis.

Haftungsausschluss

Die Gesetzgebung schreibt für Verbraucher bestimmte Rechte vor, die vertraglich weder ausgeschlossen noch abgeändert werden können. Kein Bestandteil dieser Vereinbarung berührt diese Rechte, die Ihnen als Verbraucher zustehen. Abgesehen von den in dieser Vereinbarung ausdrücklich festgelegten oder gesetzlich vorgeschriebenen Bedingungen (siehe Abschnitt „gesetzliche Gewährleistung“) macht YouTube keine besonderen Zusicherungen in Bezug auf den Dienst. Zum Beispiel machen wir keine zusätzlichen Zusicherungen in Bezug auf die über den Dienst bereitgestellten Inhalte, in Bezug auf die spezifischen Funktionen des Dienstes oder dessen Genauigkeit, Zuverlässigkeit, Verfügbarkeit oder Eignung für Ihre Zwecke oder in Bezug darauf, dass die von Ihnen übermittelten Inhalte im Dienst zugänglich sind oder dort gespeichert werden.

Haftungsbeschränkung

Bei Vorsatz und grober Fahrlässigkeit, auch der gesetzlichen Vertreter und Erfüllungsgehilfen, haften Sie und YouTube nach den gesetzlichen Bestimmungen. Das gleiche gilt bei schuldhaft verursachten Schäden aus der Verletzung des Lebens, des Körpers oder der Gesundheit, bei Schäden, die durch das Fehlen einer garantierten Beschaffenheit verursacht wurden, sowie im Falle arglistig verschwiegener Mängel. Bei durch Sie oder YouTube, deren gesetzlichen Vertreter oder Erfüllungsgehilfen leicht fahrlässig verursachten Sach- und Vermögensschäden ist die Haftung beschränkt auf Fälle der Verletzung einer wesentlichen Vertragspflicht, jedoch der Höhe nach begrenzt auf den bei Vertragsschluss vorhersehbaren und vertragstypischen Schaden. Wesentliche Vertragspflichten sind solche, deren Erfüllung die ordnungsgemäße Durchführung eines Vertrages überhaupt erst ermöglicht und auf deren Einhaltung die Vertragsparteien regelmäßig vertrauen dürfen. Die Haftung nach dem Produkthaftungsgesetz bleibt unberührt. Im Übrigen ist die Haftung von Ihnen und YouTube ausgeschlossen. Diese Regelung stellt keine Änderung der Beweislast zu Lasten der Nutzer des Dienstes dar.

Links zu Drittanbietern

Der Dienst kann Links zu Websites und Onlinediensten von Drittanbietern enthalten, die sich nicht im Eigentum oder unter der Kontrolle von YouTube befinden. YouTube hat keinen Einfluss auf solche Websites und Onlinedienste und ist auch nicht dafür verantwortlich. Lassen Sie bitte Vorsicht walten, wenn Sie den Dienst verlassen. Wir empfehlen, die Nutzungsbedingungen und die Datenschutzerklärung aller Websites und Onlinedienste von Drittanbietern zu lesen, die Sie besuchen.

Diese Vereinbarung

Änderungen dieser Vereinbarung

Wir behalten uns das Recht vor, Änderungen an dieser Vereinbarung aus folgenden Gründen vorzunehmen: (1) um Änderungen unseres Dienstes oder unserer Geschäftsabläufe zu berücksichtigen – beispielsweise, wenn wir neue Produkte bzw. Funktionen hinzufügen oder alte Produkte bzw. Funktionen entfernen –; (2) aus rechtlichen, regulatorischen oder Sicherheitsgründen; (3) zur Verhinderung von Missbrauch oder Schäden.

Wenn wir Änderungen an dieser Vereinbarung vornehmen, informieren wir Sie mindestens 15 Tage vor dem Inkrafttreten der Änderungen im Voraus. Mit der Information über die Änderungen stellen wir Ihnen die neue Version der Vereinbarung zur Verfügung und weisen Sie auf die wesentlichen Änderungen hin. Wenn Sie nicht vor Inkrafttreten der Änderungen widersprechen, gilt die geänderte Vereinbarung als akzeptiert. In unserer Benachrichtigung erläutern wir den Widerspruchsprozess. Sie können die Annahme der Änderungen verweigern – in diesem Fall finden die Änderungen im Verhältnis zu Ihnen keine Anwendung. Wir behalten uns jedoch das Recht vor, unsere Beziehung zu Ihnen zu beenden, sofern alle übrigen Bedingungen für eine Kündigung erfüllt sind.

Fortdauer der Vereinbarung

Wenn die Nutzung des Dienstes durch Sie beendet wird, haben die folgenden Nutzungsbedingungen dieser Vereinbarung für Sie weiterhin Gültigkeit: „Sonstige rechtliche Bestimmungen“ und „Diese Vereinbarung“. Die von Ihnen gewährten Rechte bestehen in bestimmten Fällen, die unter „Laufzeit der Lizenz“ beschrieben werden, fort.

Salvatorische Klausel

Falls eine der Nutzungsbedingungen in dieser Vereinbarung nicht durchsetzbar ist, bleiben die übrigen Nutzungsbedingungen davon unberührt.

Übertragung

YouTube kann diese Vereinbarung vollständig oder teilweise an ein verbundenes Unternehmen übertragen oder, falls YouTube verkauft wird, an einen Dritten.

Kein Verzicht

Wenn Sie sich nicht an diese Vereinbarung halten, wir dagegen aber nicht sofort Maßnahmen ergreifen, bedeutet dies nicht, dass wir gänzlich auf unsere Rechte verzichten (z. B. auf das Recht, zukünftig Maßnahmen zu ergreifen).

Anwendbares Recht

Wenn Sie Ihren gewöhnlichen Aufenthalt in Deutschland haben, unterliegen diese Vereinbarung und Ihre Beziehung zu YouTube im Rahmen dieser Vereinbarung deutschem Recht unter Ausschluss des UN-Kaufrechts. Gerichtsverfahren können vor Ihren örtlichen Gerichten anhängig gemacht werden, die nach den gesetzlichen Regelungen zuständig sind. Diese Rechtswahl trifft keine Aussage hinsichtlich des Rechts, das auf den Dienst selbst anwendbar ist.

Widerruf gemäß geltendem Recht im Europäischen Wirtschaftsraum (EWR)

Wenn Sie ein Verbraucher sind, der im Europäischen Wirtschaftsraum (EWR) ansässig ist, sind Sie laut den im EWR geltenden Verbraucherrechten ab dem 28. Mai 2022 dazu berechtigt, diesen Vertrag wie im EU-Muster-Widerrufsformular weiter unten beschrieben zu widerrufen.

Widerrufsrecht

Sie haben das Recht, binnen 14 Tagen ohne Angabe von Gründen diesen Vertrag zu widerrufen.

Die Widerrufsfrist beträgt 14 Tage ab dem Tag des Vertragsabschlusses.

Um Ihr Widerrufsrecht auszuüben, müssen Sie uns mittels einer eindeutigen Erklärung (z. B. mit der Post versandter Brief oder E-Mail) über Ihren Entschluss, diesen Vertrag zu widerrufen, informieren. Das ist möglich per E-Mail an account-withdrawal@google.com, per Telefon unter der Nummer +35 31800832663 (unten finden Sie eine Liste der landesspezifischen Telefonnummern); oder per Post an Google Ireland Limited, Gordon House, Barrow Street, Dublin 4, Irland. Sie können dafür das beigefügte Muster-Widerrufsformular verwenden, das jedoch nicht vorgeschrieben ist. Sie können das Muster-Widerrufsformular oder eine andere eindeutige Erklärung auch auf unserer Webseite (g.co/EEAWithdrawalForm) elektronisch ausfüllen und übermitteln. Wenn Sie diese Möglichkeit nutzen, senden wir Ihnen für einen solchen Widerruf unverzüglich eine Empfangsbestätigung über ein dauerhaftes Medium, z. B. per E-Mail.

Zur Wahrung der Widerrufsfrist reicht es aus, wenn Sie die Mitteilung bezüglich der Ausübung des Widerrufsrechts vor dem Ablauf des Widerrufszeitraums senden.

Folgen des Widerrufs

Wenn Sie diesen Vertrag widerrufen, müssen wir Ihnen alle Zahlungen, die wir von Ihnen erhalten haben, zurückzahlen. Dies muss unverzüglich und spätestens binnen 14 Tagen ab dem Tag erfolgen, an dem die Mitteilung über Ihren Widerruf dieses Vertrags bei uns eingegangen ist. Zu diesen Zahlungen gehören auch die Lieferkosten (mit Ausnahme der zusätzlichen Kosten, die sich daraus ergeben, dass Sie eine andere Art der Lieferung als die von uns angebotene, günstigste Standardlieferung ausgewählt haben). Die Erstattung erfolgt über dasselbe Zahlungsmittel, das Sie für die ursprüngliche Transaktion verwendet haben, es sei denn, Sie haben sich ausdrücklich mit einer anderen Methode einverstanden erklärt. In keinem Fall werden Ihnen bei einer solchen Erstattung Gebühren berechnet.

Muster-Widerrufsformular

(Wenn Sie den Vertrag widerrufen wollen, dann füllen Sie bitte dieses Formular aus und senden Sie es zurück).

– An __Google Ireland Limited, Gordon House, Barrow Street, Dublin 4, Irland, [account-withdrawal@google.com]__:

– Hiermit widerrufe ich den von mir abgeschlossenen Vertrag über die Erbringung der folgenden Dienstleistung ______________________________ ________________

– Bestellt am ____ ___________________________

– Name des Verbrauchers _________________________

– Anschrift des Verbrauchers _______________________

– Unterschrift des Verbrauchers (nur bei Mitteilung auf Papier) _____________________

– Datum ________________

Google-Kontaktdaten für einen Widerruf

Land	Telefonnummer
Österreich	0800-001-180
Belgien	800-58-142
Bulgarien	0800-14-744
Tschechien	800-720-070
Zypern	800-92-492
Kroatien	0800-787-086
Dänemark	80-400-111
Estland	800-2643
Finnland	0800-520-030
Frankreich	0805-98-03-38
Deutschland	0800-627-0502
Griechenland	00800-4920-00536
Ungarn	06-80-200-148
Island	800-4177
Irland	1-800-832-663
Italien	800-598-905
Lettland	802-05-391
Liechtenstein	0800-566-814
Litauen	8-800-00-163
Luxemburg	800-40005
Malta	800-62-257

Niederlande	0800-360-0010
Norwegen	800-620-68
Polen	800-410-575
Portugal	808-203-430
Rumänien	0800-672-350
Slowakei	0800-500-932
Slowenien	080-688-882
Spanien	900-906-451
Schweden	020-012-5241

Gültig ab 5. Januar 2022 (vorherige Version ansehen)

4. Twitter

Twitter Allgemeine Geschäftsbedingungen

Diese Allgemeinen Geschäftsbedingungen („Bedingungen“) regeln den Zugriff auf und die Nutzung unserer Dienste. Dazu gehören unsere verschiedenen Websites, SMS, APIs, E-Mail-Mitteilungen, Anwendungen, Buttons, Widgets, Anzeigen und kommerziellen Dienste und unsere anderen umfassten Dienstehttps://help.twitter.com/rules-and-policies/twitter-services-and-corporate-affiliates, die mit diesen Bedingungen verknüpft sind (zusammen die „Dienste“), ebenso wie Informationen, Texte, Links, Grafiken, Fotos, Tonaufnahmen, Videos oder sonstige Materialien oder Zusammenstellungen von Materialien, die hochgeladen, heruntergeladen oder bei den Diensten angezeigt werden (zusammen die „Inhalte“). Indem Sie diese Dienste nutzen, verpflichten Sie sich zur Einhaltung der vorliegenden Bedingungen.

1 Wer die Dienste nutzen kann 2 Datenschutz 3 Im Rahmen der Dienste bereitgestellte Inhalte 4 Nutzung der Dienste 5 Haftungsausschlüsse und Beschränkungen 6 Allgemeine Bestimmungen

1 Wer die Dienste nutzen kann

Sie können die Dienste nur dann nutzen, wenn Sie zustimmen, einen verbindlichen Vertrag mit Twitter abzuschließen und Sie nicht eine Person sind, die vom Erhalt der Dienste gemäß den Gesetzen der zuständigen Gerichtsbarkeit ausgeschlossen ist. Um diese Dienste nutzen zu dürfen, müssen Sie in jedem Fall mindestens 13 Jahre alt sein, oder im Falle von Periscope mindestens 16 Jahre alt sein. Wenn Sie diese Bedingungen annehmen und die Dienste im Auftrag eines Unternehmens, einer Organisation, einer Regierung oder einer sonstigen Rechtseinheit nutzen, dann versichern und gewährleisten Sie, dass Sie dazu befugt sind, und dass Sie die Befugnis besitzen, solche Rechtseinheiten an diese Bedingungen zu binden, in welchem Fall die Begriffe „Sie" und „Ihre", wie sie in diesen Bedingungen verwendet werden, sich auf eine solche Rechtseinheit beziehen.

2 Datenschutz

In unserer Datenschutzrichtlinie (https://www.twitter.com/de/privacy) wird beschrieben, wie wir mit den personenbezogenen Daten umgehen, die Sie uns bereitstellen, wenn Sie unsere Dienste nutzen. Sie haben verstanden, dass Sie durch die Nutzung der Dienste Ihre Einwilligung zur Erhebung und Nutzung (wie in der Datenschutzrichtlinie dargelegt) von diesen personenbezogenen Daten, einschließlich der Übertragung dieser Daten in die Vereinigten Staaten von Amerika, nach Irland und/oder in andere Länder für die Speicherung, Bearbeitung und Nutzung durch Twitter und seine verbundenen Unternehmen erteilt haben.

3 Im Rahmen der Dienste bereitgestellte Inhalte

Sie sind für Ihre Nutzung der Dienste und für Inhalte, die Sie bereitstellen, einschließlich der Einhaltung der geltenden Gesetze, Regelungen und Verordnungen, verantwortlich. Sie sollten ausschließlich Inhalte einstellen, die Sie tatsächlich auch mit anderen teilen möchten.

Die Nutzung und das Vertrauen in Inhalte oder Materialien, die über die Dienste veröffentlicht werden oder die Sie über die Dienste erhalten, erfolgt auf eigene Gefahr. Die Vollständigkeit, der Wahrheitsgehalt, die Richtigkeit oder die Verlässlichkeit der über die Dienste veröffentlichten Inhalte oder Mitteilungen werden von uns nicht bestätigt, unterstützt, vertreten oder garantiert. Ebenso wenig stimmen wir den über die Dienste geäußerten Meinungen zu. Sie sind sich bewusst, dass Sie durch die Nutzung der Dienste gegebenenfalls anstößigen, schädlichen, falschen oder anderweitig unangebrachten Inhalten ausgesetzt sein können und in einigen Fällen Beiträge falsch bezeichnet oder anderweitig irreführend sein können. Sämtliche Inhalte hat einzig und alleine die Person zu verantworten, von der diese Inhalte stammen. Wir können die über die Dienste veröffentlichten Inhalte nicht überwachen oder kontrollieren und wir können die Verantwortung für diese Inhalte nicht übernehmen.

Wir behalten uns das Recht vor, Inhalte zu entfernen, die die allgemeinen Geschäftsbedingungen verletzen, unter anderem bei der Verletzung von Urheberrechten oder Markenrechten oder anderen Verletzungen von geistigen Eigentumsrechten, Nachahmungen, rechtswidrigem Verhalten oder

Belästigung. Informationen über spezifische Strategien und Verfahren zur Berichterstattung oder zum Bekämpfen von Verstößen finden Sie in unserem Help-Center (https://support.twitter.com/articles/15789#specific-violations und https://support.twitter.com/articles/15790).

Wenn Sie der Ansicht sind, dass Ihre Inhalte in einer Weise kopiert wurden, die einen Verstoß gegen das Urheberrecht darstellt, bitten wir Sie, dies mittels unseres Meldeformulars zum Urheberrecht (https://help.twitter.com/forms/dmca) zu melden oder Kontakt mit unserem Copyright Agent aufzunehmen unter:

Twitter, Inc.
z. Hd.: Copyright Agent
1355 Market Street, Suite 900
San Francisco, CA 94103
Meldungen: https://help.twitter.com/forms/dmca
E-Mail: copyright@twitter.com

Ihre Rechte und die Rechteeinräumung an den Inhalten

Sie behalten die Rechte an allen Inhalten, die Sie über die Dienste übermitteln, veröffentlichen oder anzeigen. „Was Dein ist, bleibt Dein" – Sie sind Eigentümer Ihrer Inhalte (und Ihre darin integrierten Tonaufnahmen, Fotos und Videos werden betrachtet als Bestandteil der Inhalte).

Durch Übermittlung, Veröffentlichung oder Anzeigen von Inhalten auf oder über die Dienste gewähren Sie uns eine weltweite, nicht ausschließliche, unentgeltliche Lizenz (mit dem Recht zur Unterlizenzierung), diese Inhalte in sämtlichen Medien und über sämtliche Verbreitungswege, die gegenwärtig bekannt sind oder in Zukunft bekannt sein werden (zur Klarheit, diese Rechte umfassen z. B. das Kuratieren, Transformieren und Übersetzen) zu verwenden, zu vervielfältigen, zu reproduzieren, zu verarbeiten, anzupassen, abzuändern, zu veröffentlichen, zu übertragen, anzuzeigen und zu verbreiten. Mit dieser Lizenz erteilen Sie uns die Erlaubnis, Ihre Inhalte weltweit verfügbar zu machen und dies auch Dritten zu ermöglichen. Sie bestätigen, dass Twitter mit dieser Lizenz das Recht hat, die Dienste bereitzustellen, zu fördern und zu verbessern und die an oder über die Dienste übermittelten Inhalte gemäß unseren Nutzungsbedingungen anderen Unternehmen, Organisationen oder Einzelpersonen zur Verfügung zu stellen, die mit Twitter zwecks Syndizierung, Ausstrahlung, Verbreitung, Retweet, Werbung oder Veröffentlichung dieser Inhalte in anderen Medien und Diensten zusammenarbeiten. Die von Ihnen im Rahmen der Dienste übermittelten, veröffentlichten, übertragenen oder anderweitig bereitgestellten Inhalte werden von Twitter oder anderen Unternehmen, Organisationen oder Einzelpersonen zusätzlich verwendet, ohne dass Ihnen hierfür eine

Vergütung gezahlt wird, da die Nutzung der Dienste durch Sie hiermit als ausreichende Vergütung für die Inhalte und die Einräumung von Rechten hierin vereinbart wird.

Twitter verfügt über Regeln, die kontinuierlich weiterentwickelt werden und in denen die Art und Weise festgelegt ist, wie Netzwerkpartner mit Ihren Inhalten auf den Diensten umgehen dürfen. Anhand dieser Regeln soll ein offenes Netzwerk unter Berücksichtigung Ihrer Rechte ermöglicht werden. Sie erkennen an, dass wir Ihre Inhalte ändern oder anpassen können, da diese von uns und unseren Partner verbreitet, syndiziert, veröffentlicht oder ausgestrahlt werden, und/oder Änderungen an Ihren Inhalten vorgenommen werden können, um die Inhalte an verschiedene Medien anzupassen.

Sie sichern zu und gewährleisten, dass Sie über alle Rechte, Lizenzen, Zustimmungen, Erlaubnisse, Vollmachten und/oder Befugnisse verfügen oder erhalten haben, die erforderlich sind, um die hierin eingeräumten Rechte an den von Ihnen an, auf oder durch die Dienste übermittelten, veröffentlichten oder dargestellten Inhalten zu gewähren. Sie stimmen zu, dass solche Inhalte kein urheberrechtlich oder anderweitig geschütztes Material enthalten wird, es sei denn Sie haben die erforderliche Erlaubnis oder sind anderweitig rechtlich berechtigt, dieses Material zu veröffentlichen und Twitter daran die obengenannte Rechte zu gewähren.

4 Nutzung der Dienste

Bitte lesen Sie die Twitter Regeln und Richtlinien, (und für Periscope die Periscope Community-Richtlinien unter https://pscp.tv/content), die Bestandteil dieser Nutzervereinbarung sind, um zu erfahren, was im Hinblick auf die Twitter Dienste untersagt ist. Sie dürfen die Dienste ausschließlich in Übereinstimmung mit diesen Bedingungen und den geltenden Gesetzen, Regeln und Verordnungen nutzen.

Unsere Dienste entwickeln sich ständig weiter. Demzufolge können wir die Dienste gegebenenfalls nach eigenem Ermessen von Zeit zu Zeit überarbeiten. Wir sind berechtigt, die Bereitstellung der Dienste oder Funktionen innerhalb der Dienste für einzelne oder alle Nutzer (zeitweise oder dauerhaft) einzustellen. Wir behalten uns außerdem das Recht vor, nach eigenem Ermessen jederzeit, Einschränkungen in Bezug auf die Nutzung und Speicherkapazitäten festzulegen. Wir können auch Inhalte auf Diensten entfernen oder es ablehnen, diese zu verbreiten, die Verbreitung oder Sichtbarkeit von Inhalten auf dem Dienst einschränken, Nutzer sperren oder ihnen kündigen und Nutzernamen zurückfordern, ohne Ihnen gegenüber haftbar zu sein.

Dafür, dass Twitter Ihnen den Zugang zu den Diensten und deren Nutzung gewährt, erklären Sie Ihr Einverständnis, dass Twitter und seine Drittanbieter und Partner im Rahmen der Dienste oder im Zusammenhang mit den Inhalten oder Informationen, die Sie oder andere im Rahmen der Dienste bereitstellen, Werbung platzieren dürfen. Sie stimmen auch zu, unsere Dienste nicht zu missbrauchen, beispielsweise, indem Sie diese stören oder auf diese mittels einer anderen Methode zugreifen, als über die von uns bereitgestellte Benutzeroberfläche und gemäß unseren Anweisungen. Sie stimmen zu, dass Sie technische Beschränkungen der Ihnen als Teil des Dienstes zur Verfügung gestellten Software nicht umgehen oder die Software zurückentwickeln (reverse engineer), dekompilieren oder demontieren werden, außer und nur soweit dies durch anwendbares Recht gestattet ist. Wenn Sie auf die Dienste zugreifen oder diese nutzen, ist es Ihnen untersagt: (i) auf nicht öffentliche Bereiche der Dienste, auf Computersysteme von Twitter oder auf die technischen Bereitstellungssysteme unserer Anbieter zuzugreifen, diese zu manipulieren oder zu nutzen, (ii) Schwachstellen irgendeines Systems oder Netzwerks auszukundschaften, zu scannen oder zu testen oder gegen Sicherheits- bzw. Identifizierungsmaßnahmen zu verstoßen oder diese zu umgehen, (iii) mit anderen (automatisierten oder anderweitigen) Mitteln als mit unseren derzeit verfügbaren und veröffentlichten Schnittstellen von Twitter auf die Dienste zuzugreifen oder diese zu durchsuchen (wobei dies auch nur gemäß den anwendbaren Bedingungen erfolgen darf) bzw. dies zu versuchen, es sei denn, Sie sind aufgrund einer gesonderten Vereinbarung mit Twitter ausdrücklich hierzu befugt (HINWEIS: Das sogenannte „Crawling" der Dienste ist erlaubt, soweit dies gemäß den Vorgaben der robots.txt-Datei erfolgt. Das sogenannte „Scraping" der Dienste ist ohne vorherige Genehmigung von Twitter ausdrücklich untersagt), (iv) den TCP/IP Paketheader oder Teile der Headerinformationen in E-Mails oder Beiträgen zu fälschen oder die Dienste zu nutzen, um veränderte oder irreführende Informationen oder Informationen unter Angabe falscher Quellen zu versenden oder (v) den Zugang von Nutzern, Hosts oder Netzwerken zu behindern oder zu unterbrechen (oder dies zu versuchen) und insbesondere Viren zu übertragen und die Dienste überzubelasten und mit Paketen und unerwünschten E-Mails zu überschwemmen oder zu bombardieren und durch Skripting Inhalte zu erstellen, um die Dienste auf ungebührliche Art und Weise zu beeinträchtigen oder zu belasten. Wir behalten uns außerdem das Recht vor, auf Informationen zuzugreifen, diese zu lesen, aufzubewahren und offenzulegen, wenn wir Grund zu der Annahme haben, dass dies notwendig ist, um (i) geltende Gesetze und Vorschriften, rechtliche Verfahren oder behördliche Anforderungen zu erfüllen, (ii) die vorliegenden Bedingungen durchzusetzen und Ermittlungen im

Falle möglicher Verstöße gegen diese Bedingungen durchzuführen, (iii) Betrug und sicherheitsrelevante oder technische Probleme aufzudecken, zu verhindern oder anderweitig darauf zu reagieren, (iv) auf Supportanfragen von Nutzern zu antworten oder (v) die Rechte, das Eigentum oder die Sicherheit von Twitter, seinen Nutzern und der Öffentlichkeit zu schützen. Twitter legt Dritten gegenüber keine Daten zur Identifikation von Personen offen, es sei denn, dies erfolgt in Übereinstimmung mit unserer Datenschutzrichtlinie.

Twitter bietet gegebenenfalls bestimmte Dienste oder Funktionen an, für die in Verbindung mit Ihrer Nutzung dieser Dienste zusätzliche Bedingungen Anwendung finden können. Durch Nutzung oder Bezahlung irgendeiner dieser zusätzlichen Dienste, stimmen Sie jeglichen für diese Dienste geltenden zusätzlichen Bedingungen zu, und diese zusätzlichen Bedingungen werden Teil unserer Vereinbarung mit Ihnen. Falls irgendwelche der geltenden zusätzlichen Bedingungen mit diesen Bedingungen in Konflikt stehen, gehen die zusätzlichen Bedingungen während Ihrer Nutzung der Dienste, für die sie gelten, vor.

Falls Sie bezahlte Funktionen oder Dienste nutzen, stimmen Sie den geltenden Twitter Purchaser Terms of Service (https://legal.twitter.com/purchaser-terms.html) zu.

Wenn Sie Entwicklungsfunktionen der Dienste nutzen, die unter anderem Twitter für Websites (https://developer.twitter.com/en/docs/twitter-for-websites), Twitter Cards (https://developer.twitter.com/en/docs/twitter-for-websites/cards/overview/abouts-cards), Öffentliche API (https://developer.twitter.com/en/docs) oder Melde dich mit Twitter an (https://developer.twitter.com/en/docs/authentication/guides/log-in-with-twitter) umfassen, stimmen Sie unserer Entwicklervereinbarung (https://developer.twitter.com/en/developer-terms/agreement) und der Richtlinie für Entwickler (https://developer.twitter.com/en/developer-terms/policy) zu. Soweit nicht ausdrücklich im Rahmen der Twitter Dienste, in den vorliegenden Bedingungen oder in den Bedingungen auf https://developer.twitter.com/en/developer-terms erlaubt, müssen Sie die von uns bereitgestellten Benutzeroberflächen und Anweisungen verwenden, wenn Sie die Dienste oder Inhalte auf den Diensten reproduzieren, modifizieren, abgeleitete Werke daraus erstellen, verteilen, verkaufen, übertragen, öffentlich anzeigen, öffentlich vorführen, übertragen oder anderweitig verwenden möchten. Wenn Sie ein Sicherheitsexperte sind, sind Sie dazu verpflichtet, die Regeln des Twitter Vulnerability Reporting Programms (https://hackerone.com/twitter) zu befolgen. Die im vorstehenden Absatz genannten Anforderungen gelten möglicherweise nicht für diejenigen Personen, die am Twitter Vulnerability Reporting Programm teilnehmen.

Wenn Sie Werbefunktionen der Dienste nutzen, müssen Sie unserem Twitter Master Services Agreement (https://ads.twitter.com/terms) zustimmen.

Ihr Account

Sie müssen gegebenenfalls ein Account einrichten, um einige unserer Dienste nutzen zu können. Sie sind für den Schutz Ihres Accounts zuständig, und demzufolge sollten Sie ein starkes Passwort verwenden und dessen Nutzung auf Ihr Konto beschränkt ist. Wir können und werden nicht für jegliche Verluste oder Schäden haften, die aus der Nichteinhaltung des Vorgenannten entstehen.

Sie können die meisten Mitteilungen von den Diensten aus kontrollieren. Wir müssen Sie gegebenenfalls mit bestimmten Mitteilungen wie Service-Ankündigungen und Meldungen der Verwaltung versorgen. Diese Mitteilungen sind Bestandteil der Dienste und Ihres Accounts, und Sie können den Erhalt dieser Mitteilungen möglicherweise nicht abbestellen. Wenn Sie Ihrem Konto eine Telefonnummer hinzugefügt haben und Sie diese dann später ändern oder deaktivieren, müssen Sie Ihre Account-Daten aktualisieren, um zu verhindern, dass wir mit jemandem kommunizieren, der Ihre alte Rufnummer übernommen hat.

Ihre Lizenz zur Nutzung der Dienste

Twitter gewährt Ihnen eine persönliche, weltweite, gebührenfreie, nicht übertragbare und nicht ausschließliche Lizenz zur Nutzung der Software, die Ihnen als Bestandteil der Dienste zur Verfügung gestellt wird. Diese Lizenz dient dem alleinigen Zweck, Ihnen zu ermöglichen, die von Twitter bereitgestellten Dienste gemäß den vorliegenden Bedingungen zu nutzen und deren Vorteile zu genießen.

Die Dienste sind durch Urheberrechte, Markenrechte und andere Gesetze der Vereinigten Staaten und anderer Länder geschützt. Mit den vorliegenden Bedingungen wird Ihnen nicht das Recht gewährt, den Namen „Twitter" oder die Markenzeichen, Logos, Domainnamen, sonstige charakteristische Markenzeichen und andere Eigentumsrechte von Twitter zu verwenden. Alle Rechte, Rechtstitel und Nutzungsrechte an den Diensten sind und bleiben (mit Ausnahme der von den Nutzern übermittelten Inhalte) alleiniges Eigentum von Twitter und seinen Lizenzgebern. Alle Rückmeldungen, Kommentare oder Vorschläge, die Sie in Bezug auf Twitter oder die Dienste übermitteln, sind absolut freiwillig, und es steht uns frei, diese Rückmeldungen, Kommentare oder Vorschläge nach eigenem Ermessen zu verwenden, ohne dass uns Ihnen gegenüber Verpflichtungen entstehen.

Beendigung dieser Bedingungen

Sie können Ihre rechtliche Vereinbarung mit Twitter jederzeit kündigen, indem Sie Ihre Accounts deaktivieren und die Nutzung der Dienste einstellen.

Unter https://help.twitter.com/de/managing-your-account/how-to-deactivate-twitter-account (und für Periscope, https://help.pscp.tv/customer/portal/articles/2460220) finden Sie Anweisungen zur Deaktivierung Ihres Accounts sowie die Datenschutzrichtlinie, um mehr darüber zu erfahren, was dann mit Ihren personenbezogenen Daten geschieht.

Wir können Ihre Accounts sperren oder kündigen oder Ihnen die Bereitstellung der Dienste jederzeit aus beliebigem Grund ganz oder teilweise verwehren, insbesondere, wenn wir Grund zu der Annahme haben, dass: (i) Sie gegen die vorliegenden Bedingungen oder die Twitter-Regeln oder die Periscope Community Richtlinien verstoßen haben, (ii) Sie für uns eine Gefahr oder ein mögliches rechtliches Risiko darstellen oder (iii) Ihr Account aufgrund von rechtswidrigem Verhalten oder (iv) aufgrund von längerer Inaktivität entfernt werden sollte oder weil (v) es wirtschaftlich nicht mehr vertretbar ist, Ihnen die Dienste bereitzustellen. Wir werden uns nach besten Kräften bemühen, Sie über die mit Ihrem Account verbundene E-Mail-Adresse oder bei Ihrem nächsten Zugriff auf Ihren Account hierüber zu informieren, was jeweils von den Umständen abhängig ist. In all diesen Fällen erlischt die Gültigkeit der vorliegenden Bedingungen, insbesondere Ihre Lizenz zur Nutzung der Dienste. Hiervon ausgenommen sind die folgenden Absätze, die weiterhin gültig bleiben: 2, 3, 5 und 6. Wenn Sie glauben, dass Ihr Konto irrtümlich gesperrt wurde, können Sie eine Beschwerde einreichen; die dazu notwendigen Schritte entnehmen Sie bitte unserem Help-Center (https://support.twitter.com/forms/general?subtopic=suspended). Zur Klarstellung wird festgehalten, dass diese Bedingungen die Sperrung oder Kündigung Ihres Kontos überdauern.

5 Haftungsausschlüsse und Beschränkungen

Die Dienste sind „wie besehen“ verfügbar

Wenn Sie außerhalb der Europäischen Union, der EFTA-Staaten, oder des Vereinigten Königreichs leben, einschließlich wenn Sie in den Vereinigten Staaten leben, erklären Sie sich damit einverstanden, dass Ihr Zugang zu und Ihre Nutzung der Dienste oder zu jeglichem Inhalt auf Ihr eigenes Risiko erfolgt. Sie verstehen und erklären sich damit einverstanden, dass Ihnen die Dienste „wie besehen“ und „wie verfügbar“ zur Verfügung gestellt werden. Die „Twitter-Einheiten“ beziehen sich auf Twitter, ihre Muttergesellschaften, Tochtergesellschaften, verbundene Unternehmen, leitende Angestellte, Geschäftsführer, Mitarbeiter, Vertreter, Stellvertreter, Partner und Lizenzgeber. Ohne das Vorstehende einzuschränken, und soweit dies nach anwendbarem Recht zulässig ist, SCHLIESSEN DIE TWITTER-EINHEITEN

ALLE GEWÄHRLEISTUNGEN UND BEDINGUNGEN, OB AUSDRÜCKLICH ODER IMPLIZIT, HINSICHTLICH DER MARKTGÄNGIGKEIT, DER EIGNUNG ZU EINEM BESTIMMTEN ZWECK ODER DER NICHTVERLETZUNG VON RECHTEN, AUS. Die Twitter-Einheiten geben keine Gewährleistung oder Zusicherung und lehnen jede Verantwortung und Haftung ab für: (i) die Vollständigkeit, Genauigkeit, Verfügbarkeit, Pünktlichkeit, Sicherheit oder Zuverlässigkeit der Dienste oder jeglicher Inhalte; (ii) jeglichen Schaden an Ihrem Computersystem, Datenverlust oder andere Schäden, die sich aus Ihrem Zugang zu oder Ihrer Nutzung der Dienste oder jeglicher Inhalte ergeben; (iii) die Löschung oder das Versäumnis, Inhalte und andere von den Diensten unterhaltene Kommunikationen zu speichern oder zu übertragen; und (iv) die Frage, ob die Dienste Ihren Anforderungen entsprechen oder ununterbrochen, sicher oder fehlerfrei verfügbar sind. Keine Ratschläge oder Informationen, egal ob mündlich oder schriftlich, die von den Twitter-Einheiten oder durch die Dienste eingeholt werden, begründen eine Gewährleistung oder Zusicherung, die hierin nicht ausdrücklich abgegeben wird.

Haftungsbeschränkung

Wenn Sie außerhalb der Europäischen Union, der EFTA Staaten, oder des Vereinigten Königreichs leben, einschließlich wenn Sie in den Vereinigten Staaten leben, STIMMEN SIE ZU, DASS SOWEIT DIES NACH ANWENDBAREM RECHT ZULÄSSIG IST, DIE TWITTER-EINHEITEN NICHT FÜR INDIREKTE, ZUFÄLLIGE, BESONDERE, FOLGESCHÄDEN ODER STRAFSCHADENSERSATZ ODER JEGLICHE ENTGANGENE GEWINNE ODER EINNAHMEN, OB DIREKT ODER INDIREKT, ODER JEGLICHEN VERLUST VON DATEN, NUTZUNG, GOODWILL ODER ANDERE IMMATERIELLE VERLUSTE, DIE AUF FOLGENDEM BERUHEN: (i) IHREM ZUGANG ZU ODER IHRER NUTZUNG ODER DER UNFÄHIGKEIT DES ZUGANGS ODER DER NUTZUNG DER DIENSTE; (ii) JEGLICHES VERHALTEN ODER INHALTE DRITTER AUF DEN DIENSTEN, EINSCHLIESSLICH, OHNE EINSCHRÄNKUNG, JEGLICHES DIFFAMIERENDE, AUSFÄLLIGE ODER ILLEGALE VERHALTEN ANDERER BENUTZER ODER DRITTER; (iii) JEGLICHE INHALTE, DIE ÜBER DIE DIENSTEN BEZOGEN WURDEN; ODER (iv) UNAUTORISIERTEM ZUGRIFF, UNAUTORISIERTER NUTZUNG ODER ÄNDERUNG IHRER ÜBERMITTLUNGEN ODER INHALTE. IN KEINEM FALL WIRD DIE GESAMTHAFTUNG DER TWITTER-EINHEITEN DEN HÖHEREN BETRAG VON EINHUNDERT US-DOLLAR (USD 100,00) ODER DEN BETRAG, FALLS VORHANDEN, DEN SIE TWITTER IN DEN LETZTEN SECHS MONATEN FÜR DIE DIENSTE, DIE DEN ANSPRUCH BEGRÜNDEN, BEZAHLT HABEN,

ÜBERSCHREITEN. DIE BESCHRÄNKUNGEN DIESES ABSCHNITTS GELTEN FÜR JEDE HAFTUNGSTHEORIE, UNABHÄNGIG DAVON, OB SIE AUF GEWÄHRLEISTUNG, VERTRAG, GESETZ, UNERLAUBTER HANDLUNG (EINSCHLIESSLICH FAHRLÄSSIGKEIT) ODER ANDEREN RECHTSGRUNDLAGEN BERUHT, UND UNABHÄNGIG DAVON, OB DIE TWITTER-EINHEITEN ÜBER DIE MÖGLICHKEIT EINES SOLCHEN SCHADENS INFORMIERT WURDEN UND AUCH DANN, WENN SICH HERAUSSTELLT, DASS EINE HIERIN FESTGELEGTE ABHILFE IHREN WESENTLICHEN ZWECK VERFEHLT HAT.

Wenn Sie in der Europäischen Union, den EFTA Staaten, oder dem Vereinigten Königreich leben, stimmen Sie zu, dass Sie durch das Nutzen der Dienste zustimmen, dass Twitter, seine Muttergesellschaften, Tochterunternehmen, verbundenen Unternehmen, leitenden Angestellten, Direktoren, Mitarbeiter, Agenten, Vertreter, Partner und Lizenzgeber nur einer begrenzten Haftung in Übereinstimmung mit den maximal zulässigen Einschränkungen gemäß den Gesetzen in jenem Land, in dem Sie Ihren Wohnsitz haben, unterliegen.

6 Allgemeine Bestimmungen

Wir sind berechtigt, diese Bedingungen gegebenenfalls von Zeit zu Zeit zu überarbeiten. Etwaige Änderungen sind nicht rückwirkend gültig. Die neueste Fassung dieser Bedingungen, die stets unter twitter.com/de/tos verfügbar ist, wird unsere Beziehung zu Ihnen regeln. Mit Ausnahme von Änderungen, die neue Funktionen oder rechtliche Gründe betreffen, werden wir Sie 30 Tage im Voraus benachrichtigen, bevor Änderungen an diesen Bedingungen in Bezug auf die Rechte und Pflichten der Vertragsparteien wirksam werden; dies erfolgt z. B. mittels einer Service-Benachrichtigung oder per E-Mail an die mit Ihrem Account verbundene E-Mail-Adresse. Wenn Sie nach Inkrafttreten dieser Änderungen weiterhin auf unsere Dienste zugreifen und diese nutzen, erklären Sie Ihr Einverständnis, rechtlich an die überarbeiteten Bedingungen gebunden zu sein.

Wenn Sie außerhalb der Europäischen Union, der EFTA Staaten, oder des Vereinigten Königreichs leben, einschließlich wenn Sie in den Vereinigten Staaten leben, gelten die Gesetze des Staates Kalifornien, unter Ausschluss ihrer Rechtswahlbestimmungen, für diese Bedingungen und alle Streitigkeiten, die zwischen Ihnen und Twitter entstehen. Alle Streitigkeiten im Zusammenhang mit diesen Bedingungen oder den Diensten werden ausschließlich vor den Bundes- oder staatlichen Gerichten in San Francisco County, Kalifornien, USA, verhandelt, und Sie stimmen der persönlichen Gerichtsbarkeit zu und verzichten auf jegliche Einsprüche bezüglich eines ungünstigen Gerichtsstandes.

Wenn Sie eine Bundes-, Staats- oder Kommunalbehörde in den Vereinigten Staaten sind, und die Dienste in Ihrer offiziellen Funktion nutzen und rechtlich nicht dazu in der Lage sind, oben genannte Regelungen zum anwendbaren Recht, der Gerichtsbarkeit oder dem Gerichtsstand zu akzeptieren, dann sind diese Klauseln nicht auf Sie anwendbar. Für derartige US-Bundesbehörden unterliegen diese Bedingungen und alle damit zusammenhängenden Handlungen den Gesetzen der Vereinigten Staaten von Amerika (ohne Bezugnahme auf kollisionsrechtliche Vorschriften) und, in Abwesenheit von Bundesrecht und in dem nach Bundesrecht zulässigen Umfang, den Gesetzen des Staates Kalifornien (unter Ausschluss der Rechtswahl).

Sollte eine Bestimmung der vorliegenden Bedingungen für ungültig oder nicht durchsetzbar erklärt werden, wird die betreffende Bestimmung so geringfügig wie möglich beschränkt oder entfernt, während die übrigen Bestimmungen dieser Bedingungen weiterhin uneingeschränkt wirksam sind. Sollte Twitter es versäumen, ein Recht oder eine der vorliegenden Bestimmungen geltend zu machen, so gilt dies nicht als Verzicht auf die Geltendmachung dieses Rechts oder dieser Bestimmung.

Wenn Sie außerhalb der Europäischen Union, EFTA Staaten, oder des Vereinigten Königreichs leben, einschließlich wenn Sie in den Vereinigten Staaten leben, stellen diese Bedingungen eine Vereinbarung zwischen Ihnen und Twitter, Inc., 1355 Market Street, Suite 900, San Francisco, CA 94103 U.S.A., dar. Wenn Sie Fragen zu diesen Bedingungen haben, nehmen Sie bitte Kontakt zu uns auf (https://help.twitter.com/de/forms).

Wenn Sie innerhalb der Europäischen Union, EFTA Staaten, oder dem Vereinigten Königreich leben, stellen diese Bedingungen eine Vereinbarung zwischen Ihnen und Twitter International Unlimited Company (Handelsregisternummer 503351, EU-Mehrwertsteuernummer IE9803175Q), einem irischen Unternehmen mit eingetragenem Sitz in One Cumberland Place, Fenian Street Dublin 2, D02 AX07 Ireland, dar. Wenn Sie Fragen zu diesen Bedingungen haben, nehmen Sie bitte Kontakt zu uns auf (https://help.twitter.com/de/forms).

Stand: 10. Juni 2022

5. LinkedIN

Nutzervereinbarung

Mit Wirkung vom Mittwoch, 1. Februar 2022

LinkedIn hat es sich zur Aufgabe gemacht, Fach- und Führungskräfte weltweit miteinander zu vernetzen, um ihnen zu noch mehr Produktivität und Erfolg zu verhelfen. Unsere Dienste sind darauf ausgerichtet, unseren Mitgliedern wirtschaftliche Möglichkeiten zu erschließen, indem wir Ihnen und Millionen anderen Fach- und Führungskräften die Möglichkeit geben, sich zu treffen, Ideen auszutauschen, Neues zu lernen, berufliche und geschäftliche Chancen zu entdecken, Mitarbeiter zu finden und Entscheidungen in einem zuverlässigen Netzwerk zu treffen.

Inhalt:

Einleitung

1.1 Vertrag

Durch Nutzung unserer Dienste erklären Sie sich mit sämtlichen Bedingungen einverstanden. Ihre Nutzung unserer Dienste unterliegt unserer Cookie-Richtlinie und Datenschutzrichtlinie. Darin wird beschrieben, wie wir Ihre persönlichen Daten erfassen, verwenden, teilen und speichern.

Sie erklären sich damit einverstanden, dass Sie mit LinkedIn einen rechtsverbindlichen Vertrag abschließen (auch bei Nutzung unserer Dienste im Namen eines Unternehmens), wenn Sie sich durch Klicken auf „Jetzt anmelden", „Mitglied von LinkedIn werden", „Registrieren" oder ähnliches bei LinkedIn registrieren, auf unsere Dienste zugreifen oder diese (wie unten beschrieben) nutzen. Wenn Sie diesem Vertrag („Vertrag" oder „Nutzervereinbarung") nicht zustimmen, klicken Sie nicht auf „Jetzt Mitglied werden" (oder ähnlich) und greifen Sie auf keinerlei Weise auf irgendeinen unserer Dienste zu. Wenn Sie diesen Vertrag kündigen möchten, können Sie dies jederzeit durch das Schließen Ihres

Kontos tun und indem Sie nicht mehr auf unsere Dienste zugreifen bzw. diese nicht mehr nutzen.

Dienste

Dieser Vertrag gilt für LinkedIn.com, Apps von LinkedIn, LinkedIn Learning und andere mit LinkedIn verbundene Websites, Apps, Informationen und Dienste, die angeben, dass sie unter diesem Vertrag angeboten werden („Dienste"), einschließlich der Offsite-Datenerfassung für solche Dienste, wie etwa unsere Anzeigen sowie die Plug-ins „Mit LinkedIn bewerben" und „Auf LinkedIn teilen". Registrierte Nutzer unserer Dienste sind „Mitglieder", nicht registrierte Nutzer sind „Besucher".

LinkedIn

Sie schließen diesen Vertrag mit LinkedIn ab (auch mit „wir" oder „uns" bezeichnet).

Mit dem Begriff „designierte Länder" sind die Länder der Europäischen Union (EU) und des Europäischen Wirtschaftsraumes (EWR) sowie die Schweiz gemeint.

Wenn Sie in „designierten Ländern" ansässig sind, schließen Sie diesen Vertrag mit LinkedIn Ireland Unlimited Company („LinkedIn Ireland") ab, und LinkedIn Ireland wird zum Verantwortlichen für Ihre personenbezogenen Daten, die unseren Diensten bereitgestellt, für oder durch diese erfasst oder im Zusammenhang mit ihnen verarbeitet werden.

Wenn Sie außerhalb der „designierten Länder" ansässig sind, schließen Sie diesen Vertrag mit der LinkedIn Corporation („LinkedIn Corp.") ab, und LinkedIn Corp. wird zum Verantwortlichen für Ihre personenbezogenen Daten, die unseren Diensten bereitgestellt, für oder durch diese erfasst oder im Zusammenhang mit ihnen verarbeitet werden.

Dieser Vertrag gilt für Mitglieder und Besucher.

Als Besucher oder Mitglied unserer Dienste unterliegt die Erfassung, Nutzung und Weitergabe Ihrer personenbezogenen Daten dieser Datenschutzrichtlinie (einschließlich unserer Cookie-Richtlinie und anderen Dokumenten, auf die in dieser Datenschutzrichtlinie Bezug genommen wird) und deren Aktualisierungen.

1.2. Mitglieder und Besucher

Wenn Sie sich registrieren, werden Sie Mitglied von LinkedIn. Wenn Sie sich nicht für unsere Dienste registrieren, können Sie auf bestimmte Funktionen als „Besucher" zugreifen.

1.3 Änderung

Wir sind berechtigt, Änderungen an diesem Vertrag vorzunehmen.

Wir haben das Recht, diesen Vertrag, unsere Datenschutzrichtlinie sowie unsere Cookie-Richtlinie zu ändern. Sollten wir wesentliche Änderungen vornehmen, benachrichtigen wir Sie über unsere Dienste oder auf andere Art und Weise, damit Sie Gelegenheit haben, die Änderungen zu überprüfen, bevor sie in Kraft treten. Wir stimmen überein, dass Änderungen nicht rückwirkend vorgenommen werden können. Wenn Sie mit irgendwelchen Änderungen nicht einverstanden sind, können Sie Ihr Konto schließen. Die weitere Nutzung unserer Dienste Ihrerseits, nachdem wir unsere Änderungen dieser Bedingungen veröffentlicht oder Sie über solche Änderungen benachrichtigt haben, bedeutet, dass Sie sich ab dem Datum ihres Inkrafttretens mit den aktualisierten Bedingungen einverstanden erklären.

2. Pflichten

2.1 Zugang zu den Diensten

In diesem Vertrag sichern Sie uns u. a. Folgendes zu:

Sie sind berechtigt, diesen Vertrag abzuschließen und haben das erforderliche „Mindestalter" erreicht.

Die Dienste sind nicht für die Nutzung durch Minderjährige unter 16 Jahren vorgesehen.

Wenn Sie die Dienste verwenden möchten, müssen Sie Folgendes bestätigen: 1. Sie haben das für die Nutzung erforderliche „Mindestalter" (wie unten dargelegt) erreicht, 2. Sie unterhalten nur ein Konto auf LinkedIn, das Sie mit Ihrem echten Namen erstellt haben, und 3. Sie wurden nicht bereits durch LinkedIn von der Nutzung der Dienste ausgeschlossen. Das Erstellen eines Kontos unter Angabe falscher Informationen stellt einen Verstoß gegen unsere Bedingungen dar; dazu zählen auch Konten, die im Namen anderer oder für Personen unter 16 Jahren eröffnet werden.

Das „Mindestalter" ist das Alter von 16 Jahren. Erfordert das Gesetz jedoch, dass Sie älter sein müssen, damit LinkedIn Ihnen die Dienste (einschließlich der Nutzung Ihrer Daten) rechtmäßig ohne elterliche Zustimmung zugänglich machen kann, bedeutet „Mindestalter" das entsprechende höhere Alter.

2.2 Ihr Konto

Sie werden Ihr Passwort geheim halten.

Sie werden ein Konto nicht mit anderen gemeinsam nutzen und sich an unsere Bedingungen und das Gesetz halten.

Mitglieder sind Kontobesitzer. Sie erklären sich mit Folgendem einverstanden: (1) Sie wählen ein sicheres Passwort, halten dieses geheim und behandeln es vertraulich; (2) Sie übertragen keinen Teil Ihres Kontos an andere (beispielsweise an Kontakte); und (3) Sie halten sich an die Gesetze, an die LinkedIn Verhaltensregeln (was Sie auf LinkedIn tun und nicht tun dürfen) und an die Community-Richtlinien. Sie tragen die Verantwortung für sämtliche über Ihr Benutzerkonto vorgenommenen Aktionen, es sei denn, Sie haben das Konto geschlossen oder einen Missbrauch gemeldet.

In Bezug auf das Verhältnis zwischen Ihnen und anderen Parteien (einschließlich Ihres Arbeitgebers) gilt, dass Ihr Konto Ihnen gehört. Wurden die Dienste von einer anderen Partei zu Ihrer Nutzung erworben (beispielsweise eine von Ihrem Arbeitgeber gekaufte Recruiter-Lizenz), hat die für die Dienste zahlende Partei das Recht, den Zugriff auf die Dienste sowie Ihre Nutzung solcher bezahlten Dienste zu kontrollieren, verfügt jedoch über keinerlei Rechte im Zusammenhang mit Ihrem persönlichen Konto.

2.3 Zahlung

Sie kommen Ihren Zahlungsverpflichtungen nach und sind damit einverstanden, dass wir Ihre Zahlungsinformationen speichern. Ihnen ist bewusst, dass Gebühren und Steuern auf unsere Preise aufgeschlagen werden können.

Für Rückerstattungen gelten unsere Richtlinien.

Wenn Sie unsere gebührenpflichtigen Dienste („Premium-Dienste“) erwerben, stimmen Sie den zusätzlichen Bedingungen für diese gebührenpflichtigen Dienste zu und erklären sich zur Zahlung der entsprechenden Gebühren und Steuern an uns bereit. Bei Nichtzahlung dieser Gebühren werden Ihre gebührenpflichtigen Dienste beendet. Des Weiteren erklären Sie sich mit Folgendem einverstanden:

- Ihr Kauf unterliegt möglicherweise Devisengebühren oder standortbedingten oder von Devisenkursen abhängigen Preisunterschieden.
- Wir können Ihre Zahlungsmethode (z. B. Kreditkarte) speichern und belasten, und zwar auch nachdem diese abgelaufen ist, um eine Unterbrechung unserer Dienste zu vermeiden und um diese Karte für die Bezahlung anderer Dienste zu verwenden, die Sie möglicherweise erwerben.
- Wenn Sie eine Mitgliedschaft kaufen, wird Ihre Zahlungsmethode jeweils bei Beginn einer Mitgliedschaftsperiode automatisch mit den für diese Periode

anfallenden Gebühren und Steuern belastet. Kündigen Sie bitte vor dem Verlängerungsdatum, damit keine zukünftigen Kosten anfallen. Informieren Sie sich darüber, wie Sie Ihre Premium-Dienste kündigen oder aussetzen können.

- Sämtliche Käufe von Diensten unterliegen der Rückerstattungsrichtlinie von LinkedIn.
- Wir berechnen die von Ihnen zu zahlenden Steuern auf Basis der Rechnungsdaten, die Sie uns zum Zeitpunkt des Kaufs zur Verfügung stellen.

Eine Kopie Ihrer Rechnung erhalten Sie über Ihre Kontoeinstellungen auf LinkedIn unter „Transaktionsübersicht".

2.4 Mitteilungen und Nachrichten

Sie erklären sich damit einverstanden, dass wir Ihnen über unsere Websites, Apps und Kontaktinformationen Mitteilungen und Nachrichten zukommen lassen dürfen. Sind die von Ihnen bereitgestellten Kontaktangaben nicht auf dem aktuellen Stand, kann es sein, dass Sie wichtige Mitteilungen nicht erhalten.

Sie erklären sich einverstanden, dass wir Ihnen auf folgende Weise Mitteilungen und Nachrichten zukommen lassen: (1) innerhalb des Dienstes oder (2) an die von Ihnen bereitgestellten Kontaktangaben (z. B. E-Mail-Adresse, Handy-Nummer, Postanschrift). Sie erklären sich einverstanden, Ihre Kontaktangaben aktuell zu halten.

Bitte überprüfen Sie Ihre Einstellungen, um die Nachrichten, die Sie von uns erhalten, zu steuern und begrenzen.

2.5 Teilen

Wenn Sie Informationen auf unseren Diensten teilen, können andere Personen diese Informationen sehen, kopieren und nutzen.

Unsere Dienste ermöglichen es Ihnen, Nachrichten und Informationen auf viele Arten zu teilen, beispielsweise über Ihr Profil, über Artikel, Gruppenbeiträge, Links zu News-Artikeln, Stellenanzeigen, Nachrichten und InMails. Informationen und Inhalte, die Sie teilen oder posten, können von anderen Mitgliedern, Besucher: innen oder Dritten gesehen werden (auch außerhalb der Dienste). Wir respektieren die von Ihnen getroffenen Entscheidungen darüber, wer welche Inhalte oder Informationen sehen darf (z. B. die Inhalte Ihrer Nachrichten, mit LinkedIn Kontakten geteilte Inhalte, die Sichtbarkeit Ihres Profils für Suchmaschinen oder ob andere über Aktualisierungen Ihres Profils informiert werden sollen). Über Jobsuchaktivitäten wird Ihr Netzwerk oder die

Öffentlichkeit standardmäßig nicht informiert. Wenn Sie sich also über unsere Dienste um einen Job bewerben oder angeben, dass Sie sich für einen Job interessieren, teilen wir dies nur mit dem Jobinserenten.

Wir sind nicht verpflichtet, Informationen oder Inhalte auf unserem Dienst zu veröffentlichen, und können diese mit oder ohne vorherige Benachrichtigung entfernen.

3. Rechte und Einschränkungen

3.1. Ihre Lizenz für LinkedIn

Alle Inhalte, das gesamte Feedback sowie sämtliche personenbezogenen Daten, die Sie uns zur Verfügung stellen, sind Ihr Eigentum. Sie gewähren uns jedoch eine nicht ausschließliche Lizenz für dieses Material.

Wer Ihre Daten und Inhalte sieht und wie diese für Werbezwecke genutzt werden dürfen, ist allein Ihrer Entscheidung überlassen, die wir respektieren.

Bezüglich Ihres Verhältnisses mit LinkedIn sind Sie Eigentümer der Inhalte und Informationen, die Sie den Diensten senden oder auf den Diensten veröffentlichen, und Sie gewähren LinkedIn und unseren Tochterunternehmen die folgende, nicht ausschließliche Lizenz:

Das weltweite, übertragbare und unterlizenzierbare Recht, Informationen und Inhalte, die Sie über unsere Dienste und Dienste von Dritten bereitstellen, ohne weitere Zustimmung Ihrerseits oder Mitteilung und/oder Entschädigungszahlung an Sie oder Dritte zu nutzen, zu kopieren, zu modifizieren, zu verteilen, zu veröffentlichen und zu verarbeiten. Diese Rechte sind wie folgt eingeschränkt:

5. Sie können diese Lizenz für spezifische Inhalte beenden, indem Sie derartige Inhalte aus den Diensten löschen oder Ihr Konto schließen, wobei zu berücksichtigen ist, dass (a) andere Personen die auf den Diensten geteilten Inhalte möglicherweise kopiert, ihrerseits geteilt oder gespeichert haben, und (b) dass wir eine angemessene Frist haben, diese Inhalte aus Sicherungs- und sonstigen Systemen zu entfernen.
6. Wir veröffentlichen Ihre Inhalte (einschließlich Sponsored Content) nicht in Anzeigen für die Produkte und Dienste Dritter, die sich an andere Personen richten, ohne dafür Ihre diesbezügliche separate Einwilligung erhalten zu haben. Wir behalten uns jedoch das Recht vor, ohne Entschädigung an Sie oder Dritte neben Ihren Inhalten und Informationen Anzeigen zu schalten. Wie in der Datenschutzrichtlinie vermerkt, sind Ihre sozialen Aktionen möglicherweise sichtbar und in Werbeanzeigen enthalten. Wenn Sie eine

Funktion eines Diensts nutzen, erwähnen wir dies abhängig von Ihren Einstellungen mit Ihrem Namen oder Ihrem Foto, um in unseren Diensten für diese Funktion zu werben.

7. Wir holen Ihre Zustimmung ein, wenn wir anderen Personen das Recht erteilen möchten, Ihre Inhalte außerhalb unserer Dienste zu veröffentlichen. Wenn Sie Ihren Beitrag jedoch „öffentlich" oder „für alle" (oder ähnliche Formulierungen) teilen, aktivieren wir eine Funktion, mit der andere Mitglieder diesen öffentlichen Beitrag in Dienste von Drittanbietern einbetten können, und wir aktivieren die Auffindbarkeit dieser öffentlichen Inhalte über Suchmaschinen-Dienste.Mehr erfahren
8. Wir bearbeiten Ihre Inhalte möglicherweise und nehmen Änderungen an der Formatierung vor (indem wir beispielsweise Übersetzungen oder Transkriptionen anfertigen, Größe, Layout oder Dateityp ändern oder Metadaten entfernen), aber wir ändern den Sinngehalt Ihrer Beiträge nicht.
9. Da Sie Eigentümer Ihrer Inhalte und Informationen sind und wir nur nicht ausschließliche Rechte daran haben, können Sie diese Inhalte und Informationen anderen zur Verfügung stellen, beispielsweise unter einer Creative-Commons-Lizenz.

Sie und LinkedIn vereinbaren, dass Inhalte, die personenbezogene Daten enthalten, unserer Datenschutzrichtlinie unterliegen.

Sie erklären sich damit einverstanden, dass LinkedIn auf alle Informationen und personenbezogenen Daten, die Sie in Übereinstimmung mit den Bedingungen der Datenschutzrichtlinie und Ihren Optionen (einschließlich Einstellungen) bereitstellen, zugreifen und diese verwenden und speichern darf.

Wenn Sie Vorschläge oder sonstiges Feedback zu unseren Diensten an LinkedIn senden, erklären Sie sich damit einverstanden, dass LinkedIn dieses Feedback ohne Entschädigung an Sie zu beliebigen Zwecken nutzen und teilen kann (aber nicht dazu verpflichtet ist).

Sie sichern zu, uns nur Informationen und Inhalte zu liefern, die Sie an uns weitergeben dürfen. Sie sichern außerdem zu, dass die Inhalte Ihres LinkedIn Profils den Tatsachen entsprechen.

Sie erklären sich damit einverstanden, nur Inhalte und Informationen bereitzustellen, die nicht gegen das Gesetz verstoßen oder die Rechte (einschließlich geistiger Eigentumsrechte) anderer Personen verletzen. Sie stimmen auch zu, dass Ihre Profildaten der Wahrheit entsprechen. LinkedIn kann gesetzlich dazu verpflichtet sein, in bestimmten Ländern gewisse Informationen oder Inhalte zu entfernen.

3.2 Verfügbarkeit der Dienste

Wir behalten uns das Recht vor, jegliche Dienste zu ändern oder einzustellen oder unsere Preise künftig zu ändern.

Wir behalten uns das Recht vor, einen beliebigen Teil unserer Dienste zu ändern, auszusetzen oder zu beenden. Wir behalten uns außerdem das Recht vor, unsere geltenden Preise künftig vorbehaltlich einer angemessenen Frist im gesetzlich zulässigen Ausmaß zu ändern.

Wir verpflichten uns nicht, von Ihnen veröffentlichte Informationen und Inhalte zu speichern oder weiterhin anzuzeigen. LinkedIn ist kein Speicherdienst. Sie erklären sich damit einverstanden, dass wir nicht verpflichtet sind, Ihnen eine Kopie von Inhalten oder Informationen, die Sie oder andere Personen bereitstellen, verfügbar zu machen und diese zu speichern oder aufzubewahren, soweit dies nicht durch geltendes Recht vorgeschrieben ist und wie in unserer Datenschutzrichtlinie dargelegt.

3.3 Andere Inhalte, Websites und Apps

Sie nutzen die auf unseren Diensten veröffentlichten Inhalte und Informationen anderer Personen auf eigene Gefahr.

Dritte können ihre eigenen Produkte und Dienste über LinkedIn anbieten. Für solche Aktivitäten Dritter sind wir nicht verantwortlich.

Durch Nutzung der Dienste werden Sie möglicherweise Inhalten oder Informationen ausgesetzt, die falsch, unvollständig, verspätet, irreführend, gesetzeswidrig, beleidigend oder auf sonstige Weise schädlich sein könnten. Wir prüfen die von unseren Mitgliedern oder Dritten bereitgestellten Inhalte grundsätzlich nicht. Sie stimmen zu, dass wir nicht für Inhalte oder Informationen Dritter (einschließlich die anderer Mitglieder) verantwortlich sind. Diesen Missbrauch unserer Dienste können wir nicht immer verhindern. Sie stimmen zu, dass wir für einen derartigen Missbrauch nicht verantwortlich sind. Sie sind sich auch darüber im Klaren, dass Sie oder Ihr Unternehmen versehentlich mit Inhalten über Dritte verbunden werden könnten, wenn wir Ihre Kontakte und Follower informieren, dass Sie oder Ihr Unternehmen in den News erwähnt wurden. Die Mitglieder haben Wahlmöglichkeiten hinsichtlich dieser Funktion.

LinkedIn kann Mitglieder, die Services anbieten (beispielsweise Karriereberatung, Buchhaltung usw.), darin unterstützen, mit Mitgliedern in Kontakt zu treten, die solche Serviceleistungen suchen. LinkedIn führt diese Serviceleistungen weder selbst aus noch setzt LinkedIn andere Personen dafür ein, diese Serviceleistungen auszuführen. Sie müssen mindestens 18 Jahre alt sein, damit

Sie Serviceleistungen anbieten, ausführen oder in Anspruch nehmen dürfen. Sie sind sich darüber im Klaren, dass LinkedIn seine Mitglieder bei der Ausführung dieser Serviceleistungen nicht beaufsichtigt, anleitet, kontrolliert oder überwacht, und Sie erklären sich damit einverstanden, (1) dass LinkedIn nicht für das Anbieten, die Durchführung oder die Beschaffung dieser Serviceleistungen verantwortlich ist; (2) dass LinkedIn keine von einem bestimmten Mitglied angebotenen Serviceleistungen bestätigt; und (3) dass in keiner Weise ein Beschäftigungsverhältnis, eine Vertretung oder eine Joint-Venture-Beziehung zwischen LinkedIn und jeglichem Mitglied entsteht, das Serviceleistungen anbietet. Wenn Sie als Mitglied Services anbieten, bestätigen Sie und sichern zu, dass Sie über alle dafür erforderlichen Lizenzen verfügen und Ihre Serviceleistungen in Übereinstimmung mit den Community-Richtlinien von LinkedIn erbringen werden.

In gleicher Weise kann LinkedIn Sie dabei unterstützen, sich für Events zu registrieren, die von Mitgliedern durchgeführt werden, und/oder solche Events zu besuchen und mit anderen Mitgliedern in Kontakt zu treten, die an solchen Events teilnehmen. Sie stimmen zu, (1) dass LinkedIn nicht für das Verhalten der Mitglieder oder anderer Teilnehmer solcher Events verantwortlich ist, (2) dass LinkedIn kein bestimmtes Event, das auf unserem Dienst gelistet wird, in irgendeiner Weise empfiehlt; (3) dass LinkedIn solche Events nicht bewertet und/oder überprüft; und (4) dass Sie die für solche Events geltenden Bedingungen einhalten werden.

3.4 Einschränkungen

Wir sind berechtigt, Ihre Nutzung unserer Dienste einzuschränken.

LinkedIn behält sich das Recht vor, Ihre Nutzung der Dienste, einschließlich der Anzahl der Kontakte und der Fähigkeit, mit anderen Mitgliedern Kontakt aufzunehmen, einzuschränken. LinkedIn behält sich das Recht vor, Ihr Konto einzuschränken, auszusetzen oder zu schließen, wenn Sie gegen diesen Vertrag oder Gesetze verstoßen oder die Dienste missbrauchen (z. B. durch einen Verstoß gegen die Verhaltensregeln oder die Community-Richtlinien).

3.5 Geistige Eigentumsrechte

Wir weisen Sie auf unsere geistigen Eigentumsrechte hin.

LinkedIn behält sich sämtliche geistigen Eigentumsrechte an den Diensten vor. Die in Verbindung mit den Diensten verwendeten Marken und Logos sind Marken der betreffenden Eigentümer. Die Marke LinkedIn, die Logos „In“ und andere Marken, Dienstleistungsmarken, Grafiken und Logos von LinkedIn, die für unsere Dienste verwendet werden, sind Marken oder eingetragene Marken von LinkedIn.

3.6 Automatische Verarbeitung

Wir nutzen Daten und Informationen über Sie, um Ihnen und anderen relevante Vorschläge zu unterbreiten.

Wir nutzen die von Ihnen und (anderen) Mitgliedern bereitgestellten Informationen und Daten, um Empfehlungen zu Kontakten, Inhalten und Funktionen bereitzustellen, die für Sie möglicherweise nützlich sind. Wir nutzen beispielsweise Daten und Informationen über Sie für Jobvorschläge oder um Sie Personalverantwortlichen zu empfehlen. Mit einem aktuellen und korrekten Profil unterstützen Sie uns dabei, diese Empfehlungen relevant und zutreffend zu gestalten.

4. Haftungsausschluss und Haftungsbeschränkung

4.1 Gewährleistungsausschluss

Hiermit erklären wir uns nicht haftbar für die Qualität, Sicherheit oder Zuverlässigkeit unserer Dienste.

LINKEDIN UND SEINE VERBUNDENEN UNTERNEHMEN ÜBERNEHMEN KEINERLEI GEWÄHR ODER GARANTIE HINSICHTLICH DER DIENSTE UND GARANTIEREN NICHT, DASS DIE DIENSTE UNTERBRECHUNGSFREI ODER FEHLERFREI SEIN WERDEN. DIE DIENSTE (EINSCHLIESSLICH INHALTE UND INFORMATIONEN) WERDEN OHNE MÄNGELGEWÄHR UND WIE VERFÜGBAR BEREITGESTELLT. IM HÖCHSTEN GESETZLICH ZULÄSSIGEN AUSMASS SCHLIESSEN LINKEDIN UND SEINE VERBUNDENEN UNTERNEHMEN JEDWEDE STILLSCHWEIGENDE ODER GESETZLICHE GEWÄHRLEISTUNG, EINSCHLIESSLICH STILLSCHWEIGENDER GARANTIEN IN BEZUG AUF RECHTSMÄNGELHAFTUNG, FEHLERFREIHEIT VON DATEN, NICHTVERLETZUNG VON RECHTEN DRITTER, MARKTGÄNGIGKEIT ODER EIGNUNG FÜR EINEN BESTIMMTEN ZWECK AUS.

4.2 Haftungsausschluss

Dies sind die Haftungseinschränkungen, die möglicherweise Ihnen gegenüber gelten.

IM HÖCHSTEN GESETZLICH ZULÄSSIGEN AUSMASS (UND SOWEIT LINKEDIN KEINE SEPARATE SCHRIFTLICHE VEREINBARUNG

EINGEGANGEN IST, DIE DIESEN VERTRAG ERSETZT) SCHLIESSEN LINKEDIN UND SEINE VERBUNDENEN UNTERNEHMEN JEGLICHE HAFTUNG FÜR ENTGANGENE GEWINNE ODER GESCHÄFTSCHANCEN, RUFSCHÄDIGUNG (Z. B. ANSTÖSSIGE ODER BELEIDIGENDE ÄUSSERUNGEN), VERLUST VON DATEN (Z. B. AUSFALLZEITEN ODER VERLUST VON ODER ÄNDERUNGEN AN IHREN INFORMATIONEN ODER INHALTEN) ODER JEGLICHE MITTELBAREN, NEBEN- ODER FOLGESCHÄDEN ODER STRAFSCHADENSERSATZ IN VERBINDUNG MIT DIESEM VERTRAG AUS.

LINKEDIN UND SEINE VERBUNDENEN UNTERNEHMEN SIND IN VERBINDUNG MIT DIESEM VERTRAG IHNEN GEGENÜBER NICHT HAFTBAR FÜR BETRÄGE, DIE (A) DIE GESAMTSUMME DER VON IHNEN WÄHREND DER LAUFZEIT DES VERTRAGS AN LINKEDIN GEZAHLTEN ODER ZAHLBAREN GEBÜHREN, SOFERN ZUTREFFEND, ODER (B) 1.000 US-DOLLAR ÜBERSTEIGEN.

4.3 Grundlage der Vereinbarung; Ausschlüsse

Die Haftungsbeschränkung in diesem Absatz 4 ist Teil der Grundlage der Vereinbarung zwischen Ihnen und LinkedIn und gilt für alle Haftungsansprüche (etwa bezüglich Gewährleistung, unerlaubter Handlung, Fahrlässigkeit, auf vertraglicher oder rechtlicher Basis) und auch dann, wenn LinkedIn oder seine verbundenen Unternehmen über die Möglichkeit solcher Schäden unterrichtet wurden und wenn diese Rechtsmittel ihren eigentlichen Zweck nicht erfüllen.

Diese Haftungsbeschränkungen gelten nicht in Todesfällen oder bei Körperverletzung, bei Betrug, grober Fahrlässigkeit oder vorsätzlichem Fehlverhalten, bei Verletzung einer Kardinalpflicht, wobei letztere als eine Pflicht gilt, die eine Voraussetzung für unsere Bereitstellung der Dienste darstellt und auf deren Einhaltung Sie vertrauen dürfen, jedoch nur soweit die Schäden direkt durch die Verletzung zustande gekommen sind und bei Abschluss dieses Vertrages vorhersehbar waren und soweit es sich um typische Schäden im Zusammenhang mit diesem Vertrag handelt.

5. Beendigung

Beide Vertragsparteien können diesen Vertrag beenden, aber einige Rechte und Pflichten behalten über die Beendigung hinaus ihre Gültigkeit.

Sowohl Sie als auch LinkedIn können diesen Vertrag jederzeit durch Benachrichtigung der anderen Partei beenden. Bei Beendigung verlieren Sie das Recht, auf die Dienste zuzugreifen oder sie zu verwenden. Nach Beendigung gilt weiterhin Folgendes:

- Wir sind berechtigt, Ihr Feedback zu nutzen und offenzulegen.
- Mitglieder und/oder Besucher sind berechtigt, Inhalte und Informationen, die Sie über die Dienste geteilt haben, weiter zu teilen.
- Abschnitte 4, 6, 7 und 8.2 dieses Vertrags.
- Alle Beträge, die eine der Parteien vor der Beendigung der anderen schuldet, sind nach Beendigung weiterhin schuldig.

Sie können unseren Hilfebereich besuchen, um Ihr Konto zu schließen.

6. Anwendbares Recht und Streitschlichtung

Im unwahrscheinlichen Fall eines Rechtsstreits zwischen Ihnen und LinkedIn wird vereinbart, dass dieser Rechtsstreit je nach Ihrem Wohnsitz entweder nach kalifornischem Recht vor einem Gericht in Kalifornien, nach irischem Recht vor einem Gericht in Dublin in Irland oder vor einem Gericht an Ihrem Wohnsitz nach dem dort geltenden Recht beigelegt wird.

Falls Sie Ihren Wohnsitz in den designierten Ländern haben, unterliegen sämtliche Ansprüche hinsichtlich der Bereitstellung der Dienste durch LinkedIn dem Recht Irlands. Dies lässt jedoch zwingende Verbraucherschutzvorschriften nach dem Recht des Landes unberührt, in dem wir die Dienste Ihnen gegenüber ausführen und in dem Sie Ihren gewöhnlichen Aufenthaltsort haben. Hinsichtlich der Gerichtsbarkeit vereinbaren Sie und LinkedIn, eventuelle Streitigkeiten, die sich aus dieser Nutzervereinbarung ergeben oder damit in Zusammenhang stehen, vor den Gerichten des Landes beizulegen, in dem wir die Dienste Ihnen gegenüber ausführen und in dem Sie Ihren gewöhnlichen Aufenthaltsort haben. Alternativ können Sie das zuständige Gericht in Irland wählen.

Alle anderen Personen außerhalb der designierten Länder, einschließlich solcher, die außerhalb der USA leben: Sie und LinkedIn vereinbaren, dass ausschließlich die Gesetze des Bundesstaates Kalifornien, USA, mit Ausnahme seiner kollisionsrechtlichen Bestimmungen, für alle Streitfälle bezüglich dieses Vertrags und/oder der Dienste gelten. Sie und LinkedIn vereinbaren, dass Ansprüche und Streitfälle nur in den Bundes- und Landesgerichten im Santa Clara County, Kalifornien, USA, im Prozesswege verfolgt werden können, und Sie und LinkedIn stimmen der persönlichen Zuständigkeit dieser Gerichte zu.

7. Allgemeine Bedingungen

Hier finden Sie wichtige Informationen zum Vertrag.

Befindet ein Gericht mit Amtsbefugnis über diesen Vertrag, dass ein Teil des Vertrags nicht durchsetzbar ist, geben wir und Sie dem Gericht unser Einverständnis, die Bedingungen so zu ändern, dass der betreffende Teil durchsetzbar ist, wobei dessen Absicht unverändert bleibt. Ist dies dem Gericht nicht möglich, erklären sich beide Parteien einverstanden, das Gericht aufzufordern, den undurchsetzbaren Teil zu entfernen und den Rest dieses Vertrags weiterhin durchzusetzen.

Dieser Vertrag (einschließlich zusätzlicher Bedingungen, die wir Ihnen bekannt geben, wenn Sie eine bestimmte Funktion der Dienste verwenden), ist die einzige Vereinbarung zwischen uns bezüglich der Dienste und ersetzt alle vorherigen Vereinbarungen zu den Diensten.

Wenn wir nichts unternehmen, um einem Verstoß gegen diesen Vertrag entgegenzuwirken, bedeutet das nicht, dass LinkedIn sein Recht auf die Durchsetzung dieses Vertrags aufgegeben hat. Es ist Ihnen nicht gestattet, diesen Vertrag (oder Ihre Mitgliedschaft oder die Nutzung der Dienste) ohne unsere Genehmigung an irgendwelche Personen zu übertragen. Sie bestätigen jedoch, dass LinkedIn diesen Vertrag an seine verbundenen Unternehmen oder an eine Partei, die das Unternehmen aufkauft, ohne Ihre Genehmigung abtreten kann. In diesem Vertrag gibt es keinerlei Drittbegünstigte.

Sie bestätigen, dass Sie rechtliche Benachrichtigungen an uns nur an die unter Abschnitt 10 genannten Adressen senden werden.

8. Was Sie auf LinkedIn tun und nicht tun dürfen („Do's and Don'ts" oder Verhaltensregeln)

LinkedIn ist eine Community für Fach- und Führungskräfte. Diese Verhaltensregeln sowie die Community-Richtlinien beschränken, was Sie innerhalb unserer Dienste tun dürfen und was nicht.

8.1 Was Sie tun dürfen

Sie stimmen folgenden Aussagen zu:

1. Sie halten alle anwendbaren Gesetze ein, einschließlich und ohne Einschränkung, Datenschutzgesetze, geistige Eigentumsgesetze, Anti-Spam-Gesetze, Ausfuhrbestimmungen, Steuergesetze und aufsichtsrechtliche Anforderungen.

2. Sie stellen uns korrekte Informationen bereit und sorgen dafür, dass sich diese immer auf dem aktuellen Stand befinden.
3. Sie verwenden in Ihrem Profil Ihren richtigen Namen.
4. Sie nutzen die Dienste auf professionelle Art und Weise.

8.2 Was Sie nicht tun dürfen

Sie stimmen zu, dass Sie Folgendes unterlassen werden:

1. Eine falsche Identität auf LinkedIn erstellen, Ihre Identität falsch darstellen, ein Mitgliedsprofil für jemand anderen außer sich selbst (eine natürliche Person) erstellen oder das Konto einer anderen Person nutzen oder dies versuchen;
2. Software, Geräte, Skripts, Roboter oder sonstige Mittel oder Prozesse entwickeln, unterstützen oder nutzen (einschließlich Crawler, Browser-Plug-ins und Add-ons sowie andere Technologien), um die Dienste zu scrapen oder anderweitig Profile und andere Daten von den Diensten zu kopieren;
3. Sicherheitsfunktionen außer Kraft setzen oder andere Zugangskontrollen oder Nutzungsbeschränkungen über- oder umgehen (wie z. B. Einschränkungen bei Suchanfragen oder Profilansichten);
4. Direkt oder über Dritte (wie Suchmaschinen) durch die Dienste erlangte Informationen ohne die Genehmigung von LinkedIn kopieren, nutzen, offenlegen oder verteilen;
5. Informationen offenlegen, wenn Sie nicht die Genehmigung dazu haben (beispielsweise vertrauliche Informationen anderer, darunter Ihr Arbeitgeber);
6. Geistige Eigentumsrechte anderer verletzen, einschließlich Urheberrechte, Patente, Markenzeichen, Geschäftsgeheimnisse und sonstige Eigentumsrechte; kopieren oder verteilen Sie beispielsweise nicht Beiträge oder sonstige Inhalte anderer ohne deren Einwilligung (außer über die verfügbare Teilen-Funktion), es sei denn, diese geben die Berechtigung dazu, indem sie unter einer Creative-Commons-Lizenz veröffentlichen;
7. Gegen die geistigen Eigentums- oder sonstigen Rechte von LinkedIn verstoßen, einschließlich, aber nicht beschränkt auf (i) das Kopieren oder Verteilen unserer Lernvideos oder sonstiger Materialien, oder (ii) das Kopieren oder Verteilen unserer Technologie, es sei denn, diese wurde unter einer Open-Source-Lizenz freigegeben, oder (iii) die Verwendung des Wortes „LinkedIn“ oder unserer Logos in einem Unternehmensnamen, einer E-Mail oder URL, außer wie gemäß unserer Markenrichtlinie vorgesehen;
8. Etwas veröffentlichen, das Softwareviren, -würmer oder sonstigen schädlichen Code enthält;

9. Reverse Engineering, Dekompilieren, Disassemblieren, Entschlüsseln ausführen oder einen sonstigen Versuch unternehmen, den Quellcode der Dienste oder einer verbundenen Technologie abzuleiten, bei der es sich nicht um Open Source handelt
10. Ohne unsere ausdrückliche Genehmigung den Eindruck erwecken, dass Sie mit LinkedIn verbunden oder von LinkedIn empfohlen sind (beispielsweise sich als Trainer von LinkedIn ausgeben)
11. Die Dienste oder zugehörige Daten vermieten, leasen, verleihen, mit ihnen handeln, sie verkaufen/weiterverkaufen oder sie auf andere Weise monetarisieren oder sich ohne Zustimmung von LinkedIn Zugang zu den Diensten oder damit verbundenen Daten verschaffen;
12. Ohne Zustimmung von LinkedIn Deep-Links zu unseren Diensten zu anderen Zwecken als zur Bekanntmachung Ihres Profils oder zur Werbung für eine Gruppe auf unseren Diensten erstellen;
13. Bots oder sonstige automatisierte Methoden verwenden, um auf die Dienste zuzugreifen, Kontakte hinzuzufügen oder herunterzuladen und Nachrichten zu senden oder umzuleiten;
14. Die Verfügbarkeit, Leistung und Funktionalität der Dienste zu Konkurrenzzwecken überwachen;
15. „Framing", „Mirroring" oder eine sonstige Simulierung des Erscheinungsbilds oder der Funktionsweise der Dienste betreiben;
16. Die Dienste oder deren Erscheinungsbild verdecken oder auf andere Weise modifizieren (wie z. B. durch Hinzufügen von Elementen zu Diensten oder Entfernen, Verdecken oder Verbergen einer in den Diensten vorhandenen Werbung);
17. Den Betrieb der Dienste behindern oder sie unangemessen belasten (beispielsweise durch Spam, Denial-of-Service-Angriffe, Viren, Spiel-Algorithmen); und/oder;
18. Gegen die Community-Richtlinien oder weitere Bedingungen bezüglich eines bestimmten Dienstes verstoßen, der bereitgestellt wird, wenn Sie sich für einen derartigen Dienst registrieren oder mit der Nutzung beginnen, oder, wo zutreffend, gegen die Bedingungen für Bing Maps verstoßen.

9. Beschwerden zu Inhalten

Wichtige Informationen, falls Sie Inhalte melden möchten, die unsere Mitglieder bereitgestellt haben.

Wir nehmen Rücksicht auf die geistigen Eigentumsrechte anderer. Dementsprechend erfordert dieser Vertrag, dass von Mitgliedern veröffentlichte

Informationen korrekt sind und nicht die geistigen Eigentumsrechte oder andere Rechte Dritter verletzen. Wir stellen eine Richtlinie und ein Verfahren für Beschwerden über von unseren Mitgliedern veröffentlichte Inhalte zur Verfügung.

10. Kontaktaufnahme

Unsere Kontaktinformationen. Unser Hilfebereich enthält außerdem Informationen zu unseren Diensten.

Bei allgemeinen Anfragen können Sie uns online kontaktieren. Rechtliche Mitteilungen oder Klagezustellungen können Sie an diese Adressen richten.

www.ingramcontent.com/pod-product-compliance
Ingram Content Group UK Ltd.
Pitfield, Milton Keynes, MK11 3LW, UK
UKHW021932290926
8980IPUK00016B/1578

9 783631 909362